本书系国家社会科学基金重大项目"伦理学知识体系的当代中国重建"(19ZDA033)阶段性成果

本书系国家社会科学基金重大项目"新时代科学精神与工匠精神融合及实践创新研究"(21ZDA019)阶段性成果

本书系河南省高校哲学社会科学创新团队"新时代中国特色政治伦理建构研究"(2020-CXTD-07)阶段性成果

实用主义伦理学新解
基于杜威功能实践学说的发掘

郦平 著

中国社会科学出版社

图书在版编目（CIP）数据

实用主义伦理学新解：基于杜威功能实践学说的发掘／郦平著 . —北京：中国社会科学出版社，2021.9
ISBN 978 – 7 – 5203 – 9156 – 6

Ⅰ.①实… Ⅱ.①郦… Ⅲ.①杜威（Dewey, John1859 – 1952)—伦理学—研究 Ⅳ.①B712.51

中国版本图书馆 CIP 数据核字（2021）第 187455 号

出 版 人	赵剑英
责任编辑	孙　萍
责任校对	周　昊
责任印制	王　超
出　　版	中国社会科学出版社
社　　址	北京鼓楼西大街甲 158 号
邮　　编	100720
网　　址	http://www.csspw.cn
发 行 部	010 – 84083685
门 市 部	010 – 84029450
经　　销	新华书店及其他书店
印　　刷	北京君升印刷有限公司
装　　订	廊坊市广阳区广增装订厂
版　　次	2021 年 9 月第 1 版
印　　次	2021 年 9 月第 1 次印刷
开　　本	710×1000　1/16
印　　张	18.25
插　　页	2
字　　数	290 千字
定　　价	99.00 元

凡购买中国社会科学出版社图书，如有质量问题请与本社营销中心联系调换
电话：010 – 84083683
版权所有　侵权必究

序

亚里士多德与杜威"实践"学说的两个主要区别

廖申白

郦平博士基于杜威的"功能实践",来阐释实用主义伦理学的核心或基础,其第二部著作《实用主义伦理学新解——基于杜威功能实践学说的发掘》即将面世,这是她多年专注于研究、阐释杜威的"功能实践"学说的伦理学含义的工作的又一可喜成果。

应郦平博士之邀,我很高兴再为她的这部即将付梓的著作写一篇短序。一篇短序,因为,在这个年龄做事情的确已有些力不从心,所能分出来的时间实在非常有限,而我对杜威的伦理学又没有做过任何深入的阅读与研究。即便如此,即使作一篇短序,困难也相当大。所以,我只能来谈非常有限的问题,并且主要从我更熟悉些的亚里士多德的方面来谈,所参照的也主要是郦平博士对杜威伦理学的研究。

我想谈一谈亚里士多德与杜威在"实践"学说上的两个主要区别。

之所以来谈谈区别,是因为郦平博士在《功能实践与道德生活的可能性》与即将出版的《实用主义伦理学新解》中已经很好地讨论了杜威的"功能实践"概念与亚里士多德的"实践"概念的一些重要联系。

让我扼要地提到,通过郦平博士的研究变得明显的三个要点。首先,杜威的"道德是人的特有功能的实践"学说是受到亚里士多德的"实践"是人的区别于动物,也区别于只属于一部分人的技艺的、职业的活动的,属于每一个人的"那种特有活动(杜威称为'功能')"学说的强烈影响,是向这一学说的一种"回归"。杜威接受亚里士多德这个学说,并且把它一方面区别于康德把实践仅仅看作纯粹实践理性原理的运用或执行的观点，另一方面也将它区别于皮尔斯、詹姆斯将实践仅仅看作寻求个体需求与所处环境的关系的技术性的改善活动的观点，尤其在后面一点上疏远了皮尔斯和詹姆斯，接近了亚里士多德。其次，杜威的学说在经验主义哲学中复活了作为人特有活动（功能）的"实践"的观念。这一点被清晰地呈现出来：实践是具体的、应对变化的题材，是一个人出于意愿寻求其个体性在所处社会环境中的实现的功能性活动。这种活动一方面指向这个实践主体的个体性的实现，同时也指向他／她与所处社会环境的关系的某种改善，即社会共同体的某种共同善的实现；这扭转了技艺实践与技艺规范占据了主导地位的现代社会生活观念。第三，杜威的这一"功能—实践"学说使得我们以区别于效用主义与康德主义的方式理解规范的道德生活提供了新的可能。因为，杜威把道德就看作使这种功能—实践成为个体生命的一种有系统的努力与这种努力所实现的东西；这种实现是快乐的来源，这种生活努力与可期望于它的东西也使得我们自然地把快乐感受与"实现"的善联系起来，把人"自身"不仅仅理解为他的目的与命运，而且理解为一个社会机体的成员；幸福也就是这种实现所带来的满足感，我们也因此不需要把"幸福"理解为抽象的普遍目的，而是把它理解为个体性的实现与社会的满足，理解为"感受与目的的和谐"，即理解为一种"社会统一体"。所以，这一学说扬弃了密尔—西季威克效用主义和康德形式主义，并某种程度地回到亚里士多德主义，重构了规范伦理学的基础，表达了一种远远超出教育关切的哲学关切，并在一定程度上指示了适合未来人类社会生活的伦理学的方向。这三个要点表达了在郦平博士的研究呈现得分外清晰的杜威的"功能—实践"学说与亚里士多德的实践概念的一些直接或间接的连续性。

　　让我从这里转向讨论他们的"实践"学说的两个主要区别。我说"主要的"，因为他们的"实践"概念当然还存在其他一些区别；然而在"具体实践"的概念下，这两个区别在我看来比其他的区别更为重要。不过我需要首先限定我的讨论的范围。因为，关于杜威与亚里士多德的"实践"学说的区别方面的许多问题，例如关于拒斥亚里士多德的形而上学与目的论以及许多关联的问题，例如通过这一简化，个体寻求其能力的"实现"，寻求他／她作为社会共同体的成员的善，与他／她同时也要寻求社会的公共善目标之间的关系的协调,成为中心的问题,郦平博士已经谈得很充分了。所以,我在这里,只是在表明它们之间的区别的方面做两点必要的补充。

我想在这里讨论的第一个区别存在于亚里士多德的"实践者(πρακτικοκί)"与杜威的"功能—实践"主体之间:亚里士多德的"实践者"是"严格意义"上的,尽管在原理上每个人都是能够成为"实践者"的,但并不是每个人都在事实上"是"一个"实践者";杜威的"功能—实践"主体则似乎与每一个现实的个人相关,因为,即使并非每个人都是一个"功能—实践[者]",我们仍然可以按照杜威,说许多人都是"功能—实践[者]"。

因为,尽管没有明确界定,亚里士多德赋予了一个"实践者"一些非常确定的意义。首先,他/她在儿童时期获得"良好教养",得到过教师"调教"和培养。由于获得了这种培养,他/她在自然赋予了人的那种特有活动(功能),即在会使一个人成为好人或坏人的那种活动上,形成了良好行为定向:他/她向往高尚行为,希望能像一个有德性的人那样地去做高尚的事情。因此第二,他/她是伦理学讲座的一个适合的听讲者,关于实践的那些道理对他/她会有不小的帮助,他/她倾向于听从正确的逻各斯,并且,由于不是喜好空谈的人,愿意去行动、去做高尚的事情。因此第三,他/她的自然的感觉—运动能力已经在这样的行动过程成为听从逻各斯的感觉—行动能力,他/她成为一个"实践者",一方面听取和接受"他人"的"逻各斯",一方面在人特有的那种活动上自己"实践地学习"。最后,由于每个实践都是因它包含灵魂能力的一个"实现"而值得他/她欲求,通过这种"实践的学习",他/她的实践能力不断生长,每一步这样的生长都伴随快乐的新感受,并积淀地塑成他/她的实践品性;随着他/她的实践理智通过教导与运用而生长,他/她自己具有了逻各斯,变得听从自己的逻各斯,他/她在"实现"地成为一个好人、有德性的人。

杜威的个人,作为"功能—实践"的主体,无论是否获得"良好教养",也无论是否形成良好的行为定向,是在使一个人成为好人或坏人的那种活动上很好地实现自然赋予的那种(那些)能力的人。很好地,因为,他/她的那种个体性只有通过体现好的品性的行为才能并且才是实现。但既然一个人的个体性的实现必然是在他/她所处的社会环境之中的实现，并且也通过这样的实现而成长，实践的核心的问题就是在那个环境之中来实现其欲求与能力。而既然这个实现只有在体现好的品性的行动中才可能，不言而喻，一个实现不仅是他/她的个体性——他/她的实践能力和实践兴趣以及更广泛的兴趣——的进一步的丰富与展现，而且是他/她与那个社会环境向着更好的关系的改善，是他/她作为其中一个成员与那个社会环境——简言之，那个社会共同体——的一个善的实现。

我们能够读出在这两种实践主体之间的一些与上述描述相关联的区别。亚里士多德的"实践者"是相同、相近的人，他们之间的区别是在于在"实践地学习"上积累的差别，一种必然由于时间与实践阅历而产生的差别。杜威的"功能—实践"主体是不同、不相近的人，他们所处的环境不同，他们与所处环境的关系也不同，他们是在不同的社会环境中实现（这也意味充实）他们各自的个体性，并寻求与各自的社会环境的关系的一个改善。刚刚谈到的这种区别将在我们谈到这两种实践学说间的第二个重要区别之后变得更为明显。

我要谈到的第二个区别存在于这两种主体所获得的并在他们身上成长的"品性"之间。因为，按照亚里士多德，实践者的品性主要是他们实践—学习地获得的：实践的性质，或实践所包含的灵魂能力的实现的性质，决定实践者将具有什么样的品性；进行和完成得好的实现使一个人成为好人，相反的实现则相反。既然实践是在会让一个人成为好人或成为坏人的那种活动上的那种持续的努力，既然每个正确的实践都包含灵魂的实践能力的一个好的实现，即包含那种实践能力的一个运用和伴随它的一种特有的愉快感受，实践者就也通过他/她的每个实践在积淀他/她的实践品性，发展他/她的实践能力。而既然实践者的实践是"依照德性"即像有德性的人那样地行动的，要"按照正确的逻各斯"的，实践者所获得的实践的品性就是相同或相近的。外在环境的是否有利，实践者是否具有必要的外在善，将影响一个行动是否能被选择，影响那个实现是将受到阻碍还是能够进行或完成。但是它们并不因此而对实践者的品性施加重要影响。实践的品性是属于实践者自身的，是由那种实践而不是由外部因素造成的，所以不会被外部的力量剥夺。

按照杜威,"功能—实践"主体的"个体性"具有两个方面:内在的特殊置性、气质或性情、禀赋、嗜好或倾向(special disposition, temperament, gifts, bent, or inclination),外在的特殊状态、境遇、局限、环境、机会(special station, situation, limitations, surroundings, opportunities)。它们共同构成他/她的个体性,他/她的实践品性。因此,作为"功能—实践"主体,这个人与那个人的实践品性是不同的:正如实践主体是多种的,他们的"个体性"、品性也是各异的。我们在杜威对他的《伦理学批判大纲》[①] 的三个基本观念的阐述——

自然的观念:行动目的与行动感受之间存在自然的联系;

作为社会成员的自我观念:人把他自身,把他的目的与他的命运,看作社会机体的一个成员;

特殊"幸福"或目的观念:"幸福"或目的是诸种"感受与目的的和谐"或"社会统一体"中能够发现对复多的实践主体及其品性的观点的深层的解释。在这种解释中,相对于外部性因素的总体影响,具体实践活动对个体性、品性的塑造作用被看作是比较小的。例如,在同一家庭成长起来的兄弟,可能因从他们家庭所处的社会环境中汲取了不同的资源,形成不同的嗜好、倾向等而具有迥异的"个体性"。因此,按照杜威,我们应当把实践主体的个体性或品性看作不仅仅取决于他/她自身的,而且是由那些外部环境塑造的,实践的核心的问题就是实践主体在那个环境之中来实现其欲求与能力。

我们由此回到了亚里士多德提出实践品性问题的那个出发点上,我们在什么意义上可以说一个人的品性,例如,就像一个好人的德性一样,放纵的人的放纵,怯懦的人的怯懦,挥霍的人的挥霍,吝啬的人的吝啬,空谈爱智慧的人的不行动,不自制者的"能"而不自制,是决定于他/她自己,而不是决定于外部情况的?

我在这篇短序中的目的不是对杜威的实践学说做深入讨论,也不是对杜威的与亚里士多德的实践学说作批评的比较研究。我在上面所指出的他们的实践学说包含的这两个区别在我看来都是很明显的,但是它们

---

① "Outlines of a Critical Theory of Ethics", *Early Works of John Dewey*, Vol. 3, Carbondale: Southern Illinois University Press, 1969, pp. 281–282.

的哲学的和伦理学的含义需要深入的思考。这种思考看起来是引人入胜的,但由于没有对杜威的哲学工作做过研究,这项工作在我的能力以外。所幸的是,郦平博士的工作已经在这个方面为我们提供一些相当清晰的轮廓,让我们能够借助进一步的阅读,去构想和思考其中包含的问题。

这一点已经变得明白:杜威在实践学说上努力回到亚里士多德。杜威清理了这个本原,表明按照亚里士多德,实践是在将使得一个人成为好人或坏人的特有活动("功能")上持续而系统的努力,并且作为正确的活动包含着灵魂能力的一个实现,故此带给我们愉悦的感受。杜威在看到我们需要回到这样的实践观点上,来面对今日社会生活的问题这点上无疑是正确的,并且抓住了问题的根本。但是,由于看重我们"今天"的"需要",杜威似乎还没有来得及清楚地表明我们在这个根据上应当吸纳的所有重要的东西。

序者 2021 年 8 月
海淀区杏坛路北京师范大学励耘 10 楼寓所

前　言

当今社会，人工智能与大数据的发展改变了传统的生产、交往及实践方式，推动人类步入了新的实践伦理时代。在传统社会中，人类生存面临的主要风险来自于自然的不确定性。为此，人类发明了各种工具以帮助自己获得生存的稳定性与确定性。在这种背景下，技术、创制、生产等被视为满足人类生存需要的工具，它们作为手段善服从目的善的指导。然而，随着近代科学与技术的快速发展，科学技术的魔幻力量已超出人类的想象，传统哲学语境中作为工具的技术、生产、制作性实践不再从属于人类，反而开始引导甚至主导和控制人类的生活，这致使现代人面临的问题更多来自于自身实践的不当。当实践工具论成为人们生活与行为的主要信条时，如何避免实践的无限度扩张给人类带来的生存危机，人们如何实践才能获得好的生活，再次成为当代人备为关注的问题。

为此，笔者在 2014 年出版的《功能实践与道德生活的可能性——杜威伦理思想研究》一书，就以"实践"概念为主线，梳理了"实践"由 πρασσω 到 πραξις 与 πραγμα，进而到 technish-praktisch 与 moralisch-praktisch 的发展演变。通过研究杜威对功能实践的哲学解说，以及他从人之特定功能的视角对实践的新阐释，确证了杜威功能实践学说的伦理意蕴，在此基础上指出了功能实践与道德生活的可能性。该书提出，杜威的伦理学说是以功能实践为基础，将自然满足与道德之善相结合，这就结束了目的论与义务论伦理学将实践活动的目的善与手段善、动机与效果相对立的二元格局，转变了先前伦理理论研究范式。杜威的功能实践学说重视蕴含德性之美的实践成果，强调技术性实践必须以合乎道德的方式进行，这有助于消解高技术引发的实践伦理困境。

在前期研究的基础上，本书尝试以当代实践伦理研究现状为背景，以世界性和中国性实践发展需求为导向，通过对杜威实践观的精准考察，指出诸多学者深受实用主义之名的影响，主要从实用或效用等工具性层面理解杜威的实用主义伦理学，忽视了其伦理学说是对亚里士多德的美德伦理学、密尔的功利主义伦理学和康德的义务论伦理学的批判性整合，未注意到杜威从人特有的功能实践视角所理解的伦理学既指向制作性、生产性、技艺性实践，也指向精神性、观念性、伦理性实践，它既关注实践者的主体精神，也彰显实践环境的客观性状。

基于对杜威实践观的考源，本书提出，我们应重新对实用主义伦理学进行理论定位。"实用主义"的"实用"之名致使一部分人既从理论上误读了实用主义伦理学理论，也从实践上误解了实用主义伦理学方法。杜威伦理学可称为一种基于功能实践的规范伦理学，其既不限于伦理现象的描述，也不限于道德概念的证成，而是提供了一种不断演化的情境性、实验性、探究性且趋向于引向某种实践规范的方法。从伦理学理论上，其学说丰富了规范伦理学的发展，推进了道德哲学的科学化；从实践研究上，其学说深化了实践探索与研究的多元走向。

本书基于对杜威功能实践学说的发掘，还尝试提出研究杜威伦理思想的当代价值。首先，本书揭示了杜威伦理学说生成的现实背景与思想渊源。杜威充分意识到实践观念对个体乃至国家发展的重要性，于是他对亚里士多德的德性实践论、密尔的功利实践论和康德的义务实践论进行批判性继承与发展，形成了一种出于实践又走向实践的实用主义伦理学。在亚里士多德与康德那里，实践被视为与技术相区别的处理道德相关题材的活动。然而，在杜威生活的时代，工业经济的发展极大地刺激了个体对外物的欲望，人们更重视实践所能带来的工具性和实用性，于是，从技术生产、劳动交换等层面解说实践成为一种潮流，这使得对实践的理解与运用逐渐失去内在善的考虑。但杜威将科学与人文的联姻贯彻于实践的始终，他不仅探究实践的认识论、价值论等，还关注实践的社会批判和文化批判，使人们意识到自身实践与自然万物的交互共存性。基于对实践的新解，杜威将科学与人文、自然与价值、功能与意义相融合，这改变了传统伦理学尤其是目的论与义务论的二元对立。

其次，本书提出杜威改造传统道德观念，并使其适用于现代科学、工业和政治发展的需求，这有助于当代人从人类命运共同体、对他者与自然的义务以及"三位一体"式的实践观的角度，结合伦理学、政治学、实践哲学、认知科学、心理学等领域的交叉透视，应对当下及未来可能面临的实践伦理难题。传统道德观念是当代人生活的"源头活水"，它汇聚着多代人的伦理精神信仰，具有直面传统和未来的力量。杜威在其代表作《经验与自然》开篇指出，他生活的时代，无论是集体文化还是个人观念都发生着断裂和冲突，虽然现代科学、工业和政治为人们提供了大量的材料，但这与西方世界所珍视的理智遗产和道德遗产发生分离，致使人们在思想观念上陷入了窘困和混乱。对此，杜威倡导的解决方案是在运用旧信仰和旧观念解释新事物时，要对其进行修改、变更或改造。杜威运用科学实证法、心理分析法与自然主义的经验归纳法，将传统道德哲学各主要因素相融合，形成了一种整合性的新型伦理学理论范式。

概言之，本书基于对杜威功能实践学说的发掘，提出杜威所倡导的出于实践并走向实践的伦理学理论，既有助于重新理解实用主义伦理学的生成渊源与现实指向，也有助于回应实践活动所带来的伦理困境。当然，杜威对实践的理解及其伦理学思想也存在其时代局限性，为此，实践探索与研究的未来走向，既要将文化传统和生活实践作为实践伦理建构的"源头活水"，还需从"家—国—天下"的伦理情怀中怀揣人类命运共同体的价值理念，从"我在—他在—我们在"的伦理共识中应对人类实践探索面临的新机遇和新挑战。无论是伦理情怀，还是伦理共识，都是以"人"为载体，出于实践并走向实践。实践开拓者需秉承实践立法者与实践道德人的"三位一体"式实践观，以最终推动人类命运共同体的持存与发展。

目 录

引论　实用主义伦理学新解之必要 …………………………………… (1)

第一章　功能实践与实用主义伦理学新解 ………………………… (7)
　第一节　一种基于功能实践的规范伦理学 …………………………… (7)
　　一　杜威伦理学为何是一种规范伦理学 …………………………… (8)
　　二　杜威伦理学为何基于功能实践 ………………………………… (10)
　　三　从功能实践重勘杜威的伦理观 ………………………………… (11)
　第二节　一种整合性的伦理学理论范式 ……………………………… (14)
　　一　对传统伦理学理论的整合 ……………………………………… (15)
　　二　对善与正当的整合 ……………………………………………… (16)
　　三　对经验与自然的整合 …………………………………………… (18)
　第三节　一种调和性的伦理学方法 …………………………………… (22)
　　一　对道德理论与实践相分离的调和 ……………………………… (22)
　　二　对自然满足与道义之善的调和 ………………………………… (23)
　　三　对目的善与手段善的调和 ……………………………………… (24)

第二章　基于功能实践的实用主义伦理学 ………………………… (27)
　第一节　功能实践在生活中的重要地位 ……………………………… (27)
　　一　功能 ……………………………………………………………… (28)
　　二　实践、实用、行为 ……………………………………………… (31)
　　三　功能实践及其伦理性 …………………………………………… (36)
　第二节　功能实践与认识论 …………………………………………… (40)
　　一　经验新解 ………………………………………………………… (41)

二　情境新论 …………………………………………… (45)
　　三　认识论改造 ………………………………………… (48)
　第三节　功能实践与道德观 ………………………………… (51)
　　一　个人、社会与政治生活 …………………………… (52)
　　二　生产、资本与经济生活 …………………………… (54)
　　三　自我、他人与文化共同体 ………………………… (57)

第三章　实用主义伦理学新解的理论基础 …………………… (59)
　第一节　实践观念的嬗变 …………………………………… (59)
　　一　实践的两种范畴 …………………………………… (59)
　　二　实践的二层分离 …………………………………… (61)
　　三　一种整合性的功能实践观 ………………………… (65)
　第二节　哲学观的改造 ……………………………………… (72)
　　一　确定性重释 ………………………………………… (72)
　　二　功能性重组 ………………………………………… (76)
　　三　生长性目标 ………………………………………… (79)
　第三节　道德观的转变 ……………………………………… (83)
　　一　基于德性的完善 …………………………………… (84)
　　二　基于对责任的尊重 ………………………………… (86)
　　三　基于效用最大化 …………………………………… (90)
　　四　基于一种整合的功能实践 ………………………… (92)

第四章　实用主义伦理学新解的实践维度 …………………… (97)
　第一节　实践领域的新兴转向 ……………………………… (97)
　　一　实践观念的多元倾向 ……………………………… (97)
　　二　实践目的的整合判断 ……………………………… (101)
　　三　实践探索的拓展深化 ……………………………… (103)
　第二节　伦理观念的多元化 ………………………………… (106)
　　一　"善"的变与不变 ………………………………… (106)
　　二　自由与责任 ………………………………………… (114)
　　三　道德评价 …………………………………………… (118)

  四　道德目的 …………………………………………… (125)
 第三节　道德实践的多样化 ……………………………… (132)
  一　道德演化论 ………………………………………… (132)
  二　道德情境论 ………………………………………… (141)
  三　道德实证法 ………………………………………… (145)
  四　道德探究法 ………………………………………… (153)

第五章　功能实践作为道德生成的可能路径 ……………… (157)
 第一节　基于功能实践的德性精神启蒙 ………………… (157)
  一　道德选择力 ………………………………………… (158)
  二　道德行为力 ………………………………………… (162)
  三　道德判断力 ………………………………………… (169)
 第二节　功能实践促进道德生成之可能 ………………… (173)
  一　道德意识 …………………………………………… (173)
  二　道德想象 …………………………………………… (177)
  三　道德慎思 …………………………………………… (181)
 第三节　功能实践促进道德生成之维度 ………………… (187)
  一　对自我的兴趣 ……………………………………… (187)
  二　对他者的兴趣 ……………………………………… (191)
  三　对科学和艺术的兴趣 ……………………………… (196)

第六章　实用主义伦理学新解：价值与局限 ……………… (200)
 第一节　重勘实用主义伦理学的当代价值 ……………… (200)
  一　科学与人文 ………………………………………… (201)
  二　自然与价值 ………………………………………… (207)
  三　功能与意义 ………………………………………… (210)
 第二节　理解实用主义伦理学的时代局限 ……………… (214)
  一　从本质主义走向相对主义 ………………………… (215)
  二　自然主义功能论之泛化的伦理危机 ……………… (220)
  三　价值判断的工具性之局限 ………………………… (224)

结语　伦理学研究的未来走向 …………………………………（232）

参考文献 ………………………………………………………（254）

后　记 …………………………………………………………（273）

引 论

实用主义伦理学新解之必要

约翰·杜威作为20世纪西方最著名的三位哲学家之一①，其思想对世界各国的政治、经济、文化、教育乃至社会发展产生了重要影响，关于其思想的研究也遍布于各个领域。然而，在杜威哲学中，存在着一个隐性的"杜威问题"始终未受到应有的重视。这就是他从人的特定功能视角对"实践"双重意蕴的诠释。杜威从道德性实践与技术性实践不可分离的角度，把实践理解为行为者通过行动将"自我与对象、自我特有的实践能力与相对于自我而言的实践环境连接起来，在遵循外在环境而行事的同时实现个体欲求及社会道义的活动方式"②。然而，后人对杜威实践观念的理解，主要局限在行动、制作或生产上的实用性技艺等功利层面，这使其实践的道德维度被掩蔽，致使学界对实用主义伦理学存在某种误解。

本书基于伦理学视阈下实践观念的发展嬗变，提出杜威的功能实践学说是对新型实践问题形态的一种回应。在杜威看来，"功能实践不仅是一种技术的实践或技能的历练，而且也是一种道德的实践或德性的修炼。他的功能实践学说不但在技术层面要求实践的有效性，在道德层面也要求实践的合德性"③。它从自我与对象、道德与技术交互共存的视角，强调个体善与公共善的实现，为人们重新思考实用主义伦理学说的本质，以及与亚里士多德、康德等伦理学说的关系提供一种新视域，杜威的哲学思想不仅影响到他对西方社会诸种观念的批判与重构，并且对

---

① 罗蒂：《哲学与自然之境》，李幼蒸译，商务印书馆2003年版，第3页。
② 郦平：《功能实践与道德生活的可能性》，中国社会科学出版社2014年版，第91页。
③ 郦平：《功能实践与道德生活的可能性》，中国社会科学出版社2014年版，第11页。

现代西方哲学产生了革命性的影响。尤其是面对技术性实践处于显要地位，道德性实践成为空洞形式的现实，如何避免技术性实践以牺牲道德的方式获取技术效益的最大化，进而如何实践才能获得幸福生活成为备受关注的话题。在此情境下，挖掘杜威的功能实践学说以及由此展开的实用主义伦理学新解具有重要意义。

国内外学界关于杜威哲学及伦理学研究所包含的实践观念和实践价值，长期以来形成了三种有代表性的观点：一是从抽象理论相对立的层面，杜威研究中心（中国）前负责人刘放桐教授认为，"杜威哲学最为反对以抽象、独断、脱离实际等为特征的传统形而上学，最为肯定哲学应当面向人的现实生活和实践"①，实践被置于杜威哲学、伦理学的核心地位；二是从行动（action）、行为（conduct）的层面，德国哲学家哈贝马斯指出："杜威所关注的，是人们必须在其中'应付'实在并'与之相处'的日常实践"②，行动观念在这里获得了重要的哲学地位；三是从有用性、效用性层面，彭正梅指出杜威重视一种源于实践和为了实践的方法……认识的最终标准是实践，一切不能变成实践之物，都没有价值"③，这种语境下实践就容易被理解为制作或生产等实用性技艺。

根据对杜威37卷全集有关实践观念的考源，将杜威的伦理学思想置于西方哲学的整体背景中进行研究，可发现杜威既吸取了亚里士多德、康德的实践德性思想，又表现出对人类自然欲望与社会道德之善的整合性关注。任何单一观点都难以代表杜威实践学说的整体内涵。目前学者们已经注意到杜威实践观念的重要价值，但关于杜威实践观念的由来及其真实意蕴并未给予全面系统的诠释，未充分注意到"功能实践"观念在杜威伦理学或道德哲学中处于基础性地位。国内外学者如刘放桐、普特南等注意到杜威道德哲学的精髓是出于实践并走向实践，但仍有待于对杜威的实践观做出系统深入的挖掘。本书旨在以"功能实践"学说为切入点，分析杜威伦理思想形成的理论渊源、丰富内涵及当代价

---

① 刘放桐：《〈杜威全集〉中文版序言》，《哲学分析》2011年第1期。
② ［美］杜威：《确定性的寻求》，傅统先译，上海人民出版社2005年版，序言第1页。
③ ［美］杜威：《民主·经验·教育》，彭正梅译，上海人民出版社2009年版，序言第11页。

值，为重新理解实用主义伦理学提供新视域。

本书提出对实用主义伦理学做出新解（第一章），原因在于，通过对描述伦理学、元伦理学和规范伦理学的考察，以及对杜威功能实践学说的充分挖掘，发现杜威伦理学是一种基于功能实践的规范伦理学，其代表着一种整合性的伦理学理论范式、一种调和性的伦理学实践方法。这是因为，其不限于对伦理问题的描述，也不限于对道德概念的证成，而是提供一种不断演化的、情境性的、实证性的、探究性的且趋向于引向某种规范的方法。这是对亚里士多德的德性实践观、康德的义务实践观、密尔的功利实践观批判基础上的整合与发展。杜威强调伦理学的主要任务是澄清和消解人类实践生活中可能出现的社会冲突与道德冲突，他"反对本质主义，号召对自古希腊到现代的哲学家们称之为本质的东西进行功能主义的理解"①，提出用实践科学的方法来处理"人的问题"。通过考察杜威基于心理学、社会学、伦理学的融合对传统规范伦理学的改造，发现杜威在道德基础的论证上是反基础主义、反本质主义的。但是，这并不意味着杜威反对一切基础，他反对的仅仅是将某个单一原则作为道德基础的做法。杜威的伦理学方法是从传统本体论走向实践生成论的。杜威的伦理学放弃了对善与恶的元伦理争论，转向于社会批判与改造，使得伦理学不再是一种拥有自身特殊规则、为孤立的知识阶层所独有的术语系统，改造后的伦理学是面向公众的、可实践的伦理学，这彰显出对实用主义伦理学做出新解释的必要性和重要性。

当然，重勘功能实践在生活中的重要地位，有助于理解其与认识论、道德观的内在关联，以及基于功能实践的实用主义伦理学何以重要（第二章）。20世纪20年代，自蒋梦麟撰写杜威的道德学说以来，其伦理思想就引起了国内学界的关注。但是，大多数学者深受实用主义之名的影响，主要从实用或效用等工具性、手段性层面理解杜威的实践观。然而，杜威却是从实用与实践两个关键术语不可混同的视角，指出实用性"与其他的诸善分隔孤立之后就只能算是一些有局限性的和狭隘的价

---

① ［美］希克曼：《批判理论的实用主义转向》，曾誉铭译，《江海学刊》2003年第5期。

值了"①。在诸多领域，实用性逐渐演变为实践、技术生成的实际结果的有效性，这"是一种有限的服务，因而蕴含着一种外在的目的"②；而"实践"是一种完满的使用或服务，我们应该把"实践当作是我们用以在具体可经验到的存在中保持住我们判断为光荣、美妙和可赞赏的一切事物的唯一手段。这样一来，'道德'的全部意义都改变了"③。基于对实践的新解，杜威的实用主义伦理学既重视实践的功用性和有效性，也重视实践的伦理性和精神性，既强调实践者的主体精神，也重视实践环境的客观性状。

  本书重勘实用主义伦理学的理论基础，主要源于杜威伦理学在理论范式上呈现出一种整合性状态。杜威对人之特有的功能实践的诠释是对亚里士多德、康德、皮尔士等实践观念的批判性改造、对传统哲学观或道德观的整合性发展（第三章）。最初"实践"（πρασσω）的含义是极其丰富的，它既蕴含活动性质或活动过程的实践（πραξις），又蕴含活动效果或活动完成状态的实用（πραγμα）。到了亚里士多德，因其主张理论与制作层面的实践不能处理人伦秩序，只有伦理层面的实践才使人成为伦理之域的存在，由此，人之特有的功能实践就是伦理性的彰显。到了康德，为给道德寻找普遍必然的基础，他便摒弃了带有偶然性的技术性、实用性实践。康德对实践的解说影响到实用主义者皮尔士，因皮尔士看到康德将实践应用于先验道德范畴所带来的局限性及实践困境，他对实践的理解就转向于技术性、实用性的层面。皮尔士对实践与认知、实践与效果的诠释，对杜威产生了深刻影响。杜威的功能实践学说是对亚里士多德与康德语境中的道德性实践、皮尔士语境中的技术性实践、黑格尔的综合延续性等方面的整合性发展。

  本书再次澄清实用主义伦理学的实践面向，并指出杜威伦理学在实践方法上呈现出一种调和性态势，主要源于在杜威生活的时代，实践观念、实践目的、实践探索均发生了新的转向，这使得人们对伦理观念和

---

① ［美］杜威：《确定性的寻求》，傅统先译，上海人民出版社2013年版，第21页。
② John Dewey, *Outlines of a Critical Theory of Ethics*, EW. Vol. 3, Carbondale and Edwardsville: Southern Illinois University Press, 1969, p. 262.
③ ［美］杜威：《确定性的寻求》，傅统先译，上海人民出版社2013年版，第21页。

道德实践的理解发生了转变（第四章）。这既改变了传统的认知逻辑及其衍生的对伦理观念的理解，也从道德演化、道德情境、道德实证、道德探究维度推动了道德实践的多样化。杜威对道德实践方法的调和，旨在使人们意识到在生灭变化的环境中，一切存在物都是在生物链的进化中经历生长与消逝的演化，仅凭抽象认识能力的提升无法获得此岸世界的幸福生活。只有不断地调整自身与对象的并存方式，实践者才能找到适合彼此生存的最佳方案，进而才能实现彼此的可持续发展。

接下来，本书（第五章）继续探寻功能实践作为道德生成的可能路径。从道德行为力、道德创造力、道德判断力等角度，重勘杜威的功能实践运用机制，指出一种德性精神的再启蒙。这在道德意识、道德想象、道德慎思方面彰显了道德生成之可能。并且，通过阐释功能实践与道德生长的关系，分析对自我、他者、科学和艺术的兴趣，可以发现作为这些兴趣的基本原则，即对自我的节制、对他者的同情、对物的沉思之真、对物的生产之美，可成为道德得以生成的可能维度。

本书的最后部分（第六章）提出基于功能实践的实用主义伦理学，并不局限于对伦理学元概念做出解析，也不局限于对事实、价值及行为进行道德性描述，而是从实践善的角度，探索如何使人生活于伦理之域。同时，本书对实用主义伦理学做出新解，有助于人们重新理解科学与人文、自然与价值、功能与意义的内在关联，意识到缺乏科学化的实验与实证，道德检验与审查无从着力；只有在现实情境中，道德原则或道德假设才能获得可行性的验证；只有在具体的道德事件中，道德意义的真实性才能得以体现。如果道德理论不能被用于指导具体的实践活动，不能接受实践的检验，就会变成虚无的、凌空的虚幻存在。

当然，杜威伦理学摈弃本质主义走向相对主义、将自然主义功能论进行泛化式处理，对价值判断进行工具性考量的做法，在某种程度上凸显出其思想所具有的时代局限性。杜威试图扭转功利论与义务论的分离与对立，却又忽视了目的善与手段善的相互不可替代性。为克服这些局限，本书尝试提出，未来实践的探索与研究应该在中西古典伦理文化及当代实践发展需求的融合与碰撞中，在深化人特有的功能实践与人类命运共同体的交互共存中进行。怀揣人类命运共同体的价值理念、践行对自然与他者的义务、走向"三位一体"式的实践观应该是实践探索与研究的未来走向。

　　本书有待进一步研究的问题是如何处理"善"与"行为"的关联。就像"我该相信什么"与"我该如何实现我的信念",二者看似是两个完全不同的问题,但实质上紧密相关,不可分离。前者似乎是由纯粹理性或信念的规范来回答,后者似乎是由实践行为或行动的规范来回答。然而,如果我们没有探究清楚应该相信的信念,即"善是什么",我又该如何实现我的信念、"如何实现善"呢?所以说,"善是什么"与"如何实现善"虽然处理的题材与对象不同,但二者是紧密相关的。尽管杜威也看到了二者的不可分离,认为它不仅仅存在于其所言的实践、行为、生活、经验中,还存在于对理性、理论、信念、观念的追问中。但是,如何处理二者的关系有待深入解析。此外,尽管杜威的功能实践学说转变了传统道德哲学的研究重心,从探究"善是什么"转向"如何实践才能获得善",从理论上证明了实践的道德层面与技术层面、个体善与公共善的互依互存,但是,在具体实践过程中,功能实践如何指导行为者在个体利益与社会道义之间实现平衡有待研究;而且,通过功能实践所获得的外在善,对于人获得好生活具有有限性。这种实践产生的外在善有助于人们物质欲求的满足,但是,这种基于外在实践而不是内在心灵的伦理学说难以对人类精神、心灵的满足做出恰当解释。这些都是未来有待继续研究的话题。

第一章

功能实践与实用主义伦理学新解

在西方伦理思想史上,按照伦理学关涉的对象、题材及领域,伦理学包含着描述伦理学、规范伦理学、元伦理学和应用伦理学。本书将杜威的伦理学归属于规范伦理学的范畴。从伦理学研究方法看,杜威试图调和经验与理性、善与正当相对立抑或相分离的二元论思维方式。从伦理学研究范式看,杜威伦理学是在对美德论伦理学、功利主义伦理学、义务论伦理学和情感主义伦理学批判性发展基础上,基于人特有的功能实践而生成的一种整合性的伦理学理论范式。杜威摒弃将纯粹品格、先验责任、单纯后果抑或自然情感等任何单一元素作为道德基础的做法,他采用一种实验的、探究的方法,将伦理学理论与实践紧密相连,这在某种程度上丰富了规范伦理学理论的发展。

第一节 一种基于功能实践的规范伦理学

本书将杜威伦理学归属于规范伦理学范畴的原因在于,从规范伦理学的内涵看,杜威伦理学具有某种规范意蕴,并试图将人们的思维观念与行为引向某种规范。从规范伦理学的研究对象与题材看,杜威伦理学关注哪些品格是善的或恶的,哪些行为是正当的或错误的;人类应该如何行为,社会应当如何组织;哪些人或哪种事物可带来善,因而值得人们追求。这些使其学说与元伦理学、描述伦理学及应用伦理学区别开来。同时,杜威伦理学又不同于功利主义伦理学、义务论伦理学抑或美德伦理学,他着眼于多元化的功能实践,而非像主流规范伦理学那样奠基于某种单一的道德原则。

一 杜威伦理学为何是一种规范伦理学

杜威伦理学指向于人的生活与实践。杜威从规范性角度,提出了伦理学"是从对或错、善或恶的角度研究行为的科学。从这种角度研究的行为可以称之为'道德行为'或'道德生活'。换一种方式说,从对或错、善或恶的立场,对我们关于行为的判断做一种有系统的阐释就是伦理学的目的"①。杜威思考问题的方式是"我们应该享有哪些团体的愿望、我们将乐于成为哪一类人,并用其代替康德的问题如我该做些什么、我能希望什么、人是什么"② 等问题,由此,杜威伦理学可以被归为一种新型的规范伦理学。

杜威不像元伦理学家那样专注于对道德语言、伦理概念的考察,他既不限于对"善是什么""正当是什么"等问题做元伦理学追问,也不纠缠于善与正当是否相互定义、何者优先等问题,而是关注哪类人、哪些事物是好的或善的,哪种行为是应该的或正当的这类规范性问题。他也不像传统规范伦理学家那样集中于善与正当的分离式讨论,专注于追求行为正确与错误的单一标准。譬如以"善/目的"理论为基础的美德伦理学和功利主义伦理学关注于哪些事物(如荣誉、快乐、幸福等)对于人而言是善的、有价值的或值得追求的;哪些品质(如正义、节制、勇敢等)对于人而言是善的、有价值的或值得追求的,在生活中人们该如何行为才能获得善,人与人、人与环境、人与自然的相处应该秉承何种善原则,社会制度应怎样设置是好的、善的等问题。相反,以"正当原则"为基础的义务论伦理学则关注于人应当/应该如何行为,人与人、人与自然、人与社会应当如何相处才是正当的,人的行为怎样才是应当的、正当的等问题。他更不像传统规范伦理学两大主流学派即目的论与义务论那样,争论善与正当何者优先。

---

① John Dewey, James H. Tufts, *Ethics*, In the Later Works of John Dewey (1925—1953), Vol. 7, Carbondale and Edwardsville: Southern Illinois University Press, 1985, p. 9.
② [美]萨特康普:《罗蒂和实用主义》,张国清译,商务印书馆2002年版,第4页。

同时，杜威也不像描述伦理学家那样专注于对道德观念或道德行为的实证研究，对日常生活中的伦理道德现象进行经验性描述与考察，以探寻社会道德事实及发展规律。描述伦理学处理的题材更多的是社会学、人类学、心理学等领域的道德事实，而非社会的道德标准及其行为规范。这种研究方式是在历史学或科学——包括人类学、心理学、社会学中常用的研究方式。像施特劳斯在《忧郁的热带》中对道德的种族起源的描述，皮亚杰在《儿童的道德判断》中对道德的个体起源的描述都属于描述伦理学范畴。而杜威伦理学不限于对伦理道德现象进行经验性描述，他通过对传统伦理学主流学派的道德理论的分析与批判，提出了道德原则的非单一性、非绝对性，倡导基于人特定的功能实践而展开的道德标准与行为规范。由此可见，杜威伦理学也不是具象化的描述伦理学。

杜威伦理学也不能归属于应用伦理学范畴。因为，应用伦理学是将某种/某些伦理学理论或伦理学基本原则应用于特殊领域、特定事件和特别人群，以寻求某种合理的、正当的解决方案。这些方案包含着应该选用何种原则、应该负有何种责任、应该秉承何种善观念而行为等等。目前，技术伦理学、生态伦理学、教育伦理学、医学伦理学等等都属于应用伦理学范畴。相比之下，杜威的伦理学理论是在对亚里士多德的美德伦理学、康德的义务论伦理学、密尔的功利主义伦理学以及休谟的情感主义伦理学进行批判的基础上，所形成的一种整合性的伦理学理论研究范式，可以用来分析教育、经济、技术、生态等领域出现的各种伦理道德问题。由此可见，我们不能将杜威伦理学简单归属于应用伦理学，否则，就难以体现杜威伦理学的多元内涵与丰富广延，尽管它含有很强的应用性、实用性、实践性成分。

概言之，如果说基于义务的规范伦理学可称为义务论伦理学，基于功能实践的规范伦理学也可称为功能实践伦理学。由此，在杜威这里，实用主义伦理学的实质是功能实践伦理学。因为，它可满足以下几个重要条件：其一，将功能实践的持续性生长视为道德行为的出发点。这意味着道德的动机不是以某个单一原则为基础，而是使道德成为生长性的、可检验的，而非不变的、恒定的。其二，将功能实践的持续性发展视为道德行为的目标。这意味着实践者与实践对象的相互作用，需要秉承可持续原则。其三，将功能实践的可持续性作为道德评价的参照指标。这意味着道德的有效性是持续变化的，也是可验证的。在杜威这里，他从每个人应该赋有的自由权利和应该承担的社会责任交互共存的角度，来消解现代国家间与公民间的冲突与分歧，赋予规范伦理学发展以全球视野。由于时代背景的局限性，传统规范伦理学并未充分重视道德生成的社会环境、道德情境以及影响实践者做出道德判断与选择的各种主客观因素等。亚里士多德伦理学虽然注意到道德的生成依赖于行为者实践理智的充分发展和有意识的习惯的养成，但对于公共交往中可能出现的冲突与分歧应该保有何种态度则未充分讨论。而在杜威伦理学中，个体善与公共善、有机体与环境的交互作用及其可持续共存被赋予重要地位。

二　杜威伦理学为何基于功能实践

杜威将伦理学融贯于生活、实践、历史与经验之中，其学说是出于实践并走向实践、出于生活并走向生活。杜威的生活实践观念是多维度的融合，既包含人作为行为者在时间、空间及实践关系中能够感知到的生活状态，也指人作为实践者进行探索、改变和创造的生活样态。杜威所理解的生活世界未抽离丰富的生活内容与质料，不是从纯粹理性或抽象思维层面对生活进行形式化诠释之后的理念世界或本体世界，也不是被先在固化、客观既定化或剥离行为者实践能动性的僵化世界，更不是科学理性、工具理性及功利计算为主导的"纯粹科学世界"。生活世界的多重维度，决定了伦理学不能像科学逻辑或数字符号那样追求绝对的必然规律，而是在生活世界中缔造公共伦理精神、塑造个体美好品格。对此，涂尔干也提出"只有生活本身才能为自己制定法则"[1]。从当代实践伦理维度看，生活世界是伦理精神"德之在"的域所，也是现实个体"德之生成"的"源头活水"。

生活世界所呈现的实践伦理精神需要有德性的个体运用实践智慧来传承，有德性的个体又是生活世界的主人，脱离了实践的生活世界是沉

---

[1] [法]爱弥尔·涂尔干：《道德教育》，陈光金、沈杰、朱谐汉译，上海人民出版社2001年版，第38页。

睡的世界，在那种僵化的世界中"德之生成"就付诸阙如。故而，在个体权利充分彰显、社会道义示弱的当代，如何走出"单向度的人"，步入人伦之域的存在，杜威对生活世界的丰富诠释为后世提供了可能参鉴。从伦理学方法的历史演进看，相继于杜威之后，现代伦理的科学启蒙筹划均以失败告终之后，诸如安斯康姆、胡塞尔、麦金太尔、哈贝马斯等后起者也同杜威一样，强调从真实的生活世界中寻找伦理学的真实可行的本源与根基，以克服道德理由的外在化以及无法产生道德驱动力的问题。对于杜威思想在生活世界的影响，亨利·科马格给予了积极肯定的评价："杜威如此忠实于自己的哲学信念，因而他成为了美国人民的领路人、导师。可以毫不夸张地说，整整一代人都是因杜威而得以启蒙的。"①

人的实践活动彰显着人的生存方式与生活状态，也谱写着、塑造着、改变着不同的伦理学方法。同样，伦理学方法也塑造和影响着人的实践伦理意识。按照杜威对伦理、生活与实践关系的理解，可以说，面向生活世界的伦理学方法涉及以下几方面内容：其一，探寻生活世界中的伦理学方法所关涉的实践认知之真，这有利于行为者在实践之知中把握真之本原；其二，探索生活世界中的伦理学方法所关涉的实践价值之善，这有利于行为者在价值之知中把握善之本真；其三，考察生活世界中的伦理学方法所关涉的实践行动之美，这有利于行为者在行动之知中做出知之合理、欲之合意、行之合情的选择。最后，基于对生活世界中行为者知、欲、行的考察，对德之真、善、美三种面向的检视，以及对实践的认知之维、价值之维、行动之维的解析，有助于指明德之生成的实践智慧指向及其生活场域。

三　从功能实践重勘杜威的伦理观

虽然杜威生活的时代与亚里士多德所处的时代相距甚远，但是，他们都认为，人和动物的共性是都具有作为结构的大脑，不同之处在于人之特有的"功能"。对于这种"功能"是什么，二者有不同的解读。亚里士多德从人特有的功能解释实践的独特性。我们可以从两个层面来理

---

① ［美］罗伯特·B. 塔利斯：《杜威》，彭国华译，中华书局2002年版，第1页。

解亚里士多德的实践，一是广义的实践，即由人发出、实施、践行的一切活动，二是狭义的实践，即其所言的伦理和政治层面的实践。而杜威却把对实践活动和现实生活的关注视为哲学存在乃至人类可持续存在的基础，把人特有的"功能"视为实践的展开。

这里需要注意的是，尽管亚里士多德和杜威从人特有的"功能"理解实践，但二者的出发点存在差异。亚里士多德基于传统的形而上学为人特有的"功能实践"预设了"目的"的存在。杜威则基于经验自然主义的立场，主张人类无法为其"功能实践"预设终极目的。亚里士多德认为，人类的实践是有其目的性的，在其《尼各马可伦理学》开篇，他提出"每种技艺与研究，同样地，人的每种实践与选择，都以某种善为目的"[①]。尽管他认为"所有事物都以善为目的。但是应当看到，目的之中也有区别。它有时是实现活动本身，有时是活动以外的产品"[②]。尽管亚里士多德认识到人类所实施的一切实践活动都具有差异性，但是在他那里，目的性的观念是具有主导和引领作用的。也就是说，亚里士多德预先从理性上预设了"目的"观念的存在。所以，在他这里，就产生了目的善与手段善的分离。

然而，受达尔文进化主义的影响，杜威认为人类的成长像万物的运行一样，有其自身的"目的"或规律，就像人类无法为自然的运行设定目的或终点那样，人类也无法在充满偶然和危险四伏的世界为自身设立终极目的。当下人们常言的"我们无法预知意外和明天哪个先来"一语，也验证了杜威观点的有效性。于是，在杜威这里，他依托对情境的探究、假设、实验、验证来诠释人特有的功能实践。在此过程中，当前情境中目的善的实现可能成为未来下一个情境的手段善（如获得硕士研究生学位作为当下的目的善可能成为未来攻读博士的手段善、养成好的礼仪习惯作为当下的目的善可能成为未来塑造好品格的手段善等）。目的善与手段善成为不可分离、相互生成与转化的必要支撑元素。由于

---

① ［古希腊］亚里士多德：《尼各马可伦理学》，廖申白译注，商务印书馆2003年版，第1页。

② ［古希腊］亚里士多德：《尼各马可伦理学》，廖申白译注，商务印书馆2003年版，第2页。

正常人大脑的基本结构相同，那么，每个人特有的功能实践而非大脑结构，成为每一独立个体之所以称为个体的根本特征。我们能做的就是帮助人类更好地发挥功能实践，实现人类实践能力与其实践环境的可持续存在与发展。当代著名的哲学家帕菲特也指出，"一个独特的精神事件借助它与（通过互联而构成这个生命的）许多其他精神和物理事件的那些关系而在某个生命之内发生"①。

在传统哲学家那里，结构通常被视为一种最具真实性存在的东西。然而，在杜威看来，结构的稳定只是相对变化较快的过程而言，它仅仅是一种变动缓慢的有条理之物而已。杜威曾言，"结构乃是变化所具有的一个稳定的条理，因此，如果把条理从变化中隔离开来，这将使结构变成一个神秘的东西——使它变成形而上学的（按照这个字眼的通俗意义），一种鬼影般的东西"②。理性所预设的框架越神秘，就会越脱离现实的生活与实践。这就会导致科学领域与哲学领域对物质与条理的理解产生巨大差异。相反，"科学中的物质乃是自然事情的一个特性，而且随着自然事情的变动而变动；它是它们的这种有规则的和稳定的条理的特性"③。在科学领域，心灵与物质是人类作为自然有机体的两个特性。哲学所应该做的工作是"如何对它们各方面的联合进行选择和管理的问题"④，而不是将物质、条理、结构与功能相分离。

功能与结构既是自然事物的不同特性，也共同从属于某些事物的复杂体。前者展现出事物的意义与价值，后者展现出事物的条理性。尽管结构在关系、功能及组织上具有某种程度的稳定性和持久性，但不再是亚里士多德意义上的形式确定性。人特有的功能实践发生于动荡性与确定性、不完满性与完满性、稳定性与变化性、安全可靠与风险危机并存之间。功能与结构观念的转变是实践的产物，也推动着实践观念的转变。与此同时，伦理学研究与伦理观的转变也随之而生。如果我们把大脑（Brain）视为人类表达思想功能的工具（Vehicle），那么，即使大脑

---

① [英] 德里克·帕菲特：《理与人》，王新生译，上海译文出版社2005年版，第359页。
② [美] 杜威：《经验与自然》，傅统先译，江苏教育出版社2005年版，第75页。
③ [美] 杜威：《经验与自然》，傅统先译，江苏教育出版社2005年版，第76页。
④ [美] 杜威：《经验与自然》，傅统先译，江苏教育出版社2005年版，第78页。

的结构没有根本性改变，但是随着环境的改变，人们精神或心理（Psychological）的内容（Contents）也会发生改变，人们对功能的理解也就随之发生根本性转变。无论是物质的功能，还是心灵的功能，都不再是早期希腊时期所讨论的不动的推动者或朝着某个方向进行的某个始点。

概言之，基于功能实践重勘杜威的伦理观，可发现杜威将"善"与"实践""行为"紧密关联。在杜威语境中，实践与行为不仅仅是人的精神活动之外、实现某个目的的手段或工具，还是展现人类生命存在与发展的方式。杜威从生存论的视角把功能实践从传统认识论中凸显出来，使"善"理论成为一种生存实践论范畴而非"本体论"范畴。而且，基于对"善"的多元化理解，杜威对责任与善之关系的理解，不再局限于何者优先的讨论，而是将其转化为个体自由之善与共同体道义之责任的相互依存关系。在对实践与行为及其结果的道德评价上，杜威将实践的目的善与手段善、合德性与有效性相整合，把"探究""制作""创造""检验"之实践的有效性看作是实践活动的外显形式，同时又把"动机善""过程善""结果善"之实践的合德性看作实践的内在规定性。杜威实用主义伦理学作为一种整合性的伦理学理论范式，它从理论上融合了美德论、义务论和功利论。从现实生活与实践上，融合了个体德性、普遍责任以及行为后果，指向道德目的源于实践、又归于实践的现实关怀。

第二节　一种整合性的伦理学理论范式

国内外学术界对杜威伦理学的理论定位呈现出多样化形态，如将其学说视为"实用主义伦理学""自然主义伦理学""实验主义伦理学"等。本书基于对杜威37卷全集所有相关于道德哲学、功能、实践等文献的研究，倾向于将实用主义伦理学的实质称为功能实践伦理学。这是因为，一方面，杜威的道德哲学是出于实践且走向实践的；另一方面，杜威在其《伦理学》一书以及其他相关论著中，批判性地吸收了亚里士多德的美德伦理学、康德的义务论伦理学、密尔的功利主义伦理学、休谟的情感主义伦理学，这种整合性的伦理学理论范式涵盖了自然主义、实验主义的成分，更能够表达出杜威的伦理学理论所蕴含的丰度、深度和广度。

一 对传统伦理学理论的整合

先验义务论伦理学未对人类实践的复杂性加以深入考察，就以有限的理性的视角，对人类活动的道德性进行简单化解释，致使由此得出的道德法则难以应对现实实践难题。功利主义伦理学与情感主义伦理学虽然注意到经验、情感在道德基础中的重要作用，但由于其对经验、情感的偏狭理解，同样致使其道德学说面临诸多困境。在批判性继承和发展前人的理论观点的基础上，杜威将美德论、义务论、功利论、情感论相整合，构建了以人特有的"功能实践"为综合参照点的整合性伦理学理论，实现了对道德动机、道德判断和道德目的的重新解读。他依托于实践者、实践环境及其相互间的交互作用，论证了道德理论和价值评价的复杂性、情境性和实践性。

基于功能实践的实用主义伦理学作为一种整合性的伦理学理论，它与传统伦理学的区别在于，它基于生活与实践的需要来解释人们为什么要负有道德责任（先验义务论伦理学仅仅表达了责任是先验的、为责任而责任）；它基于同情与怜悯的自然德性解释日常生活中的道德冷漠现象（功利主义伦理学对此没有审慎考虑）；它基于科学与民主诠释了如何处理公共政治生活的冲突（亚里士多德的美德伦理学未充分关注政治冲突）；它基于探究、实验诠释了道德观念的可行性与有效性（情感主义伦理学没有关注道德的科学性）。杜威的伦理学与亚里士多德的美德伦理学、密尔的功利主义伦理学以及休谟的情感主义伦理学具有相近之处，其不同之处在于杜威的伦理学并不是以品格、后果抑或情感等单一原则作为行为依据，进而将其作为道德评价标准的伦理学理论。

结合以上几种不同的主流伦理学流派的观点，杜威伦理学说的整合性还表现为基于人特有的功能实践来研究道德规范和行为的有效性，其摒弃亚里士多德对单一道德原则，即品格善的诉诸，也摒弃康德式主观建构的一种抽象的、外在于"行为者"的普遍道德法则，以及密尔式的外在于"行为者"的最大多数人最大幸福原则以及休谟式的完全出于自然情感的同情心或道德感。杜威提出伦理学的根本任务是解决人类生活与实践的伦理难题，其道德命题脱离了理性命题的先验假设论证模式，不再关注"是什么"的元论题，转而关注"应该如何行为"的实践话题，尤为重视"如果要 X，就应当做 Y"的经验慎思与实验探究。杜威将心理学、经验论、认识论以及自然主义进化论相结合，从实践的可行性与有效性的角度挖掘道德理论的现实价值，促进了实用主义伦理学成为与义务论、美德论、功利论相异的，对人们道德观念产生重要影响的伦理学派。

二 对善与正当的整合

杜威不再纠缠于善与正当的争论，在他看来，从善/好可以推出正当，可以用善/好去规定正当，也可以从正当推出好/善，用正当规定善/好。善/好对于正当没有绝对的、永久的优先性，正当对于善/好也没有绝对的、永久的优先性。行为品质和社会组织形式应促进某种善。在某些情境下，行为品质不能促进某种善就是不正当的，作为手段的善只有在其能促进最后善的目的的意义上才是有价值的。但是，在某些情境下却并非如此。不能仅仅以善或正当的固定概念为基本原则，还应该考虑到道德演化、道德情境的影响，需要用一种道德实证或道德探究的方法来检验善与正当的有效性，而不是限于用善来检验正当，抑或用正当来检验善。

然而，传统以"善"理论为基础的目的论伦理学却主张：（1）在人类世界，存在着某种自身即善，且自身就值得人们追求的事物；（2）这种事物是每个精神健全者所致力于追求的，且对该事物的追求是值得的、有价值的；（3）追求这些事物的思维方式或行为活动，只要保持适度，合乎德性，就是善的、好的。由于不同的人所欣赏和追求的事物各不相同，于是就产生了以超验的善、幸福、快乐、美德等为目的的伦理流派。然而，在杜威看来，超验目的论伦理学主张超验的善自身就是有价值的事物，并将对其的追求视为人生的终极目的的观点，脱离了在具体情境、具体实践中对人们应当而为的关注。更何况，人类经验无法证明或验证这种超验的善，即使这种抽象善从理论上在可能的世界具有存在的可能性，也无助于人的现实生活与实践。美德论伦理学又把人自身德性的完善作为关注的中心，主张幸福的获得始于灵魂的有逻各斯的部分合德性的活动。早期的快乐主义伦理学主张快乐是唯一的、自身就有价值的善，他们认为既然唯一、最高的快乐（伊壁鸠鲁、德谟克利特）是儿童和成人都致力于追求的，这就表明快乐是最高的善。功利主义伦理学家如边沁、密尔、西季威克，也主张将幸福或快乐总量作为评价事物包括道德行为的标准。但是，依照杜威之见，这些学派存在着共性的历史局限，这就在于仍然追求单一道德原则的至善、至高与至上性。而现代科学的发展已经证明万物皆变，不存在最高的唯一至善。

在以正当原则为理论基础的义务论伦理学看来，行为的正当性是道德评价的标准，正当（权利）对于善具有优先性。譬如，义务论伦理学的重要代表康德主张正当与应当是伦理学的核心概念，应将它们置于伦理学的重要位置，并认为应当与正当的概念是先验的，不能诉诸经验，它们即使同善有关系，也仅仅是同唯一的且无条件的善有关系。由于经验材料及经验世界具有某种不确定性。由此，正当与应当等就要排除经验的要素，摆脱目的的指引或影响。在康德看来，普通人所谓的幸福只是对外部活动的某种把握，道德行为的动机应该是出自对普遍法则的尊重而非个体的主观所欲。

对于正当原则在伦理学理论中的重要地位，杜威给予了肯定。但是，他依然反对将正当与善进行分离的做法，转而基于自然满足之善与社会责任之应当互依互存的角度，提出不分事件、不依据具体情境就将正当始终置于善的优先地位是不现实的。因为，正义是否优先于善要根据具体的道德情境而确定。杜威肯定了正当原则保护每个人自由且平等的权利，但是，他认为正当的实现需要依赖于某种特殊的目的或善的观念。对于功利论伦理学所主张的个体的行为方式、社会的组织形式等道德上对错的标准，应该看其结果是否促进某人、某事或某物的完善或善的最大化。某种行为方式或社会组织形式等结果若不能促进某种善，就是不正确、不正当的。杜威对这一观点给予批评的原因是这偏离了人类生活本真的、复杂的、多元的真实状态。对于义务论伦理学所主张的个体的行为方式、社会的组织形式等道德上对错的标准，应该看其行为本身的性质或行为意图的善恶，而不在于其结果是否促进某种善。某种行为方式或社会组织形式等结果尽管不能促进某种善，也不能因此就断定其是不正确、不正当的，因为行为的意图也是重要的参照标准。杜威给予批评的原因是其忽视了道德事件与道德情境的多样性与多变性。

杜威把善与正当看作区别道德与不道德、合乎伦理与不合乎伦理的起点，却反对善与正当的分离，尤其强调善、正当与行为的交互生成。对此，麦金太尔曾评论说：把"'善'与行为相联结，是20世纪另一种开创性道德哲学即约翰·杜威的哲学的主要长处"①。对于杜威将"善"与"行为"相关联的做法，普特南也给予很高的评价，他说："杜威是我心目中的英雄之一，我赞同杜威的主要原因是他提出伦理学并不是要去寻求一种普遍性的理论。杜威认为伦理学家的任务并不是要建构一种体系，而是要致力于实际问题的解决，我也赞同这一观点。"②如果说以"善"为基础的伦理学注重实践的结果，主张实践的善恶取决于结果的好与坏；以"正当"为基础的伦理学注重实践的动机，主张实践的正当与否取决于实践动机的善恶。到杜威这里，善与正当的互依互存、紧密关联就成为实践活动存有的本真状态，片面地强调任何一方都是对实践行为的碎片化肢解。

三 对经验与自然的整合

当前，最具代表性的伦理理论范式主要将美好品格、善良动机或效用后果作为道德判断的单一要素。如果将这种观念渗透于实践活动中，致使人们要么注重实践探索者的美好品格，要么拷问实践探索的善良动机，要么追求实践探索的手段价值，其结果是忽视了美好品格、善良动机或效用后果的生成背景，造成对实践活动乃至人类整全生活的偏狭式理解。本节将杜威伦理学视为一种整合性理论范式，原因在于他从经验与理性、唯名与唯实交互共存的角度，对经验与自然做出了新的阐释，并以此为基础对传统善观念进行了反省与改造。

在杜威这里，经验是人与环境相互作用的产物，它是主体与客体、自然与经验、精神与物质的统一体。这种奠基于生活与实践的伦理学，贯通心物、主客，既还以事物本真的样态，也以自然与人文相融的方式

---

① [美]麦金太尔：《伦理学简史》，龚群译，商务印书馆2003年版，第327页。

② Hilary Putnam, *Ethics without Ontology*, Cambridge, Massachusetts: Harvard University Press, 2004, p.4.

塑造着人伦之域的存在。杜威的伦理学是基于人可经验的范畴，而非纯粹理性或先验直觉，对人类自身及其实践活动进行探究。

在人类历史的早期，经验被视为人类获得某种知识或技术的方式，它既可以帮助我们获得关于某一事物的个别知识，也可以帮助我们获得关于某一类事物的普遍知识。这就是亚里士多德曾在《形而上学》一书中提出的，"人类由经验得到知识与技术"①。通常情况下，人类知识的形成过程会历经感觉、知觉、记忆、思维、想象等过程，进而形成经验、判断，渐而转化为知识、技术、科学、智慧等。由于经验与人特有的功能实践密不可分，那么，经验既构成了认识论的前提，也是道德价值论的基础。

亚里士多德之后，随着唯名论和唯实论的对立，哲学家们对经验的理解就以两种对立的思维模式展开，即理性判断或感性经验。前者主要以理性主义为代表，他们认为，"经验和经验的知识就与科学处于明显的对立地位，既然科学意味着理解或理性的理解……经验具有风俗所具有的所有的局限"②。因而，在理性主义者看来，从感性经验层面诠释人类实践有其局限性。后者主要以经验主义为代表，他们认为，人类与动物的不同之处就在于动物凭借现象和记忆而生活，但人类可以从记忆积累经验进而获得实践技术的发展与进步。这意味着我们需要从经验而非理性中探寻人所特有的实践原则。

到了杜威，受达尔文进化论思想的影响，其经验的观念发生改变。杜威批评传统的经验观，如"经验不能引起令人尊敬的科学意义上的知识，只能引起意见，尽管意见有时也可能是正确的，但是，其发生却是偶然的，因为没有关于为什么它们是真的知识"③。相反，在杜威看来，经验才能造就技术或科学，无经验就会听凭偶然或机遇。人类从经验中

---

① ［古希腊］亚里士多德：《形而上学》，吴寿彭译，商务印书馆1995年版，第2页。

② John Dewey, *An Empirical Survey of Empiricisms*, In the Later Works of John Dewey (1925—1953), Vol. 11, Carbondale and Edwardsville: Southern Illinois University Press, 1987, p. 70.

③ John Dewey, *An Empirical Survey of Empiricisms*, In the Later Works of John Dewey (1925—1953), Vol. 11, Carbondale and Edwardsville: Southern Illinois University Press, 1987, p. 70.

积累的实践智慧可以帮助人们产生关于某一类事物的普遍判断，技术、科学的形成就此才成为可能，进而，人类实践探索领域的扩张与深化也才得以可能。虽然经验与科学、技术是有区别的，有经验的人似乎更会处理具体的事物，掌握科学、技术的人更容易把握对普遍事物的判断。但是，经验与科学、技术以及由此生成的实践智慧并没有发生分离。于是，杜威对经验乃至道德的理解展现出以下几方面的特色。

其一，基于自然主义的视角来诠释经验，扭转了传统哲学家基于理性或感性等单一视角对经验的理解，改变了从理性实在或感性经验的角度对道德认识论的偏狭理解。杜威在其著作中多次指出，"经验的两个缺陷的形而上学基础：感觉和身体的行动被限制在现象领域，而理性在其内在本质上是与终极的实在相似的"[1]。然而，就人的存在与发展而言，感觉、身体、理性是聚集于每个人为一身的，任何正常的人都无法在其自身内部将感觉与身体分离，也无法在自身内部把理性和感性相分离。在人类所实施的一切活动中，感觉、身体和理性同时发挥作用，以推动人类实现自己所欲的生活。因此，基于理性或感性等单一视角对经验的理解都是偏狭的，在此基础上所形成的道德认识论也是有偏颇的。

其二，基于过程主义的视角来诠释经验，指出道德认识与经验认识一样是不能完全依赖于理性假设，也不可感性绝对化。杜威和休谟作为经验论者都强调经验对人类实践探索的重要影响，但是杜威又不同于传统经验论者对感觉经验的理解。如果说理性论者基于先验假设断定经验的有限性，经验论者"以它自己的方式和传统理性主义一样先验（aprioristic）"。传统经验论者没有意识到经验意味着一系列的过程，它与人类的过去、现在及未来的实践活动紧密相关。经验、自然与人类的存在是不可分离、交互共存的统一整体。杜威对经验的这种理解得到了后继学者普特南的赞同，即"经验主义同样认为，科学材料（实际上是所有经验材料）的普遍形式能够先天地知道（即使它没有明确地这么说）。从洛克、贝克莱和休谟一直到欧内斯特·马赫，经验主义者都认

---

[1] John Dewey, *An Empirical Survey of Empiricisms*, In the Later Works of John Dewey (1925—1953), Vol. 11, Carbondale and Edwardsville: Southern Illinois University Press, 1987, p. 74.

为所有的经验材料都由'感觉'组成,感觉被设想为一个未被概念化的所予,假设的知识断言能够依靠它得到检验"①。杜威对经验的重新诠释,就是要走出传统经验论与理性论对经验的偏狭理解。

其三,基于经验发展目的的不可预测性的视角,指出道德目的的不可预设性。在现实生活中,人们常常通过"创造新的观察—概念来'创设(institute)'新的材料。现代物理学(当然不仅是物理学)充分地证实了其观点……无论是可能解释形式还是可能的材料形式都不能被预先地、一劳永逸地确定"②。经验的形式、经验的题材都存在偶然性、变动性、突发性,都不是预先确定的,而是源自人的特定功能实践。由此,基于实践且走向实践的道德目的也具有不确定性。

概言之,从伦理学的生成与嬗变看,杜威基于对人特有的功能实践与道德经验等要素的重视,提出了经验与自然的交互生成对于伦理学发展的重要影响。杜威赋予道德经验与道德环境以重要地位,后世的斯科弗也提出类似的观点,如其所言:"一个人的环境对他个人发展过程具有决定性的作用,因此他需要正确的老师和朋友,处在一个拥有合宜的道德实践、礼仪规范的社会中。"③ 同时,杜威还强调伦理学的任务是服务于人类生活实践的健全发展,因为道德理论源于实践,也应走向实践,"当人们面对不同欲望引起的互反的善和不相容的行为似乎都是正当的情境时,道德理论就出现了"④。对于某人或某事之善或恶、好或坏的道德评价,传统伦理学家倾向于依赖先验确定的善理念或绝对的道德标准。而杜威认为,我们应该从生活经验出发,在具体情境中进行善或恶、好或坏的道德评价。因为,道德评价的对象即某人或某事是处于流变之中的,道德与否的评价应该参考该行为者在实践活动中所实施的活动的性质。

---

① Hilary Putnam, *Ethics without Ontology*, Harvard University Press, 2004, p. 98.

② Hilary Putnam, *Ethics without Ontology*, Harvard University Press, 2004, p. 99.

③ Schofer J. S., "Virtues in Xunzi's Thought", *Virtue, Nature, and Moral Agency in Xunzi*, in Kline T., Ivanhoe P. (eds), Cambridge: Hackett Publishing Company, Inc. 2000, p. 70.

④ John Dewey, James H. Tufts, *Ethics*, In the Later Works of John Dewey (1925—1953), Vol. 7, Carbondale and Edwardsville: Southern Illinois University Press, 1985, p. 164.

第三节 一种调和性的伦理学方法

本节将阐明杜威伦理学以一种调和性的方法促进了规范伦理学的发展。从伦理学方法看，杜威的伦理学摒弃先验（排除经验）抑或超验（在经验与非经验之外，这种不可言说却可信的东西是以神学方式所关注的信仰对象），调和理论与实践、自然满足与道义之善、目的善与手段善的分离与对立，并基于经验自然主义、诉诸实践来讨论善与正当的可行性。经实用主义改造后的伦理学方法，就是要摒弃先验的道德原则、纯粹的道德命令、抽象的道德理论，采用一种实践、实用的方法，将道德理论与实践、道德知识与行为联系起来，通过一种可验证的方式确证道德理论的有效性。

一 对道德理论与实践相分离的调和

传统的规范伦理学试图为行为的善恶判断寻找普遍、必然的道德标准，而杜威却反对道德标准的抽象性、确定性、单一性。在对待伦理学相关的议题上，杜威从亚里士多德对"个体应该成为什么样的有德之人""如何成为这种有德性的人"的关注，转向对"个体应该如何实践""个体如何实践才能获得好效果"的关注。然而，在道德的生成上，杜威继承并整合了亚里士多德所阐释的道德元素。他们都注意到面对新情境所引发的道德难题，提出一种更具实践可行性的伦理学。因为他们要为个体的道德行动提供合理解释，也要为公共善的实现提供解决方案。但是，他们所依赖的参照点是不同的。

亚里士多德强调实践德性对理智德性的符合，杜威强调实践德性与理智德性都生成于实践并且要接受实践的检验。前者强调理性最高，后者主张实践优先。杜威还指出亚里士多德思想的时代缺陷是并未关注到如何与其他观念相异或相反的人保持一种公正的态度，秉承一种多元的、相对的善。尽管亚里士多德认识到实践的具体性、多样性，但是在他这里实践的善依然离不开对理性的依赖。这也是"胡果·格老秀斯以及其他一些法学家终结了亚里士多德主义伦理学的长期统治，转而提倡从人类权利的角度探讨政治道德的原因"①。而杜威不局限于从权利的角度讨论公共伦理，他还从个人与社会、个体与共同体、手段善与目的善互依互存的角度来讨论个体善（individual good）与公共善（common good）的共同实现。当然，杜威也重视理论知识与道德行动的关系，如其所言，"正如知识是一个人的真实世界的自我的主宰，是在自我意识中对这种世界的再造一样，道德行动也是对包含在现存实践世界中的各种价值的赞同和生机勃勃的自我表现"②。

概言之，在杜威语境中，理论尤其道德理论与实践是不可分离的。道德理论"是对某个既定行为已知的各种条件及其关系的分析性的认识，是一种观念中的行为。相对于行为的外在建构而言，它是行为在思想中的建构。因此，它是不断显现的行为，即行为本身。道德理论与实践的任何分离都与我们的观点格格不入，理论即理想化的行为，那么，行为举止也即付诸实施的洞察力"③。实践的道德意识，使得道德理论在现实的实践行为中不断显现，实践或者说人的特定功能的实践，其最高境界是道德的实践。

二　对自然满足与道义之善的调和

杜威试图从道德之善与自然满足不可分离的视角，将康德的义务论伦理学与密尔的功利主义伦理学相调和，凸显了一种整合性的伦理理论所具有的包容性。在杜威看来，前两种理论"各自表达了部分真理，而第三种理论则结合了其他两种理论所蕴含的部分真理"④。又如 S. Morris Eames 所言，前两种"相距甚远的理论在它们那里都具有某种真理性，

---

① ［美］迈克尔·斯洛特：《阴阳的哲学》，王江伟、牛纪凤译，商务印书馆2018年版，第78页。

② John Dewey, *Outlines of a Critical Theory of Ethics*, In the Early Works of John Dewey (1882—1898), Vol. 3, Carbondale and Edwardsville: Southern Illinois University Press, 1969, p. 346.

③ John Dewey, *Moral Theory and Practice*, In the Early Works of John Dewey (1882—1898), Vol. 3, Carbondale and Edwardsville: Southern Illinois University Press, 1969, p. 95.

④ John Dewey, *Outlines of a Critical Theory of Ethics*, In the Early Works of John Dewey (1882—1898), Vol. 3, Carbondale and Edwardsville: Southern Illinois University Press, 1969, p. 49.

但是它们彼此又都存在有异议的部分，然而杜威的'功能性'（functional）重组则产生了他自己的理论"①。

按照杜威的理解，"在道德之善（moral good）与自然满足（natural satisfaction）之间不可能做出任何确定的区分。人类的目的、正当的、并且是唯一正当的目的，存在于其力量在他们的特定对象中最充分与最自由的实现。善由友谊、家庭、政治关系、机械资源的经济效用、科学、艺术，以及它们各种复杂多样的形式和要素所组成。不存在单独且对立的道德的善；也不存在独立空洞且对立的'善良意志'"②。康德的义务论伦理学与密尔的功利主义伦理学的共同缺陷是都追求单一化的道德原则，即道德之善抑或自然满足，却忽略了人是一种具有双重存在特性的有机体，即人作为一种自然存在物，在其自身内感性与理性并存，人作为一种社会存在物，在社会范畴内其既是个体性的存在者，又是社会性的存在者。由于人类的双重特性，前两种理论都诉诸单一原则，其难以对人类行为做出全面解说。杜威伦理学强调人的自然性与社会性共存、道德之善与自然满足共在，有助于对人的生活与实践进行相对全面的诠释。

由于杜威所强调的伦理学方法是从自我与对象交互共存的角度，解决个体性之自由与共同体之道义的实现，因此它改变了传统道德哲学将单一原则视为行为动机与标准的观念。传统道德观念要么关注终极至善、道德法则，要么关注自我欲求、自然同情，这种将道德之善与自然满足相分离的观点一直是杜威所批判的。杜威致力于将个体自然满足与共同体道义之善相统一，在他这里，二者既被纳入实践范畴，也被视为人的特定功能实践最佳实现的方式。

三 对目的善与手段善的调和

在道德哲学领域，杜威对目的善与手段善的重新阐释是受达尔文进化论思想之影响的产物。在杜威看来，人类的实践活动发生于有机体与

---

① John Dewey, *Outlines of a Critical Theory of Ethics*, In the Early Works of John Dewey (1889—1892), Vol. 3, Carbondale and Edwardsville: Southern Illinois University Press, 1969, p. xxxii.

② John Dewey, James H, Tufts, *Ethics*, In the Middle Works of John Dewey (1899—1924), Vol. 5, Carbondale and Edwardsville: Southern Illinois University Press, 1978, p. 273.

环境的相互作用。虽然人类与其他生命物在结构和功能上是有差异的，但是对于"结构和功能之间的区别并不能把生物学和自然科学区分开来，也不需要在生物学中使用一种独特的解释逻辑"①。也就是说，杜威并不是否认生物学与其他自然科学在功能方面的差别，而是强调人作为生物链条的一种特殊群体，不能背离自然运转规律。就像动物生下来就具备自然生长的能力一样，人类也生而具有其自身生长的能力和目的。既然我们无法人为的预先为人的一生预设好或规定好某个目的，那么就不存在终极的目的善。

尽管，自伦理学产生以来，目的论的观念在实践哲学中一直处于主流地位，但是，就像"目的论解释在生物学中的盛行并不能构成一种解释模式……而且在生物学中使用这种解释并不足以成为这门学科坚持这样一种完全不同的探究逻辑的理由"②一样，伴随着实践领域的扩张与深化，目的论难以再成为实践哲学坚持以目的善为实践探究逻辑的理由或终极目的。或许有人会说，杜威对实践过程或实践程序的探究，不是为了导向某个目的吗？对此，我们可以说，杜威同样认为每个实践活动都具有其目的。但是，当下情境中的实践目的会成为未来情境中的实践手段，他没有终极目的或至善目的的概念。因为，在他看来，在多变的人类世界中任何目的都不具备目标导向的终极性，而且他认为，人类无法预测到万物发展的终极目的。因此，目的不是仅仅停留于预设期，而是依赖于人特有的功能实践的展开与实现。内格尔对迈尔的回应可以为此观点提供进一步的支撑，即"程序对过程的控制不足以证明过程是由目标导向的"③。就像父母教育孩子不能说谎、不可欺骗、不可杀生，对这些人特有的功能实践的践行并不是以某个确定了的终极的、唯一的

---

① Patrick Suppes, Reflections on Ernest Nagel's 1977 Dewey Lectures "Teleology Revisited", The Journal of Philosophy, Vol. 109, No. 8/9, Special Issue: Aspects of Explanation, Theory, and Uncertainty: Essays in Honor of Ernest Nagel 2012, pp. 503–515.

② Patrick Suppes, Reflections on Ernest Nagel's 1977 Dewey Lectures "Teleology Revisited", The Journal of Philosophy, Vol. 109, No. 8/9, Special Issue: Aspects of Explanation, Theory, and Uncertainty: Essays in Honor of Ernest Nagel 2012, pp. 503–515.

③ Patrick Suppes, Reflections on Ernest Nagel's 1977 Dewey Lectures "Teleology Revisited", The Journal of Philosophy, Vol. 109, No. 8/9, Special Issue: Aspects of Explanation, Theory, and Uncertainty: Essays in Honor of Ernest Nagel 2012, pp. 503–515.

目的为目标或导向的。他可能仅仅是在当下情境中自我之实践能力与对象之实践环境相互协调发展的过程之一。

如果从意向性的角度看，实践的目的和目标的确立是首要的。即使有些目的源自内格尔（Nagel）所言的"信念—愿望模型（目的或目标可以通过内部评估的可替代方法来实现）"①。但是，这种目的和目标不是出自先验理性假设，也不是外在于人的功能实践活动，而是个体基于自我与对象交互作用的实践验证或评估而建构的。为此，在"科学知识的发现和价值观念的效力之间需要调和或在一定程度上调整"②，人特有的功能实践的重新阐释与研究势在必行。这再次意味着需要对实用主义伦理学做出新的解释。

在道德行为的评价中，杜威将目的善与手段善相调和。对于康德所主张的作为道德评价的实践理性是纯粹的且不掺杂任何情感成分的观点，杜威持强烈的批判态度。他指出道德哲学家的主要任务不是要为抽象的绝对法则进行辩护，而是要"探究行为举止（conduct）中的道义要素，考察行为举止以发现其价值由何物所赋予"③，进而为构建新的实践伦理提供参鉴。由于任何一个行为举止所展现的道德要素都是多元的，该行为举止得以生成的相关因素也是多样的。由此，对道德行为的评价只有将动机、过程与后果相整合，才能做出公正、客观、有效的判断和评价。在日常生活与实践中，人们会发现所有的信念，即使是理性上的信念都含有某种感受性的、情感性的元素。如果像义务论者那样完全摈弃情感等因素对道德行为的影响，这种剥离出质料，仅使之存有空壳的道德形式，尽管能够在理论推理上证明道德基础的普遍必然性是可能的，但是在现实生活与实践中仍然会因缺乏内容和质料而失去其指导意义。后来，康德学派的继承者如达沃尔就看到了康德理论的局限性，承认目的善与手段善共同构成了道德行为的主要元素。

---

① Patrick Suppes, Reflections on Ernest Nagel's 1977 Dewey Lectures "Teleology Revisited", The Journal of Philosophy, Vol. 109, No. 8/9, Special Issue: Aspects of Explanation, Theory, and Uncertainty: Essays in Honor of Ernest Nagel 2012, pp. 503–515.

② [美] 杜威：《确定性的寻求》，傅统先译，上海人民出版社 2005 年版，第 36 页。

③ John Dewey, *Outlines of a Critical Theory of Ethics*, In the Early Works of John Dewey (1882—1898), Vol. 3, Carbondale and Edwardsville: Southern Illinois University Press, 1969, p. 241.

第二章

基于功能实践的实用主义伦理学

功能实践在杜威伦理学中具有重要且基础的地位。功能实践的生长性是杜威伦理学的重要指向,从自然生命角度看,生命机体出现无生长的迹象,就意味着生命的终结;从精神生命角度看,思想灵魂出现无生长迹象,就意味着思维的终结。一个人停止了思维活动,就会被剥离出正常人的类存在。为了实现自然生命的延续,人需要借助呼吸运动实现有机体与空气环境的相互作用;为了实现精神生命的延续,人需要借助实践活动实现主体与对象的有机融合。本章探究人特有的功能与功能实践的真实意蕴,既有助于我们走出对实践的误用,真实地理解实用主义伦理学的本质,也有助于理解功能实践在生活中的重要地位。

第一节 功能实践在生活中的重要地位

在西方传统伦理学领域,对实践的理解出现了两种相互分离的观点:一是把实践解释为伦理或政治领域的活动方式;二是把实践解释为制作或生产领域的活动方式。第一种观点的主要代表是亚里士多德和康德,他们主要从道德活动层面来理解实践,这种观点缺乏对具体情境以及手段善的充分重视。第二种观点的主要代表是皮尔士与詹姆士,他们主要从技术活动层面来理解实践,这种观点脱离对实践者及实践本质的思考。针对传统伦理学从道德或技术单一层面对实践的偏狭性理解,杜威提出了从有机体与环境交互共生的视角,重新理解人特有的功能实践及其对道德生活的影响。

一 功能

哲学领域所谓的功能主要指某人或某物具有的某种特殊类型的状态、特征、属性或作用。在西方哲学史上，最早对功能做出解说的是古希腊时期的亚里士多德。在亚里士多德那里，对人特有的功能的讨论是其伦理学乃至哲学的核心。在亚里士多德看来，人类需要吸收营养以维持生命机体的循环，这是人与植物共有的植物性活动。人类需要运动和感觉以满足基本的生理需求，这是人与动物共有的动物性活动。人与动植物的最大区别就在于人特有的功能即灵魂的有逻各斯的部分合德性的活动。人之幸福生活的实现就在于其特有的功能的最佳实现，二者的共同实现又依赖于灵魂的有逻各斯的部分合乎德性的实现活动[①]。由此可见，在亚里士多德这里，人特有的功能在于其德性的彰显与完善。然而，杜威对功能的理解却另有新见，具体表现为以下几个方面。

首先，对功能的诠释从本体论走向实践生成论。亚里士多德对功能的理解是基于哲学本体论而推演的。在亚里士多德那里，实体和属性是可以分离的，而实体和功能是不可分离的。人们改变一个事物或一个人的属性，并不会影响到对其功能的理解。然而，如果人们改变了其功能，就会影响到对其本质特征的理解。譬如，人们可以从质（如颜色、形状）或量（如长宽高）的属性来改变桌子的颜色或大小，即把一张蓝色的桌子涂成绿色或把一张大的桌子变小。当这些属性被改变时，不会影响我们对桌子的功能的理解，否则被改变的就是桌子的本质而不是属性。按照这种观点来推论，人的本质特征就在于其功能的实现，而不

[①] 亚里士多德将幸福定义为灵魂的有逻各斯的部分合德性的实现活动，是因为，我们所寻求的是人的善和人的幸福。人的幸福指的是灵魂的一种活动。然而，人的灵魂分为两个部分：无逻各斯的部分和有逻各斯的部分。灵魂的无逻各斯的部分包括：营养、生长的部分和欲望的部分；有逻各斯的部分包括知识的部分和推理的部分。由此，灵魂的有逻各斯的部分就包括两个方面：严格意义上的逻各斯和欲望部分的听从逻各斯意义上的逻各斯（这个无逻各斯的部分在一定程度上受到逻各斯的部分影响，这一点表现在老师劝诫学生、警察制止犯罪行为的发生等实践中）。与此相应，德性被划分为理智德性与道德德性。因无逻各斯里的营养与生长能力的德性不为人所独有，所以幸福是灵魂的有逻各斯的部分合德性的实现活动。[古希腊] 亚里士多德：《尼各马可伦理学》，廖申白译注，商务印书馆 2003 年版，xxxiv。

是其被附加的各种属性。人之功能的实现附带着某些属性，但是它能经历各种偶然而使其自身的功能保持不变，它能把各种属性聚集在一起。因此，我们不能通过感觉、视觉、制作或实践活动所带来的属性认识来把握人的本质，因为我们感觉或实践所经验的只是人的各种属性（所属或被所属之物）。

然而，杜威是反本体论的，他从实践生成论的角度反对亚里士多德将人特有的功能仅仅解读为德性的彰显与完善，尤其反对亚里士多德诉诸最高善来讨论人之功能的最高实现。杜威基于实践之"变"来解读人特有的功能。在杜威看来，对人类而言，其功能就是"去行动的能力以及被转化为个人活动要素的环境"①。由此可见，功能是一种综合体，它蕴含着实践者的行为能力及其所涉及的各种实践环境等因素。由于万物皆变，不存在最高或至高的善，善或德性都是相对于具体实践、具体情境而言的，它们生成于实践而不是先于实践而存在。那么，人特有的功能就不能仅仅着眼于德性，而应着眼于如何应对实践的善。由于人类的实践活动是实践者与实践环境交互作用的产物，那么，可以说实践也是一种聚合了各种因素的综合体。由此，可以说，实践论而非本体论才是人的特有功能得以展现与实现的基础。

其次，关于功能的关系性抑或能动性的诠释。在杜威看来，德性通常是已经抽离出的固化的既往观念，人特有的功能却不是固化或固定的，"功能的观念是一种能动关系的观念，这种关系是在行为力（power of doing）与所做的事情之间建立起来的"②。杜威从冲突、习惯和反思行动三个层面讨论了行为力，旨在表明人特有的功能就是能够在实践者的行为力与所做的事情之间建立一种能动关系，而非固化的、单向度的关系。对于人特有的功能之能动关系的强调，暗含着功能实践的生长、持续变化与发展。人正是在自我与对象的关系中，借助于实践或行动实现主客之间的交互作用以促进其特有的功能得以充分发挥。人特有的功

---

① John Dewey, *Outlines of a Critical Theory of Ethics* [M], In the Early Works of John Dewey (1882—1898), Vol. 3, Carbondale and Edwardsville: Southern Illinois University Press, 1969, p. 353, 304.

② John Dewey, *Outlines of a Critical Theory of Ethics*, EW, Vol. 3, Carbondale and Edwardsville: Southern Illinois University Press, 1969, p. 303.

能在于其实践的生长性与可持续性。

最后,关于功能的自然性与道德性的诠释。如果说一个人"在表现其特定功能时,这种功能存在于那种参照其具体环境而实现意欲和力量的活动之中"①,这就意味着人之功能的展现是其自然意欲力量的表达,同时人之功能的实现又依赖于具体的环境。然而,传统哲学家通过理性抽象的方式,在思维中去除人的自然情感质料成分,只剩下作为形式的空壳,这样就会使人类成为一群缺失系统功能、不可感的存在物。如果将实体与属性相分离来解释人的功能,就会使人自身变得不可感,因为他将没有任何喜怒哀乐或七情六欲等质料,也就没有任何的可感属性。这时,作为一个纯粹的理性人,他的存在就很难具有被判断的价值和意义。似乎,这个纯粹的理性人变成了一个冷冰冰的机器,而不是一个有温度的有鲜活生命的存在体。那么,这类冷冰冰的、近乎机器式存在的个体,其功能的履行与彰显就是抽象的、偏狭的。因而,要讨论人的本质特征及其功能的实现,既需要重视人所意欲的自然需要及其力量,也要结合质、量、关系、时空和因果等具体环境中的具体要素。

如果人们继续沿着柏拉图以来主体与客体二分的进路,对人特有的功能及其实践活动进行解读,如果继续把人视为静观的认知实体,就会消解存在物之存在的功能与意义,对其缺乏本真、整全的理解。由于事物的质与量、时间、空间、情感、因果关系等等都会影响到人特有功能的发挥,人们只有在时空、因果、相似性等关系中,在与周边环境的相互作用、与之因缘的他者相连中来理解人的功能性,这样才有可能走向一条通往敞亮存在的真理和意义的信道②。当个体发挥自我的实践能力,并使其符合所处环境的社会规定时,人特有的功能实践就蕴含着植物类、动物类所不具备的道德性考虑。基于这种考虑而生成的道义观念,就意味着人特有功能的发挥是"履行一种机能实现了社会整体,那么,由于各种关系人对建构这一整体'确实'是必要的。他服从社会

---

① John Dewey, *Outlines of a Critical Theory of Ethics*, In the Early Works of John Dewey (1882—1898), Vol. 3, Carbondale and Edwardsville: Southern Illinois University Press, 1969, p. 304.

② [德]海德格尔:《存在与时间》,陈嘉映等译,商务印书馆 2018 年版,第 50 - 69 页。

共同体的存在和发展所施加的条件。总之，他是处于义务之下的；其功能的履行，是属于其作为成员的共同体的义务"①。

如果依照人的本质特征来推论人的功能，还可以从作为类的功能性存在与作为个体的功能性存在两个层面来解释。作为个体的功能性存在，每个人都因其自身特有的能力和所处环境而显得是独一无二的；作为类的功能性存在，每个人都因其普遍意义上的人所共有的特性而显得具有共性和普遍性。由于"人的特定功能的实现，它统一了个体行为；而作为功能的表现，它服务于整个共同体的满足"②。在此意义上，人要发挥其特有的功能，既要在个体的意义上充分实现其个体价值，又要在类的意义上充分实现其类（作为人）的价值。这就要求个体关注人类自身之间的和谐，又要求人作为类存在与世界宇宙万物之间保持和谐。

二 实践、实用、行为

学界对杜威的实践观念的理解相当模糊，主流观点倾向于将杜威的实践与实用、行为放在同一个层面来理解，殊不知实用与实践二者之间存在着很大的区别。由于对杜威实践观念的理解不一，致使对杜威伦理思想存在误解。因而，此处致力于澄清杜威实践观念的真实意蕴，以消解人们对杜威伦理学说的误读。

首先，澄清实践与实用的异同，在某种程度上可改变学界对实用主义的误解，即认为实用主义仅仅强调实用或结果，忽视对实践的伦理或道德性的重视。从广义上说，一切人类活动都是实践的产物，都是出于实践，并走向实践。即使是知识或科学，超越一定的时间和空间关系，它们也不是恒定不变的，而是变化或需要改变的，因为从始源上看它们也是一种人与自然、有机体与环境交相作用的产物。即使是致力于对存

---

① John Dewey, *Outlines of a Critical Theory of Ethics* [M], In the Early Works of John Dewey (1882—1898), Vol. 3, Carbondale and Edwardsville: Southern Illinois University Press, 1891, p. 327.

② John Dewey, *Outlines of a Critical Theory of Ethics*, In the Early Works of John Dewey (1882—1898), Vol. 3, Carbondale and Edwardsville: Southern Illinois University Press, 1969, p. 323.

在本身的形而上学的研究，在探究其存在自身是什么时，也会对其所产生的可能影响、倾向或后果进行关注。对于实践与实用的区别，杜威曾明确指出：实用"与其他的诸善分隔孤立之后就只能算是一些有局限性的和狭隘的价值了"①，实践与实用两个术语不可混同。在诸多领域，实用逐渐演变为实践、技术生成的实际结果的有效性，这"是一种有限的服务，因而蕴含着一种外在的目的"②；而"实践"是一种完满的使用或服务，我们应该把"实践当作是我们用以在具体可经验到的存在中保持住我们判断为光荣、美妙和可赞赏的一切事物的唯一手段。这样一来，'道德'的全部意义都改变了"③。由此，杜威反对仅仅追问实用结果的做法或行为。

在杜威这里，实践相关的题材更为丰富。其一，"实践活动乃是在实际上和具体上使存在发生变化的活动"④，实践犹如科学实验，它既不是盲目、冒失、机械的活动，也不是随意而发的、无目的行为，而是在对动机、过程和目标有所预计的基础上，有目的、有意识、有选择、有策略的活动。其二，如果从与理论、知识相对比的层面来理解实践，实践与传统形而上学是相远离的（因为传统的形而上学是对于各种存在所表现的一般特征的关注与陈述，它不关乎选择与践行）。然而，实践与理论也是密切相关的，"理论是为了知道应当的行为举止而剖析当下既定的行动状况；实践是对由此获得的观念的实现：实践是被付诸行动的理论"⑤。当然，我们不能因此否认实践的观念层面的活动，比如在心灵和思维中所酝酿的实践的可行性思考与预测。实践与理论、"实践意识与理论意识的区别，在于前者是对要做某事的意识。这种对要做某事的意识，就是对义务的意识"⑥。理论指导着实践，同时又是实践的

---

① [美] 杜威：《确定性的寻求》，傅统先译，上海人民出版社2005年版，第23页。
② John Dewey, Outlines of a Critical Theory of Ethics, EW, Vol. 3, Carbondale and Edwardsville: Southern Illinois University Press, 1969, p. 262.
③ [美] 杜威：《确定性的寻求》，傅统先译，上海人民出版社2005年版，第23页。
④ [美] 杜威：《确定性的寻求》，傅统先译，上海人民出版社2005年版，第53页。
⑤ John Dewey, *Moral Theory and Practice*, EW, Vol. 3, Carbondale and Edwardsville: Southern Illinois University Press, 1969, p. 109.
⑥ John Dewey, *Moral Theory and Practice*, EW, Vol. 3, Carbondale and Edwardsville: Southern Illinois University Press, 1969, p. 108.

产物，需要接受实践的检验。

其次，就实践与行为的关系而言，实践是人所特有的活动类型，而行为、活动则不是。一方面，我们可以说，从动物的活动、动物的行为来研究动物的特征；却没有人说，从动物的实践来研究动物的特征。另一方面，人们的日常行为、活动（如刷牙、洗脸、穿衣、做饭）也不被称为实践。尽管杜威提出，"行动的范围不能仅仅限于专图私利的动作，也不能局限于专从利害得失打算的动作，尤其不能一般地局限于贪图便宜的事物或有时所谓'功利'的事情。保持和敬畏理智上的价值、道德上的良善、美术上的美妙，以及在人类关系中维持秩序和礼节等都是依赖于人们的行为的。"① 但相比于行为、活动，实践才是人特有功能的活动，如杜威所说："'实践的'一词可能指对象要求我们采取的态度和行为；或者指某个观念在先前存在物中引起变化的能力和倾向；再或者指某些目的值得欲求和不值得欲求的性质。"② 相应于理论或意义而言，"'实践的'则意指对象所要求于我们的或使我们必须做出的未来反应"③。在杜威这里，实践作为人特有功能的一种展现方式，它以其自身的独特性而区别于活动与行为。这种独特性还表现为，实践是一种人类有意识的、主动的、具有慎思性、假设性且出于选择和判断的活动。

当然，实践与活动、行为也具有相似性。实践是通过活动、行为来表达的，其动机、过程及结果都需要依赖于实践者与环境的相互作用，因此，对实践者及其所处环境的研究可以推进实践伦理的实现。这就改变了传统哲学从行为者或行为等单一视角解说实践伦理的有限性。当然，一个人必须以合适的实践方式来表达人类的真实需求。既然实践是人类主动选择的产物，那么人类就应该为其行为承担责任，尤其是涉及他者的利益关系时，就应该承担相关的实践伦理责任。在此意义上，杜威认为，实践判断就是一种价值判断。这里，对实践和价值意义的赋予

---

① ［美］杜威：《确定性的寻求》，傅统先译，上海人民出版社 2013 年版，第 22 页。

② John Dewey, What Pragmatism Means by Practical, MW, Vol. 4, Carbondale and Edwardsville: Southern Illinois University Press, 1977, p. 104.

③ John Dewey, What Pragmatism Means by Practical, MW, Vol. 4, Carbondale and Edwardsville: Southern Illinois University Press, 1977, p. 103.

都是人所特有的功能的展现。由于人类的实践活动需要参照一系列的因素（经验、理性、文化、情境等）而展开，这样，杜威语境中的实践就打破了传统哲学的二元论划分。

杜威语境中的实践、活动、行为之关系还表现为：一方面，"行为"被视为"实践"的外显"活动"方式。实践者参照既往经验，根据当下及未来发展的需要，预测实践的目的和手段，找出行为的最佳方案，以便对实践活动的动机、过程以及结果做出较为稳妥的判断。另一方面，实践又不同于活动与行为，原因在于实践包含着技术性与道德性双层意蕴。实践的技术性预示着把某些现存之物转化为可欲之物的必要性和有效性。实践的道德性要求行为者秉承或按照道德基本规范而行动。一种合宜的实践活动"不把任何所需的行动降低为达到处于它自身之外的某个目的的纯粹手段"[1]。而无目的、无意识、未经思考与选择的行为容易跟随外物而随波逐流、遭受外物诱使而行。如果人们完全从制作、生产等技术性、工具性层面来理解实践，就会忽略行为者在实践过程中应该秉承的道德品质，进而会导致高技术活动不道德现象的频繁爆发，在此情境下，唯技术至上者的实践活动对社会造成的危险度将会更大。而杜威对实践的解释扭转了传统道德哲学对实践的有效性、工具性与实践的伦理性、道德性的二元对立，有助于个体将其实践能力与实践环境协调统一。

最后，实践相关于知识、目的和善，而非仅指向手段。按照杜威的理解，知识乃至认知论都来自实践，如其所言："知识的对象在如下意义上是实践的：它依靠一种以其自身存在为目的的、独特种类的实践——为了其作为知识对象的那种存在。它在多大意义上是实践的，则是另一个故事。"[2] "认知论归根到底必然来自实践，实践是获取知识最为行之

---

[1] John Dewey, *Moral Theory and Practice*, EW, Vol. 3, Carbondale and Edwardsville: Southern Illinois University Press, 1969, p. 47.

[2] John Dewey, *An Added Note as to the "Practical" in Essays in Experimental Logic*, In the Middle Works of John Dewey (1899—1924), Vol. 10, Carbondale and Edwardsville: Southern Illinois University Press, 1980, p. 369.

有效的方法；接着，用这一理论来改善不那么有效的方法。"① 对于如何对待实践与知识的关系，杜威将其描述为，"当我们超越传统的余波时，关键似乎就是知识与事物的实践功能之间的关系。可以随你所愿地让实在本身是'实践的'，但绝不允许这个'实践的'特征对真理造成亵渎"②。针对传统伦理学对实践的片面式解读，杜威指出，"没有什么方法更能产生并确保目前在认识和实践方面那可悲的片面发展了，即将生活划分为物质的和精神的，并把经济生活当作本质上更低下的部分"③。对于实践与目的、善的关系，杜威认为，"我们要做什么，而非说如何去完成某件已知其结果令人满意的事。有关手段的判断，就其本身并不涉入判断一种目的或者善的构成而论，我要说，它们是技术性的而非实践性的；这里我的意思是说，我们的重要的实践探究所涉及的是目的和善"④。

概言之，在杜威这里，实践是人特有的实现自我价值与社会价值的重要方式。实践比经验更能彰显人的独特功能，这也是杜威的哲学出于实践并走向实践的重要原因。一方面，"杜威关于经验'做'与'受'进行区分，可以展开对于'实践'的理解。'实践'的特点在于人的主动性，是去'做'"⑤。如果说实践是人主动而为的结果，那么实践伦理问题就是人在其自身范围内的可控问题。这就将道德哲学的关注点从传统的本体至善论引向当下的实践致善论。另一方面，科学已经证明很多动物也具备经验，并且某些动物具备主动性行为的能力，但人不仅仅有经验，人还具备将经验在具体情境中进行规范化、道德化的能力。当行

---

① John Dewey, *Theories of Knowledge*, In the Middle Works of John Dewey (1899—1924), Vol. 9, Carbondale and Edwardsville: Southern Illinois University Press, 1980, p. 350.

② John Dewey, *Does Reality Possess Practical Character?*, In the Middle Works of John Dewey (1899—1924), Vol. 4, Carbondale and Edwardsville: Southern Illinois University Press, 1977, p. 128.

③ John Dewey, *The Crisis in Human History*, In the Later Works of John Dewey (1925—1953), Vol. 15, Carbondale and Edwardsville: Southern Illinois University Press, 1989, p. 222.

④ John Dewey, *The Objects of Valuation*, In the Middle Works of John Dewey (1899—1924), Vol. 11, Carbondale and Edwardsville: Southern Illinois University Press, 1982, p. 8.

⑤ 高建平：《经验与实践：兼论杜威美学和美学中的实践观》，《民族艺术研究》2004 年第 6 期。

为者主动运用经验且自觉自主的践行经验时,实践活动就发生了。实践是经验生成的源泉,同时又是验证经验是否可行的方式。人们可以借助于直接经历或间接认知,通过实践获得相关的经验与知识,但是,对于这些经验或知识是否有效,不能仅停留于认知的层面,而应该在新的实践中重新接受检验或验证。这就意味着实践的指导原则不是固定的知识,而是经验、理智认知以及功能实践不断提升的产物。杜威用"实践来解释经验而使他的经验自然主义超越了纯粹自然主义和思辨唯心主义的界限,并由此提出了一系列超越近代哲学范围的思想"①。由此可以说,杜威将人之特定的功能奠基于实践,实践的生长又依赖于实践者的实践能力与实践环境的交互作用,而对这种关系的协调性、持续性的推进又依赖于个体自由与社会责任的意识。因此可以说,人之特定的功能实践,而非抽象、单一的实践、实用或行为,这构成了杜威伦理学理论的主要内容。

三 功能实践及其伦理性

前面我们已经谈到,每个人其功能的发挥与实现并不取决于他的内部或外部结构,而是取决于他的运用方式或他所起的作用。也就是说,从人之为人的角度看,每个人特有的功能不同,其差别不在于身体或大脑的内部结构或外部表象,而是取决于每个人特有的心灵状态与精神认知的差异。由于这些差异又受实践主体与实践环境的因果关系所决定,因而,每个人特有的功能实践成为人之差异的本质之源。从发生学和进化论的角度看,功能实践的最佳发挥需要几个基本的要素,如自我、对象、道德性。我们把人类的行为活动称为实践(却不把动物的活动称为实践),原因之一就是人类具有自我行为的主体意识,且能在自我与对象之间按照可持续、合道德的方式实现新的意愿。在此过程中,它要求人类不断地根据环境,对基于冲动和习惯的行为进行道德性反思。

基于对功能与实践的整合性阐释,杜威对功能实践的解说可以从广义与狭义两个层面理解。"广义的功能实践是指行为者自觉运用其特有

---

① [美]杜威:《杜威全集(早期著作第3卷)》,吴新文、邵强进等译,华东师范大学出版社2010年版,第5页(中文版序)。

的能力，通过行动将自我与对象、自我特有的实践能力与相对于自我而言的实践环境连接起来，在遵循外在环境而行事的同时实现个体欲求及社会道义的活动方式。"① 狭义的功能实践被视为道德的目的，"道德是活动，是功能的实践。……道德只有通过不断有组织的活动，只有通过实践新的意愿并向新的情境前进，才能保持统一性"②。由于人既是个体存在者，又是社会存在者，那么，功能实践的目的是促进个体善与公共善的持续生长与实现。有形的实践制品与无形的实践意识都是人与人、人与自然、人与社会相互作用的产物。

在杜威这里，他非常重视人之功能实践作为一种动作上的媒介作用。功能实践作为一种特殊的媒介，其独特性表现为：它既具有观察、推理、对比的思考能动性，还具有使自然之物产生特定改变的实验能力以及协调情感需求与理性确证的统一性功能。这个发现标志着一种解放，它改造了我们原始的经验、实践对象，革新了未来的经验、实践情境。杜威的功能实践学说不同于以往的实践观念，它独具特性之处在于以下几方面。

其一，功能实践承载着人的价值或伦理观念。人特有的功能实践的过程，就是一个假设、实验、归纳、交流、合作、共享等有操作或有程序的过程，就像从自然事物中选取对火的研究，从对火的直接经验中提取火的观念一样，人类的所有观念都是源于人之特有的功能实践。从物的自然属性看，譬如，在自然事物中，火就是火，火内在地它就只是它自己；但是，人类取火乃是具有一定关系的。它使得思想离开火而转向其他足以促进和阻碍火发生的事情。从人类活动来看，自然事物未和人发生关系时，事物就是事物，就是其自身，但是，当某一事物成为实践者选择的对象，人之特有的功能实践就是行为者态度、性向、习惯的表达，这些又是行为者价值或伦理观念的表达。

一种具有伦理性的功能实践不同于传统的一般意义上的实践，它意

---

① 郦平：《功能实践与道德生活的可能性》，中国社会科学出版社2014年版，第91页。
② John Dewey, *Outlines of a Critical Theory of Ethics*, In the Early Works of John Dewey (1882—1898), Vol. 3, Carbondale and Edwardsville: Southern Illinois University Press, 1969, p. 377.

味着实践者赋予了技术、生产、制作、创造、探索等实践活动以伦理性，它既要求实践的有效性、高效性，也要求实践的伦理性、道德性。由此，杜威提出，"道德在于人的特定功能的运用……不存在于死板的公式中，而存在于生命运动中"①。杜威基于实践者的品格、实践者的责任及其实践结果的不可分离性，赋予人之特定的功能实践以整合性伦理意蕴。这种实践活动将技术性行为与伦理性行为紧密融合，将技能的历练与德性的修炼紧密结合。既要求实践者提升自己的实践技能；也要求实践者提升自己的德性修养。这样既有助于避免实践的缺德性，也有助于避免实践的低效性。

其二，功能实践暗含着一种关系伦理，因为它发端于实践者与实践对象的相互作用，只有在自我与他者的关系中实现融洽与和谐，才能真正促进实践者与实践对象相互协作的可持续性。从传统哲学角度看，先前的理论经常做出理论的指导以代替人们进行实践选择，然而这样却不能解决当前所面临的实践难题。新时代、新国家、新问题呼唤道德哲学家帮助人们智慧且合德性的实践，以促进个体价值与社会价值的实现。智慧且合德性的实践意味着要处理好自我与对象的关系，它要求实践者对其自身的实践能力及实践品格有着准确的判断和坚守，在尊重和守护环境的基础上，达到与实践对象或环境的最佳融合。

在达尔文物种进化主义的影响下，杜威采用对人的生理功能的解释，说明实践的功能，就像人的物理生命的持存需要依赖于呼吸功能的最佳发挥，以促进人的肺部器官和空气的交互运动。人的精神生命的持续需要依赖于实践功能的最佳发挥，以促进人的实践能力及其所处的特定实践环境的有机互动。无论是生命机体赖以存在的呼吸功能，还是人类作为有机整体赖以发展的实践功能，其运行与发挥都需要依赖于人类与外界发生关系，且这种关系只有保持和谐融洽才能促进生命机体的持存与发展。因此，一种整合性的功能实践强调行为者通过实践或行动实现自我与对象、实践能力与实践环境的有机统一。在这里，一个正常的

---

① John Dewey, *Outlines of a Critical Theory of Ethics*, In the Early Works of John Dewey (1882—1898), Vol. 3, Carbondale and Edwardsville: Southern Illinois University Press, 1969, p. 304.

生命体要实现自身的发展与完善，需要具备几种不同的要素，即实践者、实践能力、实践对象。实践者在具备一定实践能力的基础上，主动自觉自愿与实践对象发生互动，其实践功能才能得以强化。实践功能的最佳发挥也是人特定的功能实践展开的出发点和归宿。此处还需说明的是尽管功能实践与实践功能的表述方式不同，但是要表达的思想没有本质区别，就像我们说"讲道德的张三"与"张三讲道德"要表达的观点是基本一致的。无论是每个人特有的功能实践，还是其实践功能的充分发挥都依赖于实践者的实践能力与实践对象的最佳互动与交互作用。

其三，功能实践所蕴含的伦理性还体现为对个体自由与公共义务的推动。人特有的功能实践既是行为者为实现个体自由而实施的活动，也是行为者承担社会义务而履行的活动，用杜威的话说，"自由是处于义务之下的自由；道义是出于自由而尽的义务"①。在现代社会中，每个人都是社会共同体的一名成员，由此，行为者所展现的"功能实践是履行一种特殊服务，没有这种服务，社会整体就是有缺陷的"②。功能实践的伦理性直接影响到个体自由的实现程度，也影响到社会责任的实现程度。同时，"以功能方式所进行的活动又实现了个体……在其自身功能的履行过程中，行为者满足其自身兴趣并获得力量"③。正常人都具有其自身特有的功能实践的潜能，但是如果这种功能或潜能不加以运用就会慢慢消退，只有经过生活与实践的推动与锤炼，它们才能被充分挖掘。由潜能向真实的客观存在转化的过程中，行为者会感受到从非存在向存在转化的乐趣与成果，并由此生成内驱力与外部力量。

这种伦理性反映在社会生活中，会以个体自由与社会责任共存的方式表达出来。如作为个体性的存在者在履行其特定功能时，既会追求其

---

① John Dewey, *Outlines of a Critical Theory of Ethics*, In the Early Works of John Dewey (1882—1898), Vol. 3, Carbondale and Edwardsville: Southern Illinois University Press, 1969, p. 327.

② John Dewey, *Outlines of a Critical Theory of Ethics*, In the Early Works of John Dewey (1882—1898), Vol. 3, Carbondale and Edwardsville: Southern Illinois University Press, 1969, p. 326.

③ John Dewey, *Outlines of a Critical Theory of Ethics*, In the Early Works of John Dewey (1882—1898), Vol. 3, Carbondale and Edwardsville: Southern Illinois University Press, 1969, p. 327.

自然欲求与自由的实现，也会考虑社会共同体的要求，承担相应的社会责任。同样，作为社会性的存在者在履行其特定功能时，既要承担起社会责任，也要肩负其自身的自然情感的需要与自由的实现。对于那些出于外在权威和压力而担责的人，并不是在真正的实践其特有的功能，这种不是出于自由而尽的责任，会因其非自觉、非自愿的性质而变得难以持续。当然，对于那些完全考虑个体欲求的行为者而言，也无法实现其功能实践的可持续生长，因为其行为自身是自私片面的，也不具有可持续性。

概言之，功能实践之所以被视为人类所特有的，原因在于，"属于……所特有"蕴含着参考对照、分配派定，意味着在某些事例中，它具有良好的效果且被证明是较好的。功能实践是一种人与对象交相作用的方式，对于功能实践本身，我们难以做出恰当的评价。但是，这种交相作用的方式使得其他事物成为显见的、有价值的存在体，它使实有转变为手段，效用转变为后果。用杜威的话说，"思维跟用自然的材料和力能（例如火和工具等）来提炼、整理和构成其他自然的材料（例如矿）一样，是没有种类上的差别的。既有其现况使人不满的原料，又有适当地处理它们和联系它们的媒介。二者在任何地方都没有跳出经验的、自然的对象及其关系"[①]。由此可见，人之特有的功能实践，无论是思维观念、精神心灵上的，还是现实操作、实验证明上的，均具有一定的相通性，都是有机体与环境以合规律、合德性的方式相互作用的产物。

第二节　功能实践与认识论

功能实践与认识论的关系，在杜威哲学研究中尚未引起充分重视。尽管杜威在其37卷全集中，没有以实践这一术语为题专门撰写论著，但是，实践一词却遍布于杜威全集的各个章节，这个被遮蔽的隐性的实践问题，构成了杜威对人类实践活动的新诠释，这也是其提出的认识论

---

① ［美］杜威：《经验与自然》，傅统先译，江苏教育出版社2005年版，第45页。

上哥白尼式革命的思想资源。从哲学认识论看，自苏格拉底把人的认识活动从天上拉回人间，并提出"认识你自己"的理念之后，人类就开始了认识论的探索。苏格拉底之后，从认识论上提出哥白尼革命的哲学家康德，就采用哥白尼所倡导的日心假说观念，把人类可能具备的实践能力与外部对象的关系颠倒过来。康德旨在通过这种认识论上的"哥白尼革命"，以证明实践知识尤其是道德行为规范的普遍必然性依赖于人类自身的理性而非实践经验或外部对象。然而，伴随着人类实践领域的深化与拓展，康德的实践学说已无法应对实践探索的不断扩张所引发的伦理难题。于是，相继于康德之后，杜威从经验、情境与认识论改造的视角，再次提出认识论上的"哥白尼式"革命。这些对重新理解实用主义伦理学产生了重要影响。

一 经验新解

在杜威语境中，经验被视为人与环境交互作用的产物，它不是纯粹主观意识的产物，而是包含着外部客观世界。如果经验是主观与客观、物质和意识的统一体，这样从唯物或唯心角度对认识论的讨论就变得没有意义。如果经验既包含着做，又包含着做的过程与方式，那么，经验就是感性经验与理性思维的统一，这样经验论与唯理论关于认识论的争论也没有真正的说服力。基于以上对传统哲学二元论的分析，杜威认为，基于经验与实践而生成的道德哲学就应该超越自然满足与道德之善的二元对立，在物质需求与精神追求并存的现实境遇中，改造传统的认识论与道德观，使之服务于当下面临的道德困境。

杜威对经验的重新诠释，直接影响到其认识论乃至道德认识论的形成。于是，这里首先厘清其经验的内涵，以及对其道德认识产生影响的相关因素。在杜威这里，经验的内涵具有多重含义：其一，经验是与做（doing）、实践（practice）等相关的行为产物，又是"被经验到的东西"，也是"事物被经验到的过程与方式"；"经验主要不是意指认识，而是意指行动（doing）和遭受（suffering）的方式"[1]。其二，经验即

---

[1] [美] 杜威：《必须矫正哲学》，转载自涂纪亮《杜威文选》，社会科学文献出版社2006年版，第83页。

生活，生活即历史，"'生活'和'历史'一样，它不仅包括人们做些什么和遭遇些什么，他们追求些什么，爱些什么，相信和坚持些什么，而且也包括人们是怎样活动和怎样受到反响的，他们怎样操作和遭遇，他们怎样渴望和享受，以及他们观看、信仰和想象的方式——简言之，能经验的过程"①。其三，经验还包含经验者与一切可经验的对象，如其所言"经验指开垦过的土地，种下的种子，收获的成果以及日夜、春秋、干湿、冷热等变化，这些为人们所观察、畏惧、渴望的东西；它也指这个种植和收割、工作和欣快、希望、畏惧、计划、求助于魔术或化学、垂头丧气或欢欣鼓舞的人"②。

从广义上看，"经验"与"生活""历史""文化"具有相似的意蕴。由于传统哲学家对经验的理解是分裂性的，于是杜威进行经验改造的前提就是要表明"经验"与"生活"和"历史"一样，本应具有未分裂的意义。基于此所理解的实践也成为一种未分裂的活动。如果说"'生活'是指一种功能，一种包罗万象的活动，在这种活动中机体与环境都包括在内。只有在反省的分析基础上，它才分裂成为外在条件（被呼吸的空气、被吃的食物、被踏着的地面）和内部结构（能呼吸的肺、进行消化的胃、走路的两条腿）"③。"'历史'是指所做的事迹、所经历的悲剧；而且它也是不可避免地跟随着来的人类的注解、记录和解释。在客观上讲，历史包括河流和山岭、田野和森林、法律和制度；从主观上讲，它包括有目的和计划、欲望和情绪，而事物就是通过它们而被管理着和转化着的"④。"文化是各种习俗的一个复杂体，……文化决定人性中的哪些因素是占主导地位的，决定人性因素互相联系的模式和排列"⑤。那么，实践就是在统合以上三因素的基础上，根据人类特定环境和特定需求而实施的、基于经验且产生经验的活动。

从方法论的意义看，经过杜威改造后"经验"成为了一种包容并

---

① ［美］杜威：《经验与自然》，傅统先译，江苏教育出版社2005年版，第9页。
② ［美］杜威：《经验与自然》，傅统先译，江苏教育出版社2005年版，第8页。
③ ［美］杜威：《经验与自然》，傅统先译，江苏教育出版社2005年版，第8页。
④ ［美］杜威：《经验与自然》，傅统先译，江苏教育出版社2005年版，第9页。
⑤ ［美］杜威：《自由与文化（杜威全集·晚期著作·第十三卷）》，冯平等译，华东师范大学出版社2015年版，第61－62页。

蓄的方法。杜威认为，经他整合之后的经验法是"能够公正地对待'经验'这个兼收并蓄的统一体的唯一方法。只有它才把这个统一的整体当作是哲学思想的出发点。其他的方法是从反省的结果开始的，而反省却业已把所经验的对象和能经验的活动与状态分裂为二"①。这就改变了传统的经验论者与理性论者把主体和客体、经验与自然、心理与物理抑或精神与物质相分离的二元格局。

杜威提出的经验法和非经验的区别在于原始材料选择的不同，然而人们对其做出的分离式理解带来了荒谬可笑的现象，即一个经验过程只经验它本身意识的状态和过程而不经验自然的事物。经验虽不足以揭示事物的各方面，但"经验法将说明选择的动作是在什么时候和什么地方以及怎样进行的，因而是别人可以照样做并检验它的价值"②。杜威从原始经验与反省经验的对比入手，尝试说明经验的方法对于哲学的重要意义。虽然自然科学与哲学都依赖于反省，但不同的是，自然科学往往将反省经验追溯回去并加以验证。通过这样一个过程，那些原始经验无疑被丰富与扩大，它们"不再是一些孤立的细节……它们已变成与自然界其他的东西相连续的了，而且已经具有了它们现在被视为与之相连续的这些事物所具有的意义"③。而哲学所依赖的非经验法的不足之处，正是由于没有做到将结论回溯到原始经验予以检验。

从哲学认识论的层面看，杜威的经验法主张动作与材料、主体与对象的不可分离，提出"一个不可分析的整体中包括着他们两个方面"④。与之相反，非经验法恰恰将经验的对象与活动相分离，即"客体和主体、心和物（或者无论所用的观点是什么）乃是分开和独立的"⑤。传统哲学理论将主体与客体、心与物、经验与自然割裂，就像"经验的和非经验的之间的康德主义断裂是柏拉图主义物质的和非物质的之间的区分的遗物，进而是神学—形而上学的人和神之间的区分的遗物。杜威认为，这种被他称为'孵蛋和筑巢的二元论'应该与柏拉图和康德一起

---

① ［美］杜威：《经验与自然》，傅统先译，江苏教育出版社2005年版，第9页。
② ［美］杜威：《经验与自然》，傅统先译，江苏教育出版社2005年版，第25页。
③ ［美］杜威：《经验与自然》，傅统先译，江苏教育出版社2005年版，第7页。
④ ［美］杜威：《经验与自然》，傅统先译，江苏教育出版社2005年版，第9页。
⑤ ［美］杜威：《经验与自然》，傅统先译，江苏教育出版社2005年版，第10页。

被扫到旁边去"①。传统理性主义者藐视经验，甚至将其视为阻碍人们认识世界的"帷幕"；而传统经验主义者，则将自然视为物质的、机械的存在，这同样阻断了经验与自然的联系。杜威揭示了经验与自然的紧密联系，并试图证明"自然与经验还在另一种关联中和谐地存在在一起，在这种关联中，经验乃是达到自然，揭露自然秘密的一种而且是唯一的一种方法，并且在这种关联中，经验所揭露的自然（在自然科学中利用经验的方法）又得以深化，丰富化，并指导着经验进一步的发展，那么这个变化过程也许会加速起来"②。

从自然科学层面看，经验与自然的结合是司空见惯的。尽管经验在实践与空间上显得十分有限，但科学家可以运用这些经验进行对比、推论，从而得出尚未直接观察到的事物。经验既是自然界中各事物关系的反应，同时当其与人的机体相连时，通过自然与人的机体的互动，人类也不断认识着自然。科学存在的本身即说明了，"经验是这样一类发生的事情，它深入自然而且通过自然而无限地扩张"③。后世学者对此也做出了相似阐释，即"实用主义新理论的最惊人的特征是，它认识到理性认知和理性目的之间不可分离的联系"④。由于在自然科学中，经验与自然是不可分离的，那么理性认知与理性目的也不可能分离。

概言之，杜威反对传统哲学将经验主观化、片面化，强调经验与自然的互依互存，指出经验不是完全主观的或私人化的，自然也不是完全物质的或机械的，它们共同构成了自然主义的自然经验体。后期，杜威进一步指出，"如果我现在重写《经验与自然》，我将会把书名定为《文化与自然》，并且相应的要修改其中的主题。我将放弃'经验'一词，因为我越来越认识到那种历史的障碍，它阻碍了人们为了实践的目的去理解我所使用的'经验'概念，这种困难是不可克服的。我将用'文化'这个词替代'经验'，因为'文化'的意义已经明确地确定了，

---

① [美]理查德·罗蒂：《困于康德和杜威之间——道德哲学的当前状况》，吴冠军译《开放时代》2004年第5期。
② [美]杜威：《经验与自然》，傅统先译，江苏教育出版社2005年版，第2页。
③ [美]杜威：《经验与自然》，傅统先译，江苏教育出版社2005年版，第4页。
④ [美]苏珊·哈克主编：《意义、真理与行动——实用主义经典文选》，东方出版社2007年版，第148页。

它能充分地和自由地实现我的经验的哲学"①。杜威后期希望用文化代替经验，重在强调经验的丰富性，以及经验与生活、历史、文化的不可分离性，这些既不同于传统经验论者对经验的解读，又为重新认识实用主义伦理学提供了新的经验认识论支撑。

二 情境新论

基于杜威对情境做出的新诠释，可发现杜威的认识论不同于传统哲学。传统理性主义坚持理性考量对道德认识论的根本性影响，传统经验主义主张既往经验是道德认识论形成的基础。经验论者和理论论者的共性都是在道德认识论上坚持寻求普遍的道德基础，并试图通过寻找某个单一原则来解释道德现象。然而，在杜威看来，任何道德认知或道德理论，其"终极的含义在于应用；它们乃是方法，而且当它们被当作方法而加以应用时它们就调节着独特情境的这种动荡着的流变状况"②。要走出时代道德困境，就需要像现代科学一样立基于现实情境，努力走出僵化的认识观念。

首先，杜威的道德认识论是以具体情境为出发点，他拒绝把道德的认识论基础及其评价标准置于实践情境之外，他批判远离情境、循于理性假设的做法。杜威尤为"反对一切内在价值观念（像把某类存在或性质视为其自身就是有价值的，忽视了作为实践对象的，实践要带来、实现或遵循的情境），认为对这种价值存在的断言是脱离赋予其意义和观念的背景而做出价值判断的做法"③。当然，对道德认识的情境论的强调，并不意味着杜威反对普遍价值认识的存在。有些问题和解决办法是一般性的，尽管在许多情境下遇到的细节不同，而性质与解决方案是存在普遍性的。尽管如此，杜威还是强调"一般价值判断在很多情境下

---

① John Dewey, *Experience and Nature*, In the Latter Works of John Dewey (1925—1953), Vol. 1, Carbondale and Edwardsville: Southern Illinois University Press, 1981, p. 361.
② ［美］杜威：《经验与自然》，傅统先译，江苏教育出版社2005年版，第149页。
③ Anderson, Elizabeth, "Dewey's Moral Philosophy", The Stanford Encyclopedia of Philosophy (Fall 2018 Edition), Edward N. Zalta (ed.), URL = https://plato.stanford.edu/archives/fall2018/entries/dewey-moral/.

都是有用的，但这并不意味着它们指向那些存在于实践之外的价值观"①。

由于康德批判将道德基础建立在天赋观念、偏好、欲望或幸福等基础上的各派学说，他以一种讽刺的口吻说，"那些不会思想的人，相信情感会帮助他们找到出路，甚至在有关普遍规律的事情上也通行无阻。然而，在程度上天然有无限差别的情感，是难于给善和恶提供统一标准的。而且一个人感情用事，也不会对别人做出可靠评价"②。基于对人类理性的批判性二分，康德指出了理论理性在现象界的作用，表明人对现象界的认识和把握能力；实践理性在实践中的运用，表明在人的道德行为活动中，个体对先验道德法则的认知和理解能力。"由于责任是先天的理性观念，所以它是一切道德价值的唯一泉源。"③ 在道德领域，有理性的人出于其自由意志为其自己设定的道德法则，就是其行为选择的道德依据，也是其行为判断的最高道德标准。为寻求道德法则的普遍必然性，有理性的人在遵循道德法则之时，必须纯粹出于对道德法则的尊重，为此必须同时斥退一切感性冲动④。而杜威深受达尔文物种进化论的影响，提出任何事物的偶然与必然、开始与终结都是相对的，在他看来，"无论任何一种东西，只要能够找到达到它的手段的，就是一个为人们所逃避或所追求的终结"⑤。

尽管杜威认为，对道德普遍性的寻求有其重要的价值，但是，他更强调道德标准不能脱离人所生活的具体情境、具体实践。正如 Steven C. Rockefeller 所说，"杜威并不是柏拉图主义者，并不相信普遍性存在于一个纯粹的理想世界之中，与所有诸项和具体的事实完全分离。他是一个亚里士多德主义者，同时又是一个黑格尔主义者，对他来说，世界是由具体事物组成的世界，具有普遍性的事物的意义在于，它们构成了

---

① John Dewey, *Theory of Valuation*, In the Later Works of John Dewey (1925—1953), vol. 13, Carbondale and Edwardsville: Southern Illincis University Press, 1988, p. 230.
② ［德］康德：《道德形而上学原理》，苗力田译，上海人民出版社 2002 年版，第 64 页。
③ ［德］康德：《道德形而上学原理》，苗力田译，上海人民出版社 2002 年版，第 64 页。
④ 道德法则影响我们的主体时所产生的对于道德法则的敬重心和斥退感性冲动时产生的痛苦两种感情的结合，就是康德所谓的道德感情。
⑤ ［美］杜威：《经验与自然》，傅统先译，江苏教育出版社 2005 年版，第 151 页。

具体事物和事实的关系和可以理解的意义"①。由此，以杜威之见，从道德认识论的生成之源看，道德观念或道德理论的产生都不是凭空而起的，而是始于道德问题的出现，诸如冲突、欺骗、背叛等。当传统习俗或道德观念无法解释这些现象时，道德哲学家们就开始对一系列的道德问题进行分析、归类、诊断、反思，进而形成新的道德理论。然而，基于对道德问题的诊断或描述所形成的理论假设或方案对人特有的功能实践是否具有指导性和有效性，还需要将其置于具体情境中，根据实践验证理论的可行性。因此，道德认识论不是恒定不变，而恰恰是需要在具体的道德情境中予以检验和修正的。

其次，在杜威语境中，他强调道德理论必须置于特殊情境中，并经过实践检验才能判断其是否有效。多数杜威研究者一致认为，"杜威的道德认识论是情境主义的。情境主义价值标准是：它在这类境况下（比其他想象的或经过检验的解决方案更好）解决所遭遇的问题"②。一个人表达她所处况的问题特征可能有多种方式：如障碍、混乱、冲突、未得到满足的需要、危险等。道德认识及判断的有效性（它是否起作用）在于它是否成功地识别出一个克服障碍、消除混乱、解决冲突、满足需要、避免或消除危险的行动，等等。道德认识及判断的成功与否受到人们在特殊情境下对其自身所涉问题的理解和认知的影响。现代社会，具有道德认知能力的人不能做出合道德的行为，就是典型的具有道德知识却不能将其付诸道德实践的实例。

道德理论的合理性需要在具体情境中接受实践的检验，其原因在于理论假设的解决方案在实践中可能会失败，这就会帮助行为者修正他们对问题的理解，对情境的认识，而不是面对同样的问题仅仅选择固有的方案。譬如，一个操作程序的失败可能会使程序员重新考虑最初的理论假设，并根据该情境出现的问题重新预设并检验理论的可行性。同样，道德认知或道德观念的有效性也需要在功能实践中根据具体情境给予实

---

① Steven C. Rockefeller, *John Dewey Religious Faith and Democratic Humanism*, New York：Columbia University Press, 1991.

② Anderson, Elizabeth, "Dewey's Moral Philosophy", The Stanford Encyclopedia of Philosophy (Fall 2018 Edition), Edward N. Zalta (ed.), URL = https：//plato.stanford.edu/archives/fall2018/entries/dewey-moral/.

施或检验。同一观念或原则在不同的情境中其所指是存在很大差异的,如科学家在其研究领域,以理性、对比方式所谈论的日月,不同于神学家在其领域,以神话、迷信方式所描绘的日月。从表述者的角度看,二者的差异似乎是源于不同主体所具有的不同态度及其对不同情境的理解。

最后,从认识论角度看,现代自然科学最为关注的是发现生产的条件以及被用来作为达到后果的手段,个体的整体幸福度不被视为其所关注的对象。表面上看,自然科学对工具、手段的重视与人的态度、观念、情境、幸福感等无关,然而任何工具、手段、科学技术都不是独立或孤立存在的,它们是特殊情境下人所发挥其特有的功能实践的产物。它们是属于特定情境的、也是由特定情境所产生的,并且会在特定情境中接受检验。当我们以某物为具体研究对象时,似乎我们不再关注该研究对象所由之生成的始因、结果、情境,然而当研究结束时,我们又需要回归对人类生存情境以及自身整体需求与幸福度的关注。

三 认识论改造

在黑格尔哲学思想的影响下,杜威用认识的过程逻辑取代形式逻辑和真理逻辑,这对其整合性、统一性思维模式和功能实践思想产生了重要影响。杜威曾说:"我早期的哲学研究是一种智力的健身操。然而,黑格尔的主体和客体、物质和精神、神和人的统一,不仅是智力的公式,而且其运作是一种极大的释放,是一种自由。黑格尔对人类文化、社会制度和艺术的论述,同样包含着统一的思想,这对于我具有一种特殊的吸引力。"[①] 虽然,杜威"终其一生,都在对哲学的一种诊疗性姿态和另外一种十分不同的姿态——构建一个形而上学体系之间摇摆"[②]。然而,杜威在哲学上所谓的"哥白尼式"的革命对其认识论乃至道德观念的改造产生了根深蒂固的影响。

首先,杜威对认识论的改造始于对知觉及由此产生的知识的重新理

---

① [英]罗素:《西方哲学史(下卷)》,马元德译,商务印书馆1976年版,第387页。
② [美]理查德·罗蒂:《实用主义哲学》,林南译,上海译文出版社2009年版,第71页。

解。当我们讨论某个知觉的时候，说明此时知觉已经是我们所感受到、认识到的事物，但是，在我有这个知觉（感受到）与表达、相信这个知觉（认识到）之间是存在区别的。此时此刻此在，我说我有一种知觉，就这种感受本身而言可以不依赖于他物而被描述，然而，当我说我相信这个知觉的时候，我的表达、信仰和认识上的参照因素都被融合进来，这就意味着知觉乃至由此而生的知识都被附加了多种因素。尤其是先前被视为在知觉之外的行动和后果被纳入了重要考虑因素。因此，在新的情境下，不仅行为和后果需要去寻求和验证，知觉乃至由此生成的知识也同样需要接受新的检验。当我们说，知觉及知识是有用的，既是在表明他们具有帮助我们认识某物的作用，也需要注意到它们是被运用的，至于其是否能够运用于具体实践，还是需要接受实践的检验或验证的。我们可以将其视为一种能够解释或产生某物的记号，还要积极地运用它，观察其可能带来的尚未知觉到的后果。

其次，杜威对功能实践的理解还影响到对认识论的改造。由于传统认识论比较重视对既有原则的认识和遵循，于是杜威从实践反省的角度对既有规范进行审视。在杜威看来，反省侧重于"把自然而然发生的和自然而然地影响于我们的事情，借助于对这些事情可能发生的后果所进行的推论，转变成为对象"①。这样，哲学只需去陈述、说明在激起思维的事情和起来应战因而具有了意义的事情之间所存在的这种差别。它只需留意在享有、存在和遭受中单纯发生的事情乃是对于思维的挑衅和诱导，寻找和发现不显明的联系，因而当有了对象出现时，思维便终止了。知识的对象是形式而不是质料，这是古典学说的基本原理。然而，如果所谓感觉（感觉所与）不仅是感触中的震动，而是一些具有一定性质的和可以涉及客观事物的认识与知识，那么感觉就只是意义中的一种。它们是这样一类意义，这些意义体现着精细的实验探究在寻求因果条件和关系时所获得的成熟结果。这种探究依赖于过去所具有的意义体系。杜威作为反实在论者，他认为事情本身就是由意义组成的，按照这种主张，形式与质料、事物与意义、存在和所论及的对象之关系不再被置于对立状态。

---

① ［美］杜威：《经验与自然》，傅统先译，江苏教育出版社2005年版，第208页。

再次，杜威对认识论的改造，还表现为赋予熟识以预测性。在传统哲学家那里，熟识（acquaintance）被视为认识的基本形式，并且从熟识到认识被视为完全直接的。由此，传统哲学家对熟识的理解是不具有反思性的。但是，杜威却认为，"熟识在经验上不同于对于一个东西有所认知，也不同于知道一个东西是怎样的"①。熟识蕴含着某种预测和期望，譬如，当我说与某个人熟识的时候，就蕴含着我不仅仅对他的一般行为有所知，还蕴含着我将会对与他相关的某些事进行预测。这种预测包含着对未来之事的洞察，"洞察不同于观察：洞察意味着运用观察去形成关于尚未看见的东西的推论……在熟识和'有所认识'（knowing about）或'认识一些什么'（knowing that）之间的差别是真实的，这种差别乃是有关于反应的伴随物、组合和样式方面的事情"②。

熟识并不是在"关于什么的知识"和"知道什么"之前的一种知晓，而是意味着从认识的程度与效能方面已经步入更成熟的阶段。因此，那些主张知识就是熟识、再认、定义和归类的这些学说，正因为它是完全无意的，所以愈能证明我们所知道的不仅是事情而且还是具有意义的事情。如果我们说，知识内涵着归类，就意味着类、特征已经压倒和胜过了赤裸裸的事件。如果我们说，所谓知道就是下定义，那么，我们就承认了在有知识的地方显然就有共相。而且，熟识任何东西还意味着，熟识近似什么，要在怎样的方式之下进行活动。这些特点、特征、类、种、共相、近似等既属于认识论领域、又属于意义领域。

最后，认识论上的改造还涉及对静观和沉思的重新理解。传统哲学从认识论上，把知识视为一种静观或沉思（contemplation）。所谓静观，意味着有意识地占有意义或是对有意义的特征的知觉③。虽然"知觉"意味着对影响身心及其对象的觉察。但是，并不意味着感官知觉具有内在的特性或性质，以使它自己从意识的其他形式中区别出来。更没有理由来证明这样一个假定：即把这种知觉当作是基本觉察的原始形式，而其他具有认识作用的意识形式乃是从其中所发展出来的。

---

① ［美］杜威：《经验与自然》，傅统先译，江苏教育出版社2005年版，第210页。
② ［美］杜威：《经验与自然》，傅统先译，江苏教育出版社2005年版，第211页。
③ ［美］杜威：《经验与自然》，傅统先译，江苏教育出版社2005年版，第212页。

概言之，杜威对认识论的改造，使得知识不再是一个预先的绝对真理，而是个体与环境交互作用的结果，不同情境会产生出不同的知识，知识仅是一种参考，无法完全套用于任何一种情境。杜威"从他的道德认识论中得出了对传统道德和传统哲学伦理学的几点令人不安的结论。传统或习俗道德试图强制人们无条件地服从它的戒律（precepts）。杜威认为，这是一个永不成熟的准则，因为它切断了通过实验检验它们以学习更好生活方式的所有可能性"①。由此，杜威摒弃了"知识旁观者理论，理由是它建立在一种古老过时的心理学理论基础上，其'从赋予个别因素以意义的有机整体中抽象出某一个因素，并将这一因素设定为绝对'，然后将这一个因素奉为'所有实在论和知识的原因和根据'"②，根据这种理论，心灵是世界信息和外部知识的被动接收器。而现代生物学和物理学的发展，把认知者视为处于环境之中，并通过环境而得以生存的有机体，这使"知识旁观者"理论受到诘难。一种经过改造的认识论（实验性的探究认知理论）就这样被提出来，并逐渐改变着人们的道德观念，重塑着实用主义伦理学的丰富意蕴。

第三节 功能实践与道德观

在杜威语境中，人之价值的实现依赖于其所生存的社会，故而，个体置身于其中的社会政治、经济体制、文化共同体等塑造且改变着个体的道德观，反之，个体的道德观以其特有的功能实践为中介又对其社会政治、经济和文化产生着重要的影响。据此可以说，道德观通过功能实践而生成，人特定的功能实践方式、实践环境及实践对象的转变又塑造和改变着人的道德观。

---

① Anderson, Elizabeth, "Dewey's Moral Philosophy", The Stanford Encyclopedia of Philosophy (Fall 2018 Edition), Edward N. Zalta (ed.), URL = https://plato.stanford.edu/archives/fall2018/entries/dewey-moral/.

② John Dewey, *Psychology as Philosophic Method*, In the Early Works of John Dewey (1899—1924), Vol. 1, Carbondale and Edwardsville: Southern Illinois University Press, 1969, p. 162.

一 个人、社会与政治生活

当社会和国家处于稳定阶段时,在社会与政治生活中,习惯、风俗和既定的道德观引领且主导着大多数人的生活与行为。在此情境下,如果个体的行为与社会基本道德规范发生了冲突,多数情况下会被断定为个人没有按照社会风俗或既定的道德规范而行为。然而,当社会和国家处于变动状态时,采用既定的道德观无法处理新的实践问题,传统的道德规范就会失去其权威性和神圣性,逐渐变成实践者在道德上去质疑的对象,个人与社会的冲突也不再被单纯地断定为是否服从或偏离。于是,人类的实践方式的改变造就特殊的时代,改变既定的道德观和既往的社会规范。

首先,基于对实践原则与道德困境的考察,可发现伦理学理论的目的并不是为大的道德难题提供一种现成的准则,也不是取代个人的道德反思与选择,而是使个人思考更加有效,从而选择更明智的解决方案。既然正确的方式是把我们所拥有的最聪明的才智运用于社会问题,那么,道德理论的特定功能就在于确立这一才智的价值,通过澄清问题、提出方案、检验方案而将其有效运用。因为,个人行为的某个问题,通常会因社会多重因素而变得复杂。个人的事情会扩展到对社会制度、家庭、财产等方面的理智评价。除非人们屈从机会、善变、偏见,否则必须拥有道德原则。这样,当其遇到问题时,可以用道德原则来引导其相关行为。

古往今来,几乎所有重要的伦理问题都来自人们的公共交往与生活实践。在一个稳定的社会中,在一个由风俗所掌控的社会中,现存的社会秩序似乎就像是自然秩序本身不可避免,如有任何改变的建议或许都会被视为"不自然的"。然而,当实践和发明改变了社会状况,新的需求和满足充盈起来,新的工业形式浸入家庭生活,资本的巨大合并形成且决定了个人寻找工作的机会,"譬如,政治问题如今在本质上是经济的,由于政府行为严重地影响了制造、贸易、银行、铁路的运行,在这些工业活动的成功中获得大量金钱利益的人们就具有一种商业上的动机以控制政府机构"[①]。人们开始注意到社会状况施加给个人的影响,被

---

① [美]杜威:《杜威全集(晚期著作第7卷)》,魏洪钟等译,华东师范大学出版社2014年版,第277页。

迫思考自己的行为与社会变革的关系时，个人、社会与政治生活上发生的变化就会引发人们道德观的改变。

其次，对传统道德理论保持警醒、批判式承继。18世纪后半叶以来，人类在智力探索和实际应用方面的拓展与深化，为人类生活带来了全新的、激动人心的改变，同时也在国家、政府、法律、教会、家庭、工业、商业、国际关系等方面对现存社会制度和道德规范带来了挑战①。尽管社会与政治生活对个人的道德观起着唤起或压制、锐化或钝化的作用，但是不能排除个体对社会道德规范的质疑和反叛。如果道德理论远离这些领域中提出的困惑，如果道德哲学家仅仅重复那些孤立于社会问题、个人行为的陈词滥调，其理论自身就会变得贫乏而无效。就像功利主义伦理学道德标准确立的基础是个人的苦乐原理，其诉诸的道德原则是最大多数人的最大幸福，在此原则的指导下，改革或构建社会基本制度的标准就是该制度能否为最大多数人带来最大幸福，或者说其产生幸福的净余额是否符合最大幸福原则，这样就忽略了对个人权利的尊重，这就致使新个人主义者质疑其社会制度的道德性。

最后，基于个体与社会的交互共存，重塑新的道德观。在传统社会中，面对个人与社会、个人主义与利他主义之争，主流的观点是用社会基本规范对个人进行有效约束。当然，也有一些人认为，道德来源于个人的洞见、判断和选择，因此道德是个体实践选择的结果。但这种情况并不意味着人们的所思、所想、所感与其所生活的社会公共因素无关，也不能否认个体之间的道德观是互相影响的。而且，个人反思和选择的素材更多的来自于社会的风俗、制度和规范。当然，个人的道德感和道德敏感性在童年时期是非常不确定且脆弱的，当然也是最有可塑性的。于是，在杜威生活的时代，人们开始使用个人化的道德术语、而非社会性的道德术语来处理个人与社会的关系。

在个体与社会之间，令人警醒的是个体因赞成不受约束的个体性或社会控制的道德主张而分裂成相互对立的阵营，这影响到生活、教育、政治、经济、艺术等方方面面，也决定了对微小事情的态度。譬如，个

---

① ［美］杜威：《杜威全集（晚期著作第7卷）》，魏洪钟等译，华东师范大学出版社2014年版，第248页。

体善的倡导者主张：（1）社会集体行为会导致结果上的机械式一致，造成多数人思维与行为模式雷同，缺乏生活的多样性、丰富性以及个体差异性。（2）社会性会抹平差异和创造性，在消除差别的同时制造平庸。（3）有组织的社会倾向于监督、审查、干涉个人事务。（4）其本质上会拒斥改造、革新、批判、自由的观念。因此，社会权威、社会组织能力在其集体的和有组织的能力方面的行动应当被限制到最低。即使需要特殊干预，这一干预应当被限制在外在事情上，永远不能扩展到个体性的本质上，扩展到欲求、情感、思维和信仰上。然而，社会公共善的倡导者（集体主义学派）却主张：（1）个体追求的内驱力仅仅是由"自爱"所驱动，这一"自爱"的强有力结果，会导致"所有人对所有人的战争"。（2）只有组织起来的社会行动，才能改造旧的社会制度；某些制度的延续，仅仅由于惯性和少数特权者的个人利益。（3）某些规范不再适合当今的需求，需要重建经济、教育、法律、商业等领域的秩序，而这只能够通过社会组织化的集体行为来实现。

显而易见，无论人们过于推崇个体性抑或社会性必然会带来问题，这种冲突来自于把所有的事情都归结于一种非此即彼的普遍性问题，即将个人和社会相互对立。然而，个人与社会并不是孤立独存的。社会是由个人构成的，"社会的"这一术语，就暗含着个人实际上被联系在一起，并以亲密的方式彼此相关。"社会"在其本质上不会与它自己的构成者相互冲突。个体也无法与他们自身所有的关系对立。在宇宙中没有什么东西是与某种形式的组织完全分离的。从原子到人，没有什么东西不涉及共同的行为。人类唯有通过个体的联合才产生，就像人类的婴儿期如此脆弱，以至于需要依赖他人的关爱和保护才能生存，他难以在不受任何帮助的情况下成长，他的心智是通过与他人的接触和相互交往而得到滋养的。一旦个体走出家庭生活，他就会发现自己进入了其他的组织，如社区、学校、村庄、工厂或商业组织。这些因素共同塑造着人们的道德观，只是不同时代、不同种族因其实践观念与实践方式的差异，其道德观呈现出多元化样态。

二　生产、资本与经济生活

在经济活动领域，有些人主张赋予每个人在工业和贸易领域追求其自身利益的自由。这种观点的支持者认为，这样既能最好地促进当事者的私人利益，也会最好地促进社会资本的累积和进步，并且在最有效地促进他们需求满足的同时推进大众普遍幸福的实现。在这种经济观的影响下，"任其自由"（left free）的准则在生产、资本、贸易领域被倡导和奉行。这个原则在政治方面的运用就表现为要求摆脱法律和政府管理的约束。"资本主义的两个基础是私人财产和经营自由"。① 这意味着政府的活动应当被限定在维护社会治安上，也就是说，政府的作用应该是维持秩序，防止一个人侵占另一个人或公共的合法权益，并在对他人权益的侵扰发生时能够及时纠正。这暗示政府不要干预生产、资本等经济活动。

为使这种实践原则在意识形态上获得支撑，该原则的倡导者从自然哲学角度，论证可普遍的哲学应该是"自然的"而非"人工的"，依据这一观点，经济活动是自然的并且由自然法则所引领。经济规律相关的"自然法则"与政治规律相关的"人为法则"是不同的，前者植根于人类本性的生存需求，后者则依赖于社会市民和政治组织，是人为预设或协商的结果。按照自然权利倡导者的观点，个人天生就具有某些自然权利，如生存权（生命权利）、财产权（个人生产并占有劳动所得权）、自由权（自愿与他人达成契约、约定让渡部分权利以更好地保护自身的存在与发展），这些权利是与市民社会和国家相分离的，甚至与公民的和政治的权利相反。自然权利由于是天生的，所以是不可剥夺的。这就给政府活动与存在功能划定了界限。如果政府的存在保护了人的自然权利，人们就服从且维护它的存在，如果政府的存在侵犯和损害了人的自然权利，政府就违反了它自己的功能，公民也就不再有义务服从它。

随着心理科学的发展，据说在心理学基础上自然权利论又获得了利己学说的支持。按照利己论者的观点，所有的个体都关心自己的利益，并且擅长保护和计算它。人性本身反感一切包含节制和艰辛的牺牲，除非有某种获得更大好处或利益的可能。这种狭隘的"个人主义"不仅对经济活动产生着主导性的作用，还对19世纪的法律制度、政治文化、

---

① ［美］杜威：《杜威全集（晚期著作第7卷）》，魏洪钟等译，华东师范大学出版社2014年版，第290页。

道德观念具有深远的影响。由此而生的"个人主义哲学的伦理准则是：个人拥有最大限度的自由，只要自由并不用来损害其他个体同等或相似的自由。对于平等理念的解读是形式的而非物质的；它注重法条而非现实。个人假如在法律面前是平等的，那么，人们就说他们是平等的。在法律理论中，一个要养活家庭的个人，在和他的雇主就劳动时间、条件和工资上讨价还价时，是平等的（这位雇主有大量积累的财富可以依靠，他发现，许多挣扎在生存线上的工人正在争夺挣钱养家的机会。）"[1]

然而，在杜威看来，生产、资本与经济带来的实践成果的累积会使社会产生分化，在历史上形成不同的社会阶层和群体。不同群体的道德观又会存在着巨大的差异。比如：统治群体和一些拥有较小权力、较低经济地位的群体之间对道德的理解是不同的。一派认为，政治国家是最高的社会形态，是最高的、共同的道德意志的显现，是所有社会价值的最终源泉和全部保证。另一派认为，国家只是许多社会形态中的一种，它把权力主张过度的扩张为实际的垄断，从而带来了邪恶。这里的冲突并不像之前所认为的那样，存在于国家和个人之间，而是在作为统治阶层的国家和那些追求更大行动自由的群体之间。

由此，可以说，个体经济利益需求与社会法律规范之间的矛盾确实存在，将个体与社会的矛盾激化或者断言个人和社会之间没有冲突，都不利于冲突的化解与减弱。最佳的处理方式是将二者还原为最初的状态，就会发现没有任何单一的"社会"，而是有许多社会、许多形式的组织。正如功能实践的对象是"科学的真正的对象，因为它构成了一个恒常关系的体系，借助于这个体系，薄弱的、零散的和偶然的事情结合起来组成一个有联系的历史"[2]。实践、科学等许多冲突并不是在个体和社会之间，而是在这个群体和其他群体之间、在某一个人和另一个人之间。各种矛盾也不仅仅存在于个体与社会之间，不同的社会、不同的组织之间也存在着冲突，不同的群体和阶级有其不同的价值观，由此它

---

[1] ［美］杜威：《杜威全集（晚期著作第 7 卷）》，魏洪钟等译，华东师范大学出版社 2014 年版，第 261 页。

[2] ［美］杜威：《经验与自然》，傅统先译，江苏教育出版社 2005 年版，第 141 页。

们甚至在某些经济利益上是相互对立的。

就经济与道德的关系而言，资本的持有者需要考虑生产及其引发的经济活动是否对人类的生存、发展以及人际和谐与国际和平有所推动，由此进行道德合理性判断，在此过程中，既要考虑道德理论的普遍原则，又要考虑各种情境下经济活动所产生的可能后果，某些特定的时间和地点所进行的活动无法用普遍的道德规则来判断，这就需要采用一系列实验性的判断方法，这会在社会判断和实践中带来一种道德革命。这些或许有助于消除不宽容、迫害、盲信以及利用不同意见来制造矛盾或冲突的现象。

三 自我、他人与文化共同体

在文化共同体中，如果自我与他人是被分离对待的，当作为个体的自我要树立主观的自我时，他会希望或要求他人对自我的认识与承认，甚至他可能会虚构一群想象的听众或一个绝对的自我来满足这个想法。由此，这种自我跟人与物的世界之间所造成的二元论，就会产生自我与他人、自我与自然、自我与社会的利益相关的冲突等问题。

然而，在杜威看来，每一个体的存在都有一种双重身份。一方面，作为个体性的自我属于一个由许多联系着的自然事物与社会规范所组成的连续体系，这些自然事物与社会规范支持着其特有的功能实践活动，并形成一个为它所寄寓的自然和人文世界，这样，自然、人文、经验、历史和自我都融为一体。这样一个个体在世界中作为一个成员，只要这个变动着的均衡状态（每一个体都是属于其整体中的一部分）予以支持的话，个体自我的功能实践是可以持续发展的。但是，这里的前提是这个世界中的所有事物包括自我都是处于均衡状态的，这就意味着均衡是可持续发展的基础和前提。这其中，自然、经验、历史、人文都不具备自我扩张性，唯有作为人类的自我具有实践的能动性和扩张性，因此，自我就必须是道德自我，而不是与他人或整个文化共同体相对立的自我，实践必须是彰显人的特殊功能或人的特有德性的实践。从这个意义上说，自我是实践的发起者，人特有的功能实践塑造着每一个道德自我。

另一方面，每一个体又会意识到其自身的需求与借以满足的对象之间存在着一道裂缝,这种裂缝会产生分裂,甚至引起自我与对象的冲突。当然,为了维持和平,自我不是屈服、顺从,将自己转变成一个寄生的从属物,在以自我为中心的孤寂中沉默,而是从欲望的满足角度出发,通过实践去改造对象与所处环境。在这种实践过程中伴随着个体化了的、有开拓性的、冒险的、试验的自我心灵的成长。自我所具有的力量,自我与这个世界相互作用的结果都被视为一些不确定的媒介,对社会总体发展而言,自我也在实践的压力和张力中被锻炼成有效的工具。

在和平年代,一个个体、一个自我生活于安定的世界,这个世界认同并支持自我的发展,同时自我反过来也认同并接受这个世界,那么这个个体、这个自我就是已经完成、已经结束了的。然而,当自我所生活的世界出现变动时,已经完成了的自我会再次开始新的探究与发现,这种最新展开的探究和发现中既包括缴出已有的东西,又预示着将要重塑一个新的自我。旧的自我被排斥,新的自我正在形成,它最后所获得的形式有赖于从事每一次实践冒险后所产生的不可预见的结果。自我观念的改变会引起对既往达成的道德观念的改变。如果一个人不放弃旧的世界,他就不会发现一个新的世界。如果一个人对于将要产生的新世界是什么样子要求事先得到保证,或者关于这个新世界在出现后将对他产生什么影响,使从事发现的工作受到拘束,他就不会发现一个新的世界。无论是从生命机体的物理层面看,还是从自然的自我向道德的自我的过渡看,自我与对象及所处环境一样,都是不断被改变和被塑造的。

第三章

实用主义伦理学新解的理论基础

本章提出对实用主义伦理学做出新解,其理论基础依赖于西方主流实践观、哲学观和道德观的发展嬗变。传统哲学视域下的实践观依赖于"一"的本体论的理解,难以满足时代发展的现实需求,杜威提出了认识论上的哥白尼式的革命,从本体论视域中的实践观走向生成论意义上的实践观。这扭转了亚里士多德和康德从本体论、形而上学层面对实践观与道德观的解读。鉴于从美好品格、责任、效用等单一视角理解道德判断的有限性,杜威基于不确定性、功能性、生长性提出了哲学改造与道德观转变的必要性。

第一节 实践观念的嬗变

在西方哲学史上,实践观念在不同的历史时期被赋予不同的内涵、历经了多元化的演变。从亚里士多德对实践的广义与狭义的区别化诠释,接通中世纪基督文化的践行观念,经注入近代培根的工具性实践,再融入康德的二元划分,最后汇聚为两种不同的进路,一种是从黑格尔走向马克思之社会实践论进路,一种是从黑格尔走向杜威之功能实践论进路。由于前一种进路是学界熟知的,加之篇幅原因,此处主要阐释后一种进路。

一 实践的两种范畴

回溯西方哲学史,主流的伦理学理论大多是基于本体论、形而上学之"一"的目的论视角解说实践。从巴门尼德开始，对"一"的追求受到了重视。到了苏格拉底，他就基于这种"一"的理念，对"正义"是什么进行剥离现象探究本质的追问。这种"一"的目的观念发展到柏拉图，此"一"就被解释为"善的理念"抑或事物的原初、本真状态。这与以赫拉克利特学派为代表的流变学说形成鲜明的对比。当然，后来，赫拉克利特的万物运动、生成与转化都有其自身规律的观点对杜威的实践观产生了重要影响。

从词源学角度看，最初"实践（πρασσω）的含义是极其丰富的，它既蕴含活动性质或活动过程的实践（πραξις），又蕴含活动效果或活动完成状态的实用（πραγμα）。πραξις 与 πραγμα 词根相同，都是 πρα 即行动，区别在于 ξις 强调性质、过程，而 μα 强调结果、效用"①。到了亚里士多德，由于他对哲学上的"一"和"多"的诠释发生了变化，于是实践就演化为两种范畴：一是广义的实践，即由人类发出、实施、践行的一切活动（亚里士多德将其解释为灵魂的有逻各斯的部分合德性的活动，它包括理论活动、实践活动、制作活动），二是狭义的实践，即其所言的伦理和政治层面的活动。在亚里士多德看来，实践活动追寻一种合德性的内在目的，技术制作活动则依赖于外在物品不具有内在善，由于他重视实践的性质、德性目的，轻视生产制作、技术效用，那么，在他这里，道德层面的活动即实践（πραξις）与技术层面的活动即实用（πραγμα）在某种程度上就产生了分离，进而他便从伦理道德层面理解实践（πραξις）。由此，实践成为"与伦理的、政治的目的性的行为和活动相关的事务"②，具有了特殊的伦理意义。

在亚里士多德那里，虽然实践与实用/技术产生了分离，伦理政治层面的实践与理论、制作层面的实践所处理的对象与题材是不同的，但

---

① 在古希腊时期，πρασσω 被分为活动过程性的 πραξις（实践）和强调活动效果或活动完成状态的意义的 πραγμα（实用）。到了拉丁语语境中，实践发生了多种（habilitas; habilis; exercitatio; consuetude）演变，康德在某种程度上吸收了这种划分思想，但他更强调实践的道德性。这些对实用主义者杜威将实践的（practical）置于哲学首位产生了重要影响。参见罗念生编：《古希腊语汉语词典》，商务印书馆 2004 年版，第 715 页。

② ［古希腊］亚里士多德：《尼各马可伦理学》，廖申白译注，商务印书馆 2003 年版，第 49 页（脚注 1）。

是当时人们还没有彻底脱离技术引申的道德意义,更没有完全从制作或生产上的实用性技艺层面理解实践,没有将人特有的功能实践的伦理性与效用性进行彻底分离,而是把技术渗透于理论与实践的具体运用中。如廖申白教授所言:"亚里士多德也从伦理或道德的意义上理解实践,但他没有把实践与创制或技术完全对立。相反,技术(τεχνη)还被视为灵魂的理智部分获得真或确定性的五种方式之一,是理智获得与那些不仅可变化而且可制作的事物相关的确定性的方式。"① 值得注意的是,对于实践的道德层面的正确,亚里士多德使用了"中庸"这一术语,如其所言,"倘使我们认为《伦理学》中所说的确属真实——(一)真正的幸福生活是免于烦累的善德善行,而(二)善德就在行于中庸——则适宜于大多数人的最好的生活方式就应该是行于中庸,行于每个人都能达到的中庸"②。

二 实践的二层分离

在亚里士多德那里,从狭义上看,尽管实践被视为不同于理论和制作的一种活动方式。但是,在广义上看,实践包含着人类灵魂的有逻各斯部分所发出的一切活动。这就意味着亚里士多德对实践与理论、制作所处理的题材与对象做出了区分,但是实践的善与技术的善、理论的善是紧密相连,未完全分离的。然而,到了康德,为了给道德寻找普遍的基础,他把技术性实践与道德性实践彻底分离,并把后者作为必然的实践原则,由此确立先验责任在道德判断与评价中的优先性。"相应与三种不同的命令式(技术的命令、实用的命令和道德的命令),康德把实践活动划分为技术性活动、实用性活动、道德活动。由于技术性行动和实用性行动是人们出于某种目的或意图而进行的活动,它们在行为动机上与道德行动完全不同"③。所以,这三种实践活动又被划分为两种即"技术地实践的(technish - praktisch)与道德地实践的(moralisch -

---

① [古希腊]亚里士多德:《尼各马可伦理学》,廖申白译注,商务印书馆2003年版,第3页(脚注1)。

② [古希腊]亚里士多德:《政治学》,颜一、秦典华译,中国人民大学出版社2003年版,第204页。

③ [德]康德:《道德形而上学原理》,苗力田译,上海人民出版社2002年版,第82页。

praktisch)"①，其中，前者"属于现象领域和认识论，是人们认识和改造自然的实践活动，后者属于物自体领域和本体论，是人们运用道德法则处理相互之间关系的实践活动"②。

　　实用主义者皮尔士对实践的理解受到康德的深刻影响，但他反对康德将实践应用于先验道德范畴，转而从技术实用层面理解实践，他反对过于抬高道德的实践，转而认为技术性实践更应该受到尊重。在皮尔士看来，人类生活与行为都与具体实践、具体目的紧密相关，因此，人们应该关注的是与人类目的相关联的技术实用层面的实践，这就避免了康德学说对特定情境、特定目标、特定效果的摒弃或剥离。他将实践与特定活动相关联，因为在技术性实践中，理论与实践并未彻底分离，实践是理性认知得以实施并能产生实际结果的路径；道德领域的实践活动也应该关注人类目的与具体情境的道德性之关联。由于皮尔士认为道德性实践的价值无法得到有效证明，因此，他便坚持那种可以得到有效验证的技术实用性实践。在《实用主义与实效主义》一书中，他指出，"康德语境中的'实践的（praktisch）和实用的（pragmatisch）就像南北两极一样遥不可及，前者属于思想的领域，在其中，任何实验主义型的头脑都无法确信自己的脚是站在坚实的大地上；后者表达与某些特定的人类目的的关联'"③。

　　皮尔士对实践的理解主要从两个层面展开：第一，就实践与认知的关系而言，实践就是理性认知得以实施并能产生实际结果的路径。皮尔士的这种观点直接影响到杜威对功能实践的技术性理解。第二，从实践与效果的关系视角看，实践的价值在于其所产生的实际效用。皮尔士曾指出："为了确定理性中的一个概念的意义，人们应当考虑一下从那个概念的真理性中可以产生什么样的具有实践意义的效果，我们关于这些效果的观念就是我们关于该对象的全部观念。"④。阿佩尔区分了皮尔士

---

① I. Kant, *Kritik der Urteilskraft* [M], Suhrkamp Verlag, 1989, s79.

② 俞吾金：《从康德到马克思：千年之交的哲学沉思》，广西师范大学出版社2004年版，第31页。

③ [美]苏珊·哈克主编：《意义、真理与行动——实用主义经典文选》，陈波、尚新建副主编，东方出版社2007年版，第148页。

④ [美]苏珊·哈克主编：《意义、真理与行动——实用主义经典文选》，陈波、尚新建副主编，东方出版社2007年版，第138页。

的"实用主义"(pragmatism)时期和"实效主义"(pragmaticism)时期。前一个时期的皮尔士还停留在寻求心理学层面的"信念的固定",后一时期的皮尔士已经进展到一种关于探究真理的规范性逻辑理论。后一阶段是反心理主义的,不是杜威意义上的人类学或自然史①。

  由于传统哲学对实践的技术性与道德性的二元分离,致使人们在实践过程中难以意识到那些被多数人欲求的有效性如果以缺失道德的方式获得,会造成实践的可持续性无法持存。在现实生活中,我们也可以发现诸多案例,如以缺失道德的方式来追求实践的高效性,即使这种实践探索与开发在当下可能获得较高的收益或利润,但长久来看它会对人类整体的可持续发展会产生不利影响。从某种程度上说,当下某些高技术群体无视伦理道德、唯利是图等现象,也是康德哲学中实践的道德性与皮尔士哲学中实践的有效性相分离的后果。这种将实践二分的做法直接影响到西方道德哲学的发展,导致了道德选择与判断上的动机论与后果论、内在品格与外在结果、目的善与手段善的分离。这种理论上的不同流派的分裂看似无甚紧要,实则在现实的生活与实践中既影响到人类的行为选择,也影响到其价值判断与伦理道德上的善恶判断。

  就人的整个生命发展史而言,康德从道德意义层面解说实践,忽视技术地实践所具有的内在目的性与客观有效性是有问题的。因为,一方面,技术性行动并非只有手段,它也追求目的,尽管其目的善不是始终处于主导地位;另一方面,当作为技术实践原则的主观准则被恰当地应用于一个境况时,如果处于那个境况中的任何人都倾向于使用那个准则,那么,在这个意义上,可以说这个准则是客观上有效的②。这样,技术地实践不但具有内在目的性,还能达到客观有效性。显然,康德对技术地实践的理解具有局限性,他纯粹从道德层面解说实践容易使道德地实践变成一种抽象、空洞的形式,使人失去自觉探索、主动从善的积极性,无助于道德生活的实现。

  当然,康德的错误不在于对道德地实践的重视,而在于他不但将道

---

① K. O. Apel, *Charles S. Peirce: from Pragmatism to Pragmaticism*, New Jersey: Humanities Press, 1995.

② 徐向东:《道德哲学与实践理性》,商务印书馆2006年版,第118页。

德实践视为必然的原则，还将其奉为道德形而上学的重要指向。道德命令的实践原则是：无论如何，人们必须出于义务动机而这样行为。与这种观念形成鲜明对立的是，皮尔士则强调技术性实践，基于此而生的实践原则可以表述为：如果某人想满足自己的欲求，就会考量如此行为。显然，皮尔士又走向了另一极端，他强调技术地实践的价值，注重具体实践效果的重要性，却摈弃了道德地实践的必要性。在此情境下，便出现道德地实践与技术地实践的分离。

尽管康德强调的遵循道德规则、履行道德责任、承担道德义务能够帮助人们提升道德水平。但是，"对于具体实践行为者而言，如果行为者的理解力或理性能力比较弱，这种抽象的普遍法则无论因何种原因而存在，似乎都有点学院性、神秘性"①。并且，对纯粹道德实践原则的过度强调，使其难以验证行为者是否履行了道德义务。而皮尔士对技术地实践的过度强调，又导致技术功利性的活动受到过度重视，使技术性、生产性实践活动受到过度推崇。这种过度强调实践的技术有效性，轻视实践的伦理道德性的做法，对人的可持续存在与发展会产生不利影响。

对于实践的有效性与合德性理应一体然却分离，进而引发种种实践伦理困境的现象，杜威从人特有的功能实践视角，采用"实践的手段追求安全的方法去代替通过理性的手段去寻求绝对的确定性的方法"②，来应对新型实践伦理难题。本书通过对杜威功能实践学说伦理意蕴的探寻，指出杜威吸收了康德从道德层面理解实践，皮尔士从技术层面解说实践，并通过将二者相结合指出实践的技术层面与道德层面的不可分离性，从人类自身的实践能力与实践环境出发，指出符合人性需要、凸显人文本性的实践才是属于人并为了人的实践。

概言之，基于对伦理学领域主流实践发展史的考察，本书提出实践意识或行为的产生先于道德观念的形成。实践最初被视为人类认识自然、改造世界、实现自我满足与社会价值的主要方式。然而，当某些人把实践仅仅视为其欲望满足的工具或手段时，如何恢复实践的本质功

---

① 郦平：《功能实践与道德生活的可能性》，中国社会科学出版社2014年版，第58页。
② [美]杜威：《确定性的寻求》，傅统先译，上海人民出版社2005年版，第17页。

能，消解对实践的过度工具化运用带来的生存危机，如何协调从技术层面拓展实践的有效性与从道德层面履行实践的合德性之间的关系，成为人们面临的重要问题。因而，本书阐明了对人特有的功能实践的研究在道德生活中占据了优先地位，是道德哲学家们慎重考虑的对象；解析了从亚里士多德与康德语境中的道德性实践，到皮尔士语境中的技术性实践，是实践的道德性与技术性不断发生分离的过程。面对实践的有效性与道德性之分离，进而导致高技术不道德现象时有发生的境况，杜威从人特定功能的视角，对实践的技术层面与道德层面不可分离的解说，对未来实践探索与研究的发展具有重要意义。

三 一种整合性的功能实践观

杜威主张对传统的实践观进行哲学的、道德的改造，主要原因是他反对实践者对于"确定性的寻求"。他从人的实践与经验出发，形成了集工具主义、人文主义、科学主义为一体的功能实践观。杜威的功能实践学说预示着要用人的实践与行动来改变这个世界，解决人在生活中遇到的困难，以此丰富人类的经验。本书将杜威的实践观归属为一种整合性的功能实践观，原因在于：从哲学本体论层面看，杜威主张实践是检验一切存在物之存在意义的综合体；从知识论的真假角度看，杜威主张实践是辨别真假最为有效的方式；从实践论的善恶角度看，杜威主张一切实践判断都是价值判断；从体验论的美丑角度看，杜威主张实践效果而非主观内在感受是断定美丑的客观标准。

如果说在传统哲学中，本体论倾向于研究存在，知识论倾向于辨别真假，实践论倾向于判断善恶，体验论倾向于断定美丑。那么，在杜威哲学中，对存在、真假、善恶、美丑的讨论全部被融入实践综合体中，用刘放桐教授的话说，杜威的学说就是从实践出发，又走向实践。杜威对实践的诠释是在对亚里士多德、康德、皮尔士等实践观批判基础上的整合。本书将其学说视为一种整合性的功能实践观，还源于杜威既反对亚里士多德和康德主义者过于偏重实践的道德性，又反对皮尔士等实用主义者过于偏重实践的有效性，他倡导实践的有效性与合德性的融合。因为，实践的有效性要求具有实践能力的实践者，尽其所能的创造、制作、生产或提供好的产品。实践的道德性要求具有实践能力的实践者，尽其所能的用好的产品服务于他者乃至人类社会的整体健全发展。

首先，杜威对实践的理解走向了人类实践史之发展的正反合。一方面，他吸收了皮尔士对实践的技术性、实用性之新释，在实践与认知之关系上，接受了实践是理性认知得以实施并能产生实际结果的方略，认识到在先验理论的逻辑思辨中，人们无法对实践效果进行验证，也无法证明自己思想、观念或理论的合理性；在实践与效果之关系上，接受了实践的意义在于它所能产生的实际效果。另一方面，杜威又反对因特定时代对个体欲望满足的过度重视，偏狭地从生产、技术、创造等工具性、实用性层面理解实践。尽管他不接受康德从道德律令的普遍性与必然性层面理解实践，但是他却基于"人是目的"吸收了人特有的功能实践的伦理性意蕴。

杜威对实践的理解，转变了培根、皮尔士等哲学家从工具实证主义立场，将实践归属于技术科学运用的单向度解释，开启了实践学说的整合趋向。同时，杜威还吸收了赫氏对自然全景、有机体与环境之共生关系、实践生命延续性的诠释，这与杜威早年接受的"自我与世界、心灵与肉体相分离"的宗教背景相反，于是，杜威发现出于实践并走向实践的重要性，并基于此来寻找美好世界的生活图景。当然，黑格尔关于综合与延续性以及从精神发展理解生活与实践的观点，对杜威也产生了深刻影响，尽管杜威最终放弃了黑格尔主义的深奥术语与形而上学。

作为一种整合性的功能实践观，它在哲学上是反本体论的，尤其是反对传统哲学将理论的性质视为确定的，乃至将理论处理的对象完全视为确定不变之物，将实践的性质视为不确定的，乃至将实践处理的对象视为不确定之物，由此而断定理论高于实践，从事理论活动的人高于从事生产制作活动的人。当然，杜威也反对赋予个体欲望或主观快乐以哲学本体的地位。他既看到了实践的不确定性，也注意到了实践结果的可持续性，在这种相对稳定的持续性中存在着确定性。他既看到了实践的工具性，也发现了实践是人类得以有效地实现其个体价值与社会价值的重要方式。这种整合性的功能实践观强调实践者应该根据自己的实践能力在实践环境中展现相关行动，最为重要的是要考虑这种行动带来的可持续性，也就是说先前的行动能够为未来的后续行动创造可持续发展的条件。基于此可以发现，传统哲学从本体上诉诸某个固定之物来探寻人类行为的普遍标准必然存在着某种偏狭性。对人特有的功能实践的关注才有助于为行为的合理性与有效性找到最佳的参照依据。

这种整合性的功能实践观对单一本体论的反叛，还表现为在具体实践活动中将伦理道德性与技术高效性视为实践的两个层面。实践的道德性要求实践行为者以合乎社会基本规范的方式而行为，它强调实践的动机要合乎道德，"不把任何所需的行动降低为达到处于它自身之外的某个目的的纯粹手段，而是在于所需行动因其自身之故而为之，或者说，在于作为自我而为之……如果在进行那个行动的同时，注意力还必须指向某个外部的善的理想，那么该行动必然遭受分裂。不是因它自身之故而为，或作为自我而为的行动，只是片面而为"①。实践的道德性要求实践行为者出于善、循于善、守于善而为之，不能因当前实践活动的利益或利润的最大化而失守善的准则。实践的技术性要求行为者对实践探索的动机、过程及结果有详细系统的程序设计与实验预测，以确保实践结果的有效或高效性。

其次，作为一种整合性的功能实践观，它在知识论上是要消解知者与被知者之间的二元分离。人类从自然状态步入社会状态之后，社会基本规范的观念与意义已经深入人心并被人们视为理所当然之物。当人们对这些观念和意义加以运用时，通常是以自然的未加以反思的方式进行的。然而，在现实的生活中，对某物的观念以及赋予某物以意义都是发生在知者和被知的事物之间，在这个过程中，偶然性与必然性是并存的。如果按照传统的观点，用已知观念统摄新境况以建立某种协调关系，就会忽视这种推论是否能适应新情况，达到意欲的新结果。故而我们不能继续假定人类有一个全能的、能知的、高效的、精准的心灵，不能继续假设人类心灵的任务是完全按照对象原来的样子去观看它们并把它们记住，而且坚定地忠于职守的。否则，人类会继续成为知识的容器，而不是知识的创造者、改进者、革新者。

---

① 杜威原注：那么，我们应当把康德的陈述颠倒过来，我们不是说，只有当一个行动是出于义务意识而为的时候才是道德的；而是应当说，只要是纯粹出于义务感而为，它就是非道德的（因为是片面的），当因其自身具体之故而为的时候则成为真正道德的。John Dewey, *Moral Theory and Practice* [J], In the Early Works of John Dewey (1882—1898), Vol. 3, Carbondale and Edwardsville: Southern Illinois University Press, 1969, p. 47.

杜威既不认同近代哲学家将知识视为掌握经验的唯一途径，也不倡导像古希腊哲学家那样受经验的美感所支配而行为。在杜威看来，经验、自然与心灵并不是完全对立的，在诸多情境中，"人类之诉诸美感对象，乃是人类从一个痛苦和艰难的世界中自发地寻求逃避和安慰的一个方式"①，这种对美的诠释与追求"体现着一种从动荡不安的状态中获得成功的结果的感觉而来的快乐心情"②。然而，古希腊乃至后来的很多哲学家却极力否认这一点，并把美感视为理智的结果，赋予其独立的、超然的意义。与艺术类似，希腊哲学对不朽与永恒的形式之追求也是对于这种快乐的一种回忆，由此在知识论上也寻求某种确定性。

然而，杜威的整合性的功能实践观，从知识论上反对将任何单一本体或确定不变之物视为知识或实践的范本抑或绝对权威。因而，在实践行为的价值判断上，它既反对义务论者所主张的实践原则就是对普遍道德法则的遵从，也反对纯粹的工具理性论所倡导的实践原则就是对技术有效性规则的模拟。而是将实践的多元因素相融合，尤其注重实践的伦理性与有效性的整合。事实上，在人类的真实生活中，伦理政治行为与技术制作行为二者同行并重，相互补充，不可分割，都是人类发展所必须的组成部分。人既需要技术制作类实践活动来满足物质生活的需要，也需要伦理政治类实践活动来满足个体安全、社会稳定及心灵精神的慰藉。无论是个体还是群体组织，在追求实践的高效性以满足当下欲求时，必须铭记实践的道德性，这种看似履行义务的道德行为原则是每个人乃至整个人类得以持存的基础。

再次，作为一种整合性的功能实践观，它在实践论上反对抽象、绝对的善恶判断，追求实践效果的相对意义上的较善与相对善。这显然是对传统实践观仅仅基于理性判断或感性经验来检验实践有效性的反叛。在杜威看来，传统哲学对实践活动有较大误解，即主张"实践动作，不同于自我旋转的理性的自我活动，是属于有生有灭的境界的，在价值上是低贱于'实有'的"③。由此，义务论诉诸抽象、实有、绝对的实践

---

① [美]杜威：《经验与自然》，傅统先译，江苏教育出版社2005年版，第91页。
② [美]杜威：《经验与自然》，傅统先译，江苏教育出版社2005年版，第90页。
③ [美]杜威：《确定性的寻求》，傅统先译，上海人民出版社2005年版，第13页。

原则,即无论在何种情况下,无论因何种原因,每个人都应该出于责任而按照普遍的道德法则而行为。功利论诉诸的实践原则是如果你想满足需求或实现想要的目标,你就应该这样而行为。这种实践原则在现实中的反应就是为追求最大多数人的最大福利净余额的增加,可以牺牲少数弱者的权益。这两种学说在某些情况下各有其自身的适用性,但在另外一些情况下又有其局限性。如果实践者仅仅秉承其中某一个实践原则,必然会走向实践的两个极端,要么过于重视实践的道德性,致使实践有效性的滞后,要么过于重视实践的技术性,致使实践道德性被忽视。实践的评价完全摒弃主观经验,感性情感的因素抑或完全摒弃理论分析、理性判断的因素,就会引起实践的有效性和伦理性相分离的难题。当然,杜威也反对皮尔士从技术实验的角度对实践的单一性理解,而是主张在实践活动的过程和结果中验证善恶判断的合理性,并从中提取养料以改造和丰富既往的实践原则。

可以说,杜威看到了人的双重性和两面性,认识到理性与情感各有其有限性,并且其二者的完善都需要依赖于实践并在实践中得到检验和验证。从个人层面来看,一方面,每个人都具有情感上的需求,这种先天的自然情感需求得到满足才能实现精神的健康成长。心理学研究表明,如果一个人在婴儿时期只能吃饱喝足,缺乏情感需要的抚慰,成年后其亲社会行为会不健全,影响到其正常的人际认知与交往实践,缺乏对他者的同情心、怜悯心、正义感等社会实践生活必须的良好品格与德性。另一方面,每个人都具有理性上成长的需要,如果仅仅考虑到自我的情感需求,忽视对他人的责任担当,又会引起各种不公平事件的发生。从社会层面来看,人类既需要满足自己的基本需要,又要对其有所控制。否则,如果人人只考虑自己生活需要的满足,在实践探索中对环境肆意的破坏,会影响人类的可持续存在与发展。因此,人类需要提升理性思考与判断能力,以合乎伦理道德的方式进行实践探索。

最后,作为一种整合性的功能实践,它对于美丑的判断,依然依赖于实践体验。基于实践体验完全不同于传统的理论对比分析以及纯粹主观的臆想体验,它将经验、历史、文化、生活全部融为一体,在这种整体融合中断定美丑。在人的生命发展历程中,仅仅依赖于主观自然情感体验抑或抽象社会规律来断定美丑都是片面的抉择。看似某些抽象社规律表达了美丑的普遍、权威标准，然而，这种抽象的实践原则并没有具体的指导价值和意义。尤其是在每个人的早期生命历程中，婴幼儿以及青少年在理解力和理性思维能力方面等比较弱，对美丑的体验只能通过具体的实践活动来感知，任何抽象的美丑理论说教对其都是无济于事的。儿童只能在具象的有关美、丑对比中，通过亲身体验来理解和认识事物的两面性。在儿童时期不能忽视的自然情感欲求的满足，到了成年时期依然要予以重视，而不是简单的排斥或摒弃，更不能盲目地将欲望与恶相联系，因为欲望是人的有机生命不可或缺的组成部分。抽象理论的产生是为了在杂多的具体事件中总结出普遍的原则，以为后世人类的具体实践提供参鉴方略。由此，我们对原则的运用和理解只限于参鉴，而不是将理论直接照搬套用于具体实践活动，否则就会失去创新力和生命力。当儿童对所生活的世界没有任何经历、遭受和体验时，即使他们能够理解抽象的理论原则，也无法将其付诸具体行动中，因此，美、丑的判断无论是在认知层面，还是在情感认同层面，都是无法与实践体验相脱离的。

　　从规范伦理学的角度来看，这种整合性的功能实践观是对义务论、美德论、情感论、功利论的融合，它既把责任、品格、情感与后果融入到实践活动的价值判断中，也把现实生活中的动机论与后果论相结合。一种整合性的功能实践观与传统的实践观对人类行为活动的诠释是不同的，譬如，对于多数技工或小贩而言，技术生产或生意买卖是获取生存的手段，他们很少考虑行为责任及其活动本身的道德性。而对于好的技师或商人而言，技术生产或商品交易不纯粹是以赚钱为终极目的（当然，要求商品交易单纯服务于社会需求也是不现实的），他们还会把所从事的生产或交易变成一种具有道德意义的经营。从一种整合性的功能实践观的视角所理解的技术、生产、实践探索等活动，强调实践的有效性与道德性的统一。如果"一种交易是具有道德意义的交易（在其所持续的限度内而言，任何事情都是具有道德意义的），那么，它就是为了活动本身并作为特定情境中某种能力的实现而进行的"①。

从对现实生活与实践的影响来看，实践的有效性与道德性的分离，要么会导致高效能不道德现象，如利用人工智能实验对卵细胞的重组与更改带来的潜在危险，智能机器人对黑客病毒的操控等，要么会导致急于求成、急功近利，造成人类可持续存在与发展受限。管窥当今世界，我们发现给人类社会带来重大灾难的更多是高技术掌控者的不当行为。全球气候变暖及大气污染已经证明人类实践探索不当带来的问题，食品添加剂的过量使用与毒品的泛滥等一系列毁灭人类的事件慢慢出现，这些现象都表明不合乎伦理道德的实践探索，终会有损人类社会的可持续存在与发展。当然，无论是从资源与人力的节约角度，还是从实践探索的有效性角度看，实践的技术高效性也应该受到重视。因为，实践的有效性与高效性是检验理论假设可行性的重要参照，人们可以采取一种可验证的实践方式，从生产、分配、交换、消费以及人际交往等实践活动的高效性中享受可见的、有形的物质产品带来的物理便利，体验可感的、无形的精神产品带来的精神抚慰。

概言之，一种整合性的功能实践观致力于出于实践、通过实践、走向实践，以促进人类当下及未来生活的可持续存在与发展。义务论者所主张的对道德法则与普遍义务的寻求，在某些阶段某些领域对人们道德水平的普及与提升具有重要参鉴。功利论所主张的最大多数人最大福利净余额的增加，对社会整体生活水平也有着重要的推进。美德论基于人类德性的培养与完善以追求幸福生活的实现，对个人道德品格的提升也具有重要的促进。这几种道德理论在不同的阶段均有其重要的理论价值，然而不能将其中任何一种理论单独、孤立的视为行为判断的唯一标准。因为，对实践的现实性与可能性的考量都是可变的，"所谓'现实'包括着既有的条件；所谓'可能'是指一种现在尚不存在但可因现实条件的应用而使其存在的目的或后果"②，这就意味着行为者主动

---

① John Dewey, *Outlines of a Critical Theory of Ethics* [M], In the Early Works of John Dewey (1882—1898), Vol. 3, Carbondale and Edwardsville: Southern Illinois University Press, 1969, p. 311.

② ［美］杜威：《确定性的寻求》，傅统先译，上海人民出版社 2005 年版，第 231 页。

自愿实施的实践活动包含着多种要素,如实践者自身及其所面对的既有条件、实践动机、实践过程以及实践可能产生的目的与后果等。于是,采用任何单一理论来评价实践活动,都是在使用某种单一要素对实践进行肢解,无法做出有效的评价与判断。

第二节 哲学观的改造

杜威对哲学的改造,走出了自巴门尼德以来至柏拉图所追求的一元式的哲学本体论,转向了自赫拉克利特以来所倡导的实践生成论。杜威实用主义伦理学生成的理论逻辑是从哲学的普遍性、必然性与确定性,走向相对性、可变性、不确定性。在杜威看来,传统的确定性是对实践活动的片面式横切,运用理智抽离出相对稳定的可持续之物,以此把握实践活动的方法与原则,这忽视了功能性与生长性在人类实践活动中的重要性。

一 确定性重释

人类生活在一个动荡不安的多变世界,现实的不稳定导致人类的恐惧,人们寄希望于通过宗教、沉思来消除这种动荡不安的存在,从而提出"普遍的和必然的法则、因果的普遍性、自然的一致性、普遍的进步以及宇宙的内在合理性等等"[1]。哲学正是在这一背景下应运而生,虽然各学派观点迥异,但从某种意义上说各派均志在"提供一些否认宇宙具有偶然性的秘诀的不同的方式"[2]。这一倾向将世界分割成确定性与不确定性两个截然断裂的部分。然而,由此而生的确定性也犹如经验、文化、历史等都是历史长河的一种元素,因为"这个经验事物的世界,包括着不安定的、不可预料的、无法控制的和有危险性的东西"[3]。杜威对确定性进行重新诠释的原因主要出于以下几方面的考虑。

---

[1] [美]杜威:《经验与自然》,傅统先译,江苏教育出版社2005年版,第47页。
[2] [美]杜威:《经验与自然》,傅统先译,江苏教育出版社2005年版,第49页。
[3] [美]杜威:《经验与自然》,傅统先译,江苏教育出版社2005年版,第45页。

首先，确定性是与不确定性相对而言的，就像任何理论都不是单一、孤立的一样，任何确定性也不是完全孤立于具体事件的，而是在多元化的整体情境中对各种不确定的事件进行抽象概括的产物。确定之物既"不是一个单一的事物（object）或事件，也不是事物或事件的系列。因为我们永远不会经验到以孤立的形式出现的事物或事件，并对这些事物或事件形成判断，我们只能是在一个语境整体中理解事物和事件"①。针对具体实践情境的多样性，哲学家们不应该再继续纠缠于对确定性的寻求，而应该对具体的实践情境进行探究，以寻求解决现实困境之路。依杜威之见，"具体情境的独一的和道德的终极性质的首要意义，是将道德的重负转移到智慧上去。通过对道德情境的探究，澄清问题，找出行动的正路和正善"②。哲学家不应该受确定性之思维的影响，而应该关注于实践探索的具体情境，这预示着对固定道德法则的放弃，在不断探索、变化、发展、改善的过程中把握相对的善与相对的稳定性，以寻求相对有效的指导原则。

其次，任何事物都具有相对稳定性而不是绝对确定性，它既关乎事物的状态，也关乎实践的情境。对事物的相对稳定性的把握会受到实践者所发出的人为因素的影响，也会受到实践环境的影响。譬如，两个人同时进行一场实验，一个人可能很快就发现实践探索的秘密，在此过程中根据特定的环境、情境将其自身的兴趣、倾向、能力充分发挥，既实现了其自身的独特价值，又把握了实践的相对稳定性与普遍规律。而另一人则未必能如此这般。杜威从确定性与多变性相互生成、互为统一的角度，提出确定的行为准则源于具体的实践情境，而不是源于对先验理性假设的普遍法则。杜威指出："如果有一个最高善、一个最高目的，它是什么？思考这个问题会使我们像两千年前那样陷入剧烈的争论中。假如我们采取看似更为经验性的观点，虽然并不存在一个独一无二的目的，也不存在像需要改善的特殊情境那样多的目的，但是，存在着诸如

---

① John Dewey, *Reconstruction in Philosophy*, In the Middle Works of John Dewey (1899—1924), Vol. 12, Carbondale and Edwardsville: Southern Illinois University Press, 1978, pp. 170 - 173.

② John Dewey, *Reconstruction in Philosophy*, In the Middle Works of John Dewey (1899—1924), Vol. 12, Carbondale and Edwardsville: Southern Illinois University Press, 1978, p. 173.

健康、财富、名誉或好名声、友谊、审美、学问等自然的善,以及诸如正义、节制、仁爱等道德的善"①。在不同的时期,人们以不同的事物为善,譬如在生病时,健康是最高的确定的善,在贫穷时,财富是最高的确定的善。然而,当人们的需要发生转变时,在特殊情境下所主张的确定之善又会发生改变。因此,确定性在现实生活中是相对而言的。

再次,杜威对确定性的重新诠释,意味着对传统哲学中的普遍确定法则与抽象实践准则的反叛,转而在实践中寻求相对的行为原则与相对确定性指标。在杜威看来,传统的确定性是对实践活动的片面的横切,运用理智抽离出稳定、可持续之物,以此把握实践活动的方法与原则。然而,在现实生活中,我们不仅需要一般原则的指导,更需要对具体的实践活动有独特的认知,基于新的情境与新的认知,对应该如何行为做出断定和预测。实践原则的相对稳定性是根据同一类或相近似的实践活动将各种杂乱无章、浑然无序的现象转化为相对确定的对象,并据此而形成相对有序的有机统一体。在人类历史长河中,"实际情境本身是一种活动;各种需要、权力和产生它们的条件是不断变化的"②,任何脱离实践情境与实践者的实际能力孤立独存的确定性都是一种抽象的存在。同一类实践活动所具有的普遍规律而集结的相对确定性也是由个体的实践能力及实践环境集合而成的综合体。

最后,杜威基于对传统哲学终结论的批判,指出确定性与终结都是相对之物而非普遍终极之存在。在古典哲学中,终结被视为对美的静观与享受,而近代哲学家更倾向于把终结视为对可能后果的预测或谋划。依杜威之见,"它们不是静观中的占有和使用的对象,而是理智上的和具有调节作用的手段"③,古典形而上学之谬误在于混淆了自然的终结、实践活动的实用与道德上的终结,这就造成了传统形而上学将终结过度美化,进而将终结对象分为固定的等级。在杜威看来,"这种强度的差

---

① John Dewey, *Reconstruction in Philosophy*, In the Middle Works of John Dewey (1899—1924), Vol. 12, Carbondale and Edwardsville: Southern Illinois University Press, 1982, p. 174.

② John Dewey, *Outlines of a Critical Theory of Ethics*, In the Early Works of John Dewey (1882—1898), Vol. 3, Carbondale and Edwardsville: Southern Illinois University Press, 1969, p. 361.

③ [美] 杜威:《经验与自然》,傅统先译,江苏教育出版社2005年版,第104页。

别，除了从属于反省的选择而外，并不是属于最后性的等级或类别上的区分"①。在真实的生活世界，"所谓'终结'，我们也指在预见中的终结、目标、经过深思熟虑之后视为值得获取和足以激励奋斗的事物"②。理性优于感性与情欲，并非是因为其更高级、更真实，而是意味着它是"具有较好性质的事物既有直接性和后果性，也具有变动性和工具性"③。随着科学技术的发展，现代人更加意识到将确定性与不确定性、理论与实践相对立，就是以人为的方式在抽象世界与真实生活之间架起一条分离式的鸿沟，这对实践探索与发展及其附带问题的解决并不奏效。那种信奉确定性而轻视多变性的做法，忽视了勇于面对不确定性才能帮助人们走出困境的理念。

终结并不意味着具有最高的、恒定的、终极的性质，"只有当它由于它具有的好的性质而为我们所追求和作为一个结论而达到的时候，它才成为一个终结（目的）……我们必须一贯地坚持，终结（目的）和有意识的努力的目标是等同的"④。我们所接触的现象之物都处于流变之中，其终结之时在现象中又意味着其开始之点。因此"普遍的和稳定的东西之所以重要，那是因为它们具有促使产生独特的、不稳定的、转瞬即逝的东西的工具作用，因为它们是后者发生的有效条件"⑤。人类作为有限的生命体，其生命成长乃至其所依赖的自然环境都是变幻无常的，充满着不确定性。或许具有真实与恒定之性者就是所谓的"物质"了，然而，物质同样是由各种变动的部分所组成，并且越是为人们所直接感知的物质就越发不稳定（如多变的彩虹是由相对稳定的光和水组成），因此，"在任何终结的对象之中都可以发现一些不可测的、自发的、不可陈述的和不可言喻的原因。标准化、公式、概括、原则、共相都各有它们的地位，但这种地位乃是有助于更好地获得独特而不可重复的事物的工具作用而已"⑥。

---

① ［美］杜威:《经验与自然》，傅统先译，江苏教育出版社2005年版，第108页。
② ［美］杜威:《经验与自然》，傅统先译，江苏教育出版社2005年版，第106页。
③ ［美］杜威:《经验与自然》，傅统先译，江苏教育出版社2005年版，第108页。
④ ［美］杜威:《经验与自然》，傅统先译，江苏教育出版社2005年版，第114页。
⑤ ［美］杜威:《经验与自然》，傅统先译，江苏教育出版社2005年版，第118页。
⑥ ［美］杜威:《经验与自然》，傅统先译，江苏教育出版社2005年版，第119页。

纵观人类历史发展，可以发现"我们是生活在这样一个世界之中，它既有充沛、完整、条理、使得预见和控制成为可能的反复规律性，又有独特、模糊、不确定的可能性以及后果尚未决定的种种进程，而这两方面（在这个世界中）乃是深刻地和不可抗拒地掺杂在一起的"①。在早期希腊哲学中，虽然偶然性也被注意到，但是，偶然与多变却被视为一种确定性之物应该避免的缺陷，由此偶然与确定依然是对立的。即便亚里士多德较之其他思想家更强调经验对确定性的影响，但是杜威认为，亚里士多德依然没有走出确定性的志趣。即使对于从赫拉克利特到柏格森所主张的"变"的传统，杜威在肯定其成就的同时，也明确指出"这些哲学也显示出对于确切和稳定的东西有着一种强烈的愿望。他们把易变变成普通的、有规则的、确定的东西，因而使得变易神话了"②，他们想从"变"中找出普遍的规则来替代对确定的"一"的寻求，依然没有走出确定性的阴影。而在杜威生活的时代，人们思想观念的多元化与多变性，恰恰需要对确定性进行新的诠释。

二 功能性重组

传统哲学对实践与实践原则的理解多是基于先天善良意志、善理念、快乐、幸福等单一元素，杜威也承认，"当欲望或嗜好出现时，如果不通过某些原则来参照或约束所出现的每一欲望或嗜好，而只是满足它们，这样对于行动者而言就没有了行为的标尺"③。然而，如果因为出于自然欲望的行为需要某些原则的约束与规范，就此而将某个单一元素推崇为至尊，赋予其不可质疑的权威地位，这就会引起自然欲望与社会规范的对立。基于常识道德的观察，我们可以发现，最初或直接激励孩子做出道德努力的动机是引导孩子认识到欲望或嗜好的满足不是如其所欲的那样，而是在合理的范围内，以合乎社会道德规范的方式满足自己的欲求。在这种为做出道德行为而努力的过程中，多种道德原则共同

---

① ［美］杜威：《经验与自然》，傅统先译，江苏教育出版社2005年版，第50页。
② ［美］杜威：《经验与自然》，傅统先译，江苏教育出版社2005年版，第53页。
③ John Dewey, *Outlines of a Critical Theory of Ethics*, In the Early Works of John Dewey (1882—1898), Vol. 3, Carbondale and Edwardsville: Southern Illinois University Press, 1969, pp. 333-334.

发挥着作用,而非某个单一元素就可以引导人们的实践行为合于道德。一种整合性的功能实践观对实践原则的功能性重组,意味着对传统单一实践原则的抛弃。

首先,杜威摒弃了义务论所秉承的单一实践原则。在杜威看来,为了寻求道德法则的普遍必然性,像康德那样,要么对所有的欲望与嗜好视而不见,要么完全将其从实践活动中剔除出去,或者说,道德要么对那些嗜好置之不理,要么摒弃它们——而无论哪种情况都会摧毁道德①。杜威认为,康德所主张的"诸种欲望不能通过原则而带来和谐,这样一来他不仅使得道德生活成为一个难题,而且是一个没有答案的难题"②。如果道德理想变成了康德笔下的那些应该是但又不能是的东西,普通人在行为的道德性方面是否还会继续努力就值得怀疑。基于先验理性的实践法则的证明变得抽象空洞,同时基于经验情境对实践原则进行功能性重组成为必要。在人的特定功能的活动中,行为者需要对实践原则进行功能性重组,才能对其实践能力进行自省,对其实践环境进行综合判定,进而实现其自设的预期目标,并与外在环境达致和谐。

其次,杜威摒弃了功利论所主张的单一实践标准。义务论的实践原则侧重于行为动机上对先验道德法则的遵从,功利论的实践原则侧重于行为后果上最大多数人最大幸福净余额的增加。在杜威看来,这两种学说在实践原则上走向了两个极端,其实,在具体实践中,"快乐依赖于某种行为,而非依据行为偶尔导致的快乐或痛苦来确定行为的性质"③。行为的发生、过程及结果涉及多种因素,因此,要想对行为做出准确恰当的评判,需要对各类不同的实践原则进行功能性重组,这样做出的实践判断才能避免片面性与单一化。而且,在现实生活中,即使成年人可以通过理性能力的发展,借助自己的认知力与意志力知晓并践行普遍的

---

① 见 Caird《康德的批判哲学》(第二卷,第 226—228 页)。

② John Dewey, *Outlines of a Critical Theory of Ethics*, In the Early Works of John Dewey (1882—1898), Vol. 3, Carbondale and Edwardsville: Southern Illinois University Press, 1969, p. 334.

③ John Dewey, *Outlines of a Critical Theory of Ethics*, In the Early Works of John Dewey (1882—1898), Vol. 3, Carbondale and Edwardsville: Southern Illinois University Press, 1969, p. 282.

道德法则，以使自己的行为合乎道德并出于道德。但是，大多数人无法摒弃自己的自然情感，在实践活动中更难以剔除感性欲望的因素。因此，单一的实践标准会导致实践原则的二元对立，不利于人类正常自然欲求的满足及其道德素养的提升。

再次，对不同的实践原则进行功能性重组的过程，也是将善与行为等各种要素相融合的过程。在社会大众看来，人类的实践探索与"行为的目的是幸福，成功，福利，满意的生活。但是，幸福不是源于快乐，而是源于人类的力量和功能的实现，在这种实现中，因为人类的力量与功能实现了，就自然有了快乐"①。因此，人特有功能的充分实现是获得快乐与幸福的原因。功能实现所依赖的基础恰恰在于实践的运用与发展，继而如何实践才能获得好生活成为重要论题。由于传统哲学中单一实践原则带来了弊端，杜威对实践原则的功能性重组就需要给予重视，其强调每个实践过程既涉及行为者为实现理性目的创造和使用工具，也涉及行为者之个体价值与社会价值的实现。实践原则的功能性重组有助于理解实践活动的多重性及其结果评价的多元性需求。

最后，对于实践原则的功能性重组意味着对传统哲学终结论的反叛。按照杜威的理解，在古希腊社会中出现了两个鲜明甚至对立的阶层，即闲暇阶层与劳动阶层，这就导致了创制活动与交往实践、理智活动产生了分离。这也"是观念的善和物质的善二者之间的牢不可破的差异的源泉和证明"②，它使人们误认为只有理智上确定的或者终结的对象才能使变化的东西变得可以理解。继而，"对于在思辨上被条理化的对象所具有的一种直接沉思中的占有和享受，便被解释成为既说明了对自然的真正知识，也说明了自然所具有的自然终结和最高的善"③。终结的对象作为真实存在的最后形式成为了科学的固有对象，并最终受到人们的膜拜。因为，这种终结意味着"每一个变化都是为了某件不变的

---

① John Dewey, *Outlines of a Critical Theory of Ethics*, In the Early Works of John Dewey (1882—1898), Vol. 3, Carbondale and Edwardsville: Southern Illinois University Press, 1969, p. 260.

② John Dewey, *Reconstruction in Philosophy*, In the Middle Works of John Dewey (1899—1924), Vol. 12, Carbondale and Edwardsville: Southern Illinois University Press, 1982, p. 177.

③ ［美］杜威：《经验与自然》，傅统先译，江苏教育出版社2005年版，第96页。

事物而进行的，是为了它而发生的"①。然而，杜威对此却持反对态度，他认为，我们当以中立的态度去看待"终结"，就如同"开端"一词，只具有时间性而并无绝对性。一个事物的终结只是意味着另一事物的开始，它只是历史进程中的一个节点。"从经验上看来，一个历史乃是许多历史的延续，任何一件事既是一个进程的开始，同时又是另一进程的结束；它既是有推动力的，也是静止的"②。

概言之，实践原则的功能性重组考虑到由主体目的向客观现实转化的中间环节及其涉及的各种因素，当作为中间环节的手段、工具及其他因素都未出现时，主体的目的性还只是一种理论假设抑或观念预设，作为对象的客体也只是一个异己的外部世界，只有作为中间环节的实践及其涉及的各种因素出现时，主体与客体才会发生关系，主体的目的才有可能实现。在这个过程中，实践原则的功能性重组显得尤为重要，因为不同的实践原则使得主体与客体的最佳互动与交互作用成为可能。由于主体与客体的交互作用不是二者简单地联结，而是借助于不同的实践原则，主客体双方各自不断扬弃自身单纯的主观性或单纯的客观性，从而实现双方特有的价值与功能，而这是按照纯粹的先验实践法则无法实现的。

三　生长性目标

生长性目标是理解杜威的实践观念，乃至实用主义伦理学的重要参照元素。生长意味着存在与发展，在生长方面的停滞意味着终结。人类实践要实现可持续性，就需要秉承生长性目标，这样实践才不会是偶然的存在，而是有规律可循的；生长意味着不断展开，实践的生长暗含着对实践的探索、管理和驾驭所得到的结果只为满足而非终结；实践的规律与原则被当作手段是为了管理与调节。任何实践的发生都可以产生新的替代物，由此生长性使得实践成为鲜活的存在。

为保有生长性，古希腊哲学与现代科学都强调反省的探究，然而，二者的目标定位是不同的，前者通过反省的探究获得系统的普遍知识，

---

① ［美］杜威：《经验与自然》，傅统先译，江苏教育出版社2005年版，第100页。
② ［美］杜威：《经验与自然》，傅统先译，江苏教育出版社2005年版，第102页。

以控制实践生长的多变性，后者通过反省的探究，在实践中找到可持续生长与发展的方法。二者在研究方法与目标上也是不同的："在前者中，反省的探究是为了求得一种稳定的题材而存在着的；在后者中，系统的知识在实践中是为了刺激、指导和考核进一步的探究而存在着的"①。现代科学实践追求系统普遍的知识，是在相对的意义上视知识为工具，其目标着眼于生长而非形而上的恒定与终结。在传统哲学中，偶然断裂被视为变异之物而遭到轻视。但是，在现代科学中，意见对于实践探索与科学发现的推动受到重视，知识与智慧的价值在实践的意义上体现在"利用事物作为影响其他事物的手段"②，其目的是促进人类生命体的可持续生长性目标的实现。杜威强调生长性目标主要出于以下几方面的原因。

首先，杜威将生长性与持续性、变化性相关联，旨在改造传统的道德观念，强调实践者的行为选择、价值判断与道德考量离不开社会因素的影响和制约。杜威提出，"生长、改善与进步的过程成为有意义的事情……目的不再是要达到的终点或极限。它是转变现存情境的积极过程。没有任何一种完美是最终的目标，永久持续的完善、成熟和改善的过程才是生活的目的……生长自身是唯一的道德的目的"③。一方面，受传统道德哲学的影响，杜威想借助于生长这一理念把强加于实践行为者的外部权威、抽象法则、主观偏好剔除于影响人类生长与持续性发展之外。另一方面，杜威又看到，人类的实践活动与选择发生于具体情境中，涉及一定的伦理关系。由于伦理判断由人类的行为实践所引发，那么关于道德评价的理论也应该根据人之特有的功能实践而展开。由于无人能够预测人类的终结，也就意味着无法预测人类实践活动的终结，那么，为了人类的可持续存在与发展，就要珍视人类实践的生长性与可持续性。

其次，生长指向行为者自身的可持续发展，且这种生长持续性的

---

① ［美］杜威：《经验与自然》，傅统先译，江苏教育出版社2005年版，第152页。
② ［美］杜威：《经验与自然》，傅统先译，江苏教育出版社2005年版，第159页。
③ John Dewey, *Reconstruction in Philosophy*, In the Middle Works of John Dewey (1899—1924), Vol. 12, Carbondale and Edwardsville: Southern Illinois University Press, 1982, p. 181.

前提是自我与对象、个体与共同体的连续性互动。在这个过程中，个体为了实现其欲求的满足，需要对其自身的实践能力有理性的认识，主动运用并发挥自己的实践力量，达到与实践对象及环境的有机融合。同时，共同体为了实现社会的需求，需要使个体的实践活动以合乎道德的方式进行。将生长性视为目标的实践活动要求行为者充分发挥自己的实践能力，根据实践环境做出一系列可持续的实践探索，要求实践者以合乎社会规范、正当原则的标准，使得每个前续的实践探索为后续的实践探究准备生长的条件，以此实现实践者自身的可持续生长。实践活动的生长性目标可以避免基于单一元素，对实践探索效果的片面性理解与评价。尤其是道德上的生长，不再是对先验预设或固有道德模式的填补，也不是对社会权威与绝对法则的遵从，而是将其结果与为达到目的而选择的手段的合理性，以及未来发展的可持续性做出整合性考虑。

再次，鉴于现象世界的多变性，要想使实践活动具有可持续性，就应该从追求实践的确定性为目标走向以实践的生长与发展为目的。然而，实践活动的生长性目标的实现又要求实践行为的合德性，面对"社会的情形，天天不同，道德所以适时宜，便应该求新经验新观念的生长来应付时势，不应盲从旧法"[①]。人类的生物性与道德性的生长都以其自身为目的，实践能力的习得，实践手段的革新都只是人类生长与发展的手段，即使是道德理论也需要以生长为目标，因为，"只有生长自身才是道德的'目的'"[②]。由于每个人的成长都是不断"学"的过程，也是不断生长的过程[③]，那么，道德的完善永远都是一种不断改善的过程，而不是静止不变的。相应的任何实践原则与道德原则也不是固化不变的，而是需要不断更新、充实、丰富的。杜威对生长的重视，旨在表明人类的实践探索不是基于某种现成的、固定的模式，就像一个人在德

---

① 袁刚等编：《民治主义与现代社会：杜威在华讲演集》，北京大学出版社 2004 年版，第 155 页。

② John Dewey, *Reconstruction in Philosophy*, In the Middle Works of John Dewey (1899—1924), Vol. 12, Carbondale and Edwardsville: Southern Illinois University Press, 1982, p. 181.

③ John Dewey, *Reconstruction in Philosophy*, In the Middle Works of John Dewey (1899—1924), Vol. 12, Carbondale and Edwardsville: Southern Illinois University Press, 1982, p. 181.

性修养上的提升，无法以某个终极的法则为标准，一个人在实践能力上的提升也不是以某个既定标准而展开的。

最后，杜威对生长性目标的重视，还在于实践探索的可持续性不同于人类生命机体的物理性生长。生理上的身体与生命的生长是一个自然的过程，但是实践探索的可持续生长需要通过实验、学习才有可能实现，就像道德素养的提升"是一个连续的过程，而不是一个固定的结果。道德意味着行为意义的生长，至少它是指基于行为的条件和结果的观察而形成的意义的扩展"①。杜威把可持续的生长视为实践探索乃至道德修养提升的目标，旨在强调实践探索不能为追求当下效益或收益的最大化，而牺牲未来生长的可能。就像自然物停止了生长，就意味着生命的结束一样，如果实践探索失去了可持续生长的可能，就意味着实践者生活的完结或者实践探索的彻底终结。尽管当下的终结意味着未来的开始，但是对于每个有限的生命而言，终结依然是不被期待和欲求的，反而，生长与可持续性才被视为事物具有生命力与活力的表现，才被人们所欲求和期待。杜威对生长性的强调，蕴含着一种伦理性的考虑，即对实践者或实践活动的评价不再基于某次或当下偶然从善的结果，只有始终充满德性的实践活动才能实现生长的可持续性。

概言之，基于实践的生长性目标，杜威对道德原则与道德法则做出明确的区分，前者是基于原则的行动方法，后者是基于法则的行动规定，前者属于实验性的、设定秩序意义上的原则，后者属于固定不变的、命令意义上的法则。在美国社会大变革时期，杜威提出面对具体情境的不确定性，对不同的实践原则进行功能性重组，才能实现实践者自身及其环境的可持续生长。这消解了传统哲学语境中多变性与确定性的对立。杜威对生长性目标的强调，也是提醒人们在实践探索中如果以牺牲生长可持续性换取当下的最大收益，将会失去未来持续生长的渊源或机会，无法实现人类的可持续存在。实践探索的可持续生长不同于动植

---

① John Dewey, *Human Nature and Conduct*, In the Middle Works of John Dewey (1899—1924), Vol. 14, Carbondale and Edwardsville: Southern Illinois University Press, 1983, p. 280.

物的自然生长，它需要人类以合乎德性的方式展开实践活动①。"生长、改善与进步的过程成为有意义的事情……目的不再是要达到的终点或极限。它是转变现存情境的积极过程。没有任何一种完美是最终的目标，永久持续的完善、成熟和改善的过程才是生活的目的"②。实践者与实践环境都是不断生长、变化的，他们彼此通过实践活动抛弃旧的、既往存在的状态，重获新的、即将生成的革新状态。

第三节 道德观的转变

人类从自然状态步入文明社会以来，都会被要求承担或履行相应的道德责任。然而，对于我们为什么负有道德责任，不同的伦理学派在回应方式上是不同的。美德论伦理学主张，每个人都寻求幸福，由于幸福是灵魂的有逻各斯的部分合德性的活动，那么要实现幸福，不同的个体就需要肩负起完善自身德性的责任。义务论伦理学主张，有理性的人要负有道德义务是因为其先天就具有善良意志，他要求其自身服从普遍必然的道德法则。功利主义伦理学主张，我们负有道德义务是因为我们需要促进最大多数人的最大幸福。基督教伦理学认为，我们负有道德义务是因为我们天生有罪，需要借以天启、敬畏上帝、接受洗礼，重新获得新的自我。在杜威看来，这几种学说都是从美德与善、责任与善、效用与善等单一视角来理解道德，这些将"内在动机"与"外在后果"相

---

① 康德也曾提出"德性能够并且必须被教授，这是从它并非生而具有得出的；……而且德性不可能通过纯然的义务表象、通过告诫（以敦促的方式）来教授，而是必须通过尝试与人心中的内在敌人进行斗争（以修行的方式）来培养，来练习；因为如果人们不事先尝试和练习自己的力量，他就不能马上做到他想做的一切"。杜威的观点与康德、亚里士多德的观点有相似之处，即都强调仅有德性的知识不能成为有德之人，必须先进行实践活动做出合德性的行为才可能成为有德之人，这也表明了道德是生成的，而非先天的或恒一的，尽管获得德性的能力是自然所赋予的。《康德著作全集》第6卷，李秋零主编，中国人民大学出版社2007年版，第487页。Mary J. Gregor, *Practical philosophy/ Immanuel Kant*, Cambridge University Press, 1996, p.591.

② John Dewey, *Reconstruction in Philosophy*, In the Middle Works of John Dewey (1899—1924), Vol.12, Carbondale and Edwardsville: Southern Illinois University Press, 1982, p.181.

分离的道德理论难以回应新兴的实践伦理难题。于是，他基于人之特有的功能实践来探索善，其道德观是对美德论、义务论和功利论（效用论）的整合性发展。

一 基于德性的完善

在西方人类文明的轴心时代，虽然还没有明确提出"我们为何负有道德责任"的疑问。但是，在古希腊时期，哲学家们已经对从"认识你自己"到"我们有责任成为什么样的人"进行了道德追问与探索。一个有志于德性完善者，有责任促使或推进其灵魂秩序的和谐，也有责任成为卓越的公民，在城邦生活中展现出良好的公民德性，肩负其应有的城邦责任。由此可以说，关于"我们为何负有道德责任"，这种道德观的讨论诞生于人类应该过一种什么样的好生活的考虑。

首先，在柏拉图那里，"我们为何负有道德责任"以"我们有责任成为什么样的人"而显露出来。在柏拉图《理想国》第一卷开篇，就谈论了每个人都追求一种好生活、也有责任过一种好生活，随后从什么样的人才能过一种好生活，什么样的生活才是好生活，引出了关于"认识你自己""德性是什么"的讨论。按照柏拉图的理解，人们要想过一种好生活，首要的是承担起看管好其灵魂的责任，具备智慧、勇敢、节制和正义之德，一个具有此"四主德"的人，才能被视为城邦的好公民，也只有这样的好公民才能肩负起看管好城邦的责任，促使自己乃至城邦公民获得美好的幸福生活。柏拉图把个人灵魂诸要素之间的和谐，视为个人正义与国家正义之可能的终极性解释。

如果用柏拉图的思想来回应"我们应该秉承何种道德观"，就可以说，从个体层面而言，每个自由人都有责任成为一个有德之人、正义之人，它表现为智慧、勇敢、节制的有序一致，它是使个人的品质调节得能与自己的本性和职务相一致的内在的精神状态。从社会层面而言，每个自由人都有责任为构建一个正义的社会而努力，它表现为不同等级、不同阶层的人各就其位、各司其职、各负其责的"和谐"状态。当国家的和谐与个人的和谐达成一致时，便会实现正义的理想社会，过一种理想的、幸福的好生活。智慧、勇敢、节制、正义这四种基本德性不仅是一种品质更是一种理念，这种理念如何获得并实现，就需要自由人肩负起对最高善理念的寻求，通过回忆与学习找回灵魂中曾经拥有的善知识。这样，"我们应该秉承何种道德观"在其"善理念"与"灵魂回忆说"中通过个人与国家的同构得到了充分的展现。

其次，到了亚里士多德这里，其道德观以"我们应该成为有德性的人才能获得幸福生活"而展现出来。于是，"德性"一词再次成为重要的考察对象。德性被视为同人的实践活动紧密相关的品质。亚里士多德关于德性是优点、优良习惯和事物的最好部分的观点，主要是针对柏拉图主张的具体事物被看作善是因为它含有善的理念而提出的。基于此，其道德观表现为我们需要肩负起提升理智德性和道德德性的责任。灵魂的有逻各斯部分合德性的幸福生活的实现，需要理智理性的参与，亚里士多德把理智德性视为人最高贵部分的德性，它是对真的良好把握。理论理性活动的形式是对思想是否真实的肯定或否定，它不同于推理理性。因为，后者的活动形式是对事物判断的正确与错误的分辨，它同实践活动和制作活动相关。在理智德性的五种形式即科学、技艺、明智、智慧和总体上的努斯中，智慧是理论理性的最高等的德性，因为它的题材中包含着比人高的存在物。理智德性是灵魂的理智活动上的德性，包括智慧、明智等，它们与理论相关，可以由教导生成。道德德性包括谦恭、友爱等，它们与实践相关，通过习惯来养成。

亚里士多德的道德观是从"什么样的生活是一种好生活""什么样的人才能过一种好生活""需要成为一个什么样的人""有德之人才能过一种好生活"推演出来的。如果用亚里士多德的思想来回应"我们为何负有道德责任"，就可以说，想获得属于人的幸福，就有责任根据实践题材的不同而生成不同的德性。亚里士多德在其《尼各马可伦理学》一书中曾谈到，在正常情况下，每个身心健全者都会随着年龄的增加、教育阅历的丰富、实践经验的累积等，慢慢经历实践理智的提升与发展，通过做出正确的、适度的、接近真的判断，逐渐肩负起自我德性完善与推进城邦趋善的责任。

最后，需要注意的是，到了中世纪，人们应该负有的道德责任就被转化为对人学德性和神学德性的践行。阿奎纳继承了亚里士多德对人的灵魂的二分，他根据理智能力与欲望能力相应的不同功能，把人学德性分为理智德性和伦理德性。在他这里，理智德性被视为促进思辨能力趋于完美，伦理德性被视为善的习性，借助于训练和培养，促使欲望与行为趋向于完美。与此相应，一个人应该负有的道德责任是使其理性受到理智德性的引导，使其欲望受到伦理德性的引导。但是，伦理德性如谨慎、正义、节制与坚韧需要符合正确的理性。谨慎是意志对理智的服从，正义是依循理性认识的秩序，节制是理性对感性的压抑，坚韧是理性对感性的加强。由于阿奎纳认为人类理性能力具有一定的有限性，于是他区分了神学德性与人学德性，认为某种超自然的幸福需要上帝的启示，基于信、望、爱这种神学德性才可能获得。

二　基于对责任的尊重

为了给人类行为的合理性提供可普遍化的道德法则，以康德为代表的责任论者从人是目的而非手段的观念出发，提出"我们负有道德义务"是一种先天责任。为此，基于对人类道德行为动机的考察，其从人类行为始因上，论证了"由于责任是先天的理性观念，所以它是一切道德价值的唯一泉源"①。该理论执着于对道德法则普遍必然性的寻求，其基本观点如下：（1）责任是首要的、基本的善，应以绝对命令的形式宣告人们"应该"负有道德义务；（2）责任优先于善，出于责任的行为才具有道德价值；（3）理性应该远离感性，责任应该摒弃欲望。

首先，义务论者所信奉的道德观，将"我们为何负有道德责任"视为一种先验责任。按照康德的理解，责任是首要的、基本的善，因而是人类行为的标尺。康德通过对命令式的三种划分，把人类所从事的实践活动分为技术性活动、实用性活动和道德活动。技术性活动是一种或然的实践原则，因为它注重的是为了达到某个目的而需要的方法和手段。实用性活动是一种实然的实践原则，因为它强调对促进有需求的理性存在者的实际意愿作规定。前两类都是基于假言命令而展开的，这就意味着技术性活动与实用性的活动都是实践者出于某种目的或意图而实施的，它们的有效性在某种限制性的前提下才成立。然而，由于每个人的目的和意图是多元的，即使同一个人对于不同事物的目的和意图也是

---

① ［德］康德：《道德形而上学原理》，苗力田译，上海人民出版社2002年版，第14页。

不同的。因此，这种活动的动机在道德上是不纯粹的，也难以具有客观有效性。道德活动是一种必然的实践原则，为使道德约束必然有效，它要求无条件的善，这种实践原则可以使实践者的行为动机在道德上普遍有效，因而可以被视为道德判断的标尺。

基于对三种命令式与三种实践原则的划分，康德主张，出于责任对道德命令的尊重是首要的、基本的善，它不受任何个体的私人感情、欲望所束缚或控制。每个有理性的人都负有责任使得自己的行为符合普遍必然的道德法则，同时抑制或控制自己的私人欲望。虽然康德看到了人的两种本性："一方面，我们有欲望和倾向，而这种欲望和倾向是感性的和病态的。这些构成了人的'低级本性'。另一方面，人具有理性，它本质上是普遍的，高于私人快乐的一切任性和滥用。这种理性，或'高级本性'，将法则强加于感性存在者身上，这个法则采用命令的形式（绝对命令）"①。但是，他却认为责任优先于善，主张道德哲学家应肩负的责任是用"高级本性"引导和控制"低级本性"。

其次，由于康德主张每个有理性的人先天就负有道德责任，所以，他强调责任优先于善的实践原则。在赫费看来，康德的这种实践原则只有在绝对道德命令的层面才可能实现。杜威也认为，"康德旨在保存的真理似乎可恰当地阐释为双重的：首先，那个责任是自我强加的，并且因此是忠实的、自主的、自由的意愿；其次，在人身上存在'低级'和'高级'的斗争"②。如果奉行责任对善的优先性，或者剥离善的具体内容，仅仅就责任谈责任，就会引起这样的困境，譬如，一方面，人们会产生为何或如何自我强加责任的质疑。在现实生活中，大部分人都在努力逃避或逃脱责任，面对资源匮乏或饥荒致命的情境，又如何使自我以自由、自愿的方式为自己强加责任，并坚持忠实于这种责任。另一方面，如果每个人在其自身内部一直存在着高级与低级的斗争，每个人

---

① John Dewey, *Outlines of a Critical Theory of Ethics*, In the Early Works of John Dewey (1889—1892), Vol. 3, Carbondale and Edwardsville: Southern Illinois University Press, 1891, p. 333.

② John Dewey, *Outlines of a Critical Theory of Ethics*, In the Early Works of John Dewey (1889—1892), Vol. 3, Carbondale and Edwardsville: Southern Illinois University Press, 1891, p. 335.

都会成为分裂的个体。而事实上，人却是集理性与欲望为一体的，如果将情感或理性单独孤立地作为行为的动机，这就是对整体的个人做出割裂。

而且，如果真的坚信责任优先于善，还会出现德福不一致的困境。在现实生活中，每个人都追求属于自己的幸福，如果一种学说仅要求人们履行责任而对其欲望的需求无所关注，那么这种学说很难为人类幸福生活的实现提供更好的指导。这种学说无论是多么的系统和严密也会面临难以实施的问题。就人类幸福生活的实现而言，责任与善都只是人们获得幸福生活的基本元素，而不是唯一元素，因为责任与善都需要落实到具体的实践情境中，也就是说，实践者需要充分发挥自己的实践能力以获取与实践环境的最佳融合。由此可见，幸福生活的实现是在现实的实践活动中具体感知的，而不是空洞说教的产物。如果从具体的实践活动中将责任与善单独抽离出来，这种剥离了实践具体质料的抽象概念是无意义的。

最后，康德从理性与感性相对立的角度，将责任与欲望相对立，进而提倡人类行为的动机应摒弃欲望，并出于责任而行为。对此，在杜威看来，为了给道德法则寻求普遍必然的有效依据，康德完全诉诸形式而剥离质料，摆脱感性欲望来理解人的活动，看似康德的论证合逻辑地表达了法则和责任概念的最高权威，然而，他忽略了在人的生命史中情感所具有的价值。譬如，"自然冲动建议一位母亲关心她的婴儿；但是对于道德上的善，她的行为动机必须是对道德法则的敬畏，道德法则使照顾孩子成为她义不容辞的责任"[1]。这样带来的困境是如果母亲不能出于自然情感，而是出于理性算计来照顾孩子时，就会使得人类之间的关系成为一种机器式的存在，缺失了人间的冷暖真情。

康德基于对道德法则普遍必然性的尊重来诠释人的道德义务，直接为他反对功利主义伦理学或情感论伦理学提供了根据，在他看来，这两个学派从人的苦乐感觉或道德情感引出道德原则，这种完全依赖经验的道德原则没有必然性。并且，将人的感觉，无论是人的自爱自保，还是

---

[1] John Dewey, James H. Tufts, *Ethics*, In the Later Works of John Dewey (1889—1892), Vol. 7, Carbondale and Edwardsville: Southern Illinois University Press, 1932, p. 221.

个人欲望与普遍幸福作为主观的东西，也没有普遍必然性。同时，康德也反对从神的意志引出道德原则的伦理学，以其所见，"神的意志"能成为意志的推动原因，只是因为我们期望自身的行为契合神意进而得到幸福。然而，如果从神的意志引出道德原则，这又使人失去意志自由。此外，出于责任的是道德的（应当的、正当的），它是否因此就是德性的？德性在康德伦理学中残留的意义（在希腊人赋予的丰富内容被剥离之后）仅仅是"自我控制"。自我控制意味着用理智的力量抵制自然倾向。所以，德性是一种基于自由意志而抵制自然倾向的意志力量①。当然，责任的伦理学使德性的概念增添了另一个重要的意义：德性也是一个人按照普遍律法而践履其责任的道德力量②。

然而，依杜威之见，责任伦理学将普遍律法纳入德性范畴也是不够的。因为，人是感性与理性共存的混合物。如果人完全是感性存在者，他将像动物一样，只能顺从他的自然冲动。如果他只是理性存在者，他将必然服从他的理性，就不再有义务的话题③。人自身包含着理性与感性的成分，但是二者并非是完全对立和分裂的，而是随着年龄的增长逐渐融为一体。人类自出生至成年阶段，尤其是青少年时期，其理性的理解力和控制力比较弱，此时抽象的道德法则对未成年人而言太过学院性。而且，如果像康德那样把道德视为一种斗争更难以使道德法则获得普遍必然性。如果"道德努力（斗争）的本质是把对道德法则的尊重置于满足欲望的位置之上，并作为主导原则和行为动机。道德是一种斗争，只是因为人们在他们的自然天性和自然能力上，寻求他们欲望的满足，尽管他们的更高本性在这种倾向上强加一个全面检查"④。如果摒

---

① 参阅 I. Kant, *Practical Philosophy*, pp. 524-525。康德使用的"自我控制"概念，似乎是希腊人的节制与亚里士多德讨论的自制的某种混合物。

② 参阅 I. Kant, *Practical Philosophy*, pp. 524-525。

③ 我们如果按照上面的推理，就不存在义务的话题。然而，康德一定要坚持理性与欲望的对立，主张人是服从于义务的存在者。理性对欲望说"你应该"或"你不应该"。并且坚持，这种义务不是由外在强加的；而是作为理性的人将其强加于作为感性的自己身上。因此，康德说，在道德的王国，人既是统治者又是服从者。对于这种观点，以及关于道德义务与自然欲望的关系，康德都难以给出让人信服的合理解释。

④ John Dewey, James H. Tufts, *Ethics*, In the Later Works of John Dewey (1925—1953), Vol. 7, Carbondale and Edwardsville: Southern Illinois University Press, 1985, p. 220.

弃欲望的作用，就会使得具有自然欲望的人在自然情感与道德法则之间难以抉择。

概言之，义务论者虽然表达了我们需要负有道德义务，却未能解释我们"为什么"要对别人负有义务，以及如何有效的践行道德义务。如果在面对孩子落水的一瞬间，我们还在坚持"一个出于责任的行为，其道德价值不取决于它所要实现的意图，而取决于它所被规定的准则"①，如果我们还在考虑营救孩子的行为是否出于先验道德法则，这会被绝大多数人视为对固化原则的愚昧坚持，缺失了人类最基本的同情心。就康德的观点而言，在道德意义上，责任至上，善的概念是次要的。善与责任的关系，可概括为"善和恶的概念不能在道德法则之前被决定，而只应该在道德法则之后并且借助于道德法则"②。然而，当对后果的所有考虑以及自然情感质料被排除之后，康德所谓的责任就会成为一种完全形式化的空壳性存在，这时候道德法则的普遍必然性更难以可能，我们先天就负有道德责任也会演变为一种抽象的空谈。

三 基于效用最大化

功利主义伦理学的代表在其相关著作中，并未对"我们为何负有道德责任"给予明确阐释。但是，他们的道德观以及关于人类行为的道德判断仍然是以幸福生活为指向，如边沁与密尔都将增进快乐③和避免痛苦视为人们获取幸福生活的实践准则。鉴于此，可以说，功利主义伦理学对道德观的诠释，主要是基于每个人最大幸福总量的净余额的增加为参照，也就是说，如果你想要 X，你就需要做 Y，如果你想增加你的最大幸福总量，你就需要履行道德责任。基于此，判断行为对错的道德标

---

① ［德］康德：《道德形而上学原理》，苗力田译，上海人民出版社 2002 年版，第 16 页。

② John Dewey, James H. Tufts, *Ethics*, In the Later Works of John Dewey (1925—1953), Vol. 7, Carbondale and Edwardsville: Southern Illinois University Press, 1985, p. 220.

③ 本文通篇使用快乐，而不使用幸福，原因在于，密尔与边沁一样，都是将快乐视为人生的终极目的。密尔虽强调最大多数人的最大幸福，但是他对幸福的界定最终仍诉诸快乐。在密尔看来，"所谓幸福，是指快乐和免除痛苦；所谓不幸，是指痛苦和丧失快乐……唯有快乐和免除痛苦是值得欲求的目的，所有值得欲求的东西……之所以值得欲求，或者是因为内在于它们之中的快乐，或者是因为它们是增进快乐避免痛苦的手段"。［英］约翰·穆勒：《功利主义》，徐大建译，上海人民出版社 2008 年版，第 7 页。

准被视为能否增进人的快乐或幸福的实现。

依照边沁的理解,"自然把人类置于两位主公——快乐与痛苦——的主宰之下……是非标准,因果联系,俱由其定夺"①。趋向快乐和避免痛苦成为每个行为的动力之源,"只有它们才指示我们应当干什么(即它们是标准),决定我们将要干什么(动机)"②。如果人的本性是趋乐避苦,那么,快乐是人生的目的,也是行为的动机。如果我们想获得更多的快乐,我们就需要推进快乐总量的增加,避免或减少痛苦的发生。为了对快乐的总量进行有效统计与计算,边沁提出了快乐实现的七种条件,如在不同的情境中,个人对快乐强度、纯度、广度等感觉是不同的,且快乐感觉的持久性与确定性程度也是有差异的。人们能够依据引发快乐的七种条件,来计算每一个具体行为所带来的快乐总量的多少,以此来判断该实践活动或行为价值的大小。如果一种实践或行为所产生的快乐总量优越于其他的,该实践或行为就具有道德价值,就是一种善的、符合道德的行为。反之,则不具有道德价值,就是一种恶的、违背道德的行为。需要注意的是,边沁只提出了"快乐的量"的不同,对于快乐的性质未给予充分阐释,这就引发了密尔对功利主义伦理学的修正与发展。

密尔继承了边沁关于"快乐的量"是不同的观点,同时又根据一个人受教育的程度,提出不同的快乐如肉体快乐与精神快乐在性质上有很大差异,且精神快乐作为高级的快乐高于肉体快乐。对于如何帮助人们或自我识别快乐的性质,密尔提出了一个假设,即当一个"有资格的"人有过体验多种快乐的经历,如果再次面对两种不同性质的快乐,需要做出选择的时候,他很明显的选择其中一种,以实现该行为所能带来的快乐总量的净余额的增加,该快乐就可以被视为在质上优于另外一个快乐③。由于密尔提出"人生的终极目的,就是尽可能多地免除痛苦,并且在数量和质量两个方面尽可能多地享有快乐,而其他一切值得

---

① [英]边沁:《道德与立法原理导论》,时殷弘译,商务印书馆2000年版,第57页。
② [英]边沁:《道德与立法原理导论》,时殷弘译,商务印书馆2000年版,第57页。
③ 西季威克与杜威都指出,假设一个人面对两种快乐的选择,明显偏好其中那种带更大不满足的快乐,并且不肯放弃它以换取其他的在数量上更大的快乐,那么这种快乐是否还是快乐就需要质疑。

欲求的事物……则都与这个终极目的有关，并且是为了这个终极目的的"①。在密尔这里，道德的行为就是朝着快乐或幸福的最大总量增加的行为。

由于密尔看到了边沁对快乐解说的有限性，他便使用最大多数人的最大幸福作为行为道德与否评价的标准。这种涵纳了内在修养与品格的幸福理论，包含着边沁的简单化快乐总量所未关涉的各种要素。由于功利主义伦理学主张，对行为的动机与目的的评价标准，是看该行为是否促进了最大多数人最大幸福总量的增加。既然快乐与痛苦引领或统治着人的行为，那么，快乐与痛苦也主导着人的道德观念。对于人们应该负有的道德责任的判断，功利主义伦理学总体上是诉诸后果论的评价，当然，密尔后期也将个体的内在品格以及精神心灵的整体状态纳入到对后果的评价。

概言之，功利论者基于效用的最大化进行道德价值判断，其秉承的道德观对于行为者的责任与行为的责任做出了区分。他们认为，对行为者的评价可以依据其品格，对行为的评价更多的是参照该行为所产生的结果。尽管密尔意识到个体的品格、精神追求与心灵状态对行为的结果所产生的质与量的快乐有着重要的影响，但是，由于他始终坚持快乐"既然是全部人类行为的目的，就必然也是道德的标准"②。所以，无论是其对行为者还是行为的道德责任的评判，仍然是依据该行为后果能否最大限度地增进最大多数人的幸福。然而，在杜威看来，如果完全出于对后果的功利计算来评价行为者所肩负的道德责任，会被绝大多数人视为并未真正履行道德义务的理性算计，缺失了人类最基本的道德人文关怀。

四　基于一种整合的功能实践

面对传统道德哲学从品格（美德）、责任、效用等单一视角，对实践与行为做出肢解式的偏狭性评价，杜威基于功能实践的可持续生长，将"内在动机"与"外在后果"相融合，在实践的动机、过程及结果

---

① [英] 约翰·穆勒：《功利主义》，徐大建译，上海人民出版社2008年版，第12页。
② [英] 约翰·穆勒：《功利主义》，徐大建译，上海人民出版社2008年版，第12页。

中验证善、探索善,将"我们所应负有的道德责任"融入于现实生活与实践,在提炼、整合传统道德观念的同时,把行为者及其行为的道德责任根植于实践过程之中。杜威注意到,实践者具备良好的品格,才会出于责任在实践过程中秉承伦理性,进而产生可持续生长与发展的实践效果。基于功能实践的可持续生长,杜威提出了好的品格、行为、效用对实践的可持续生长与发展都是必不可少的,于是他将传统道德哲学中原本分离的三种主要道德因素相融合,以服务于人类生活与实践的多变性发展。杜威对功能实践与道德关系极为重视,主要基于以下几方面的考虑。

首先,功能实践有助于人们彰显鲜活的生命力,道德目的与道德责任服务于人特有的功能实践的生长与发展,人类的可持续性才得以可能。针对义务论伦理学从抑制人性的自然情感谈论道德,功利主义伦理学从追求后果的最大化谈论道德,杜威提出了"为了使行动出于道德的必然实践原则,而抑制人性的自然冲动是没有意义的;同样,为自然欲望满足而完全强调技术化运用也是不合理的"[①],这些做法都不利于人特有的功能实践的可持续生长。每个人既是个体性存在者,也是社会性存在者,既有满足自我需求的自然冲动,也有同情他者的社会怜悯心,还有群体共存的公共意识。尤其是在人类"关于世界和生活的科学图景已经形成,而且仍在不断变化。工业的方法、生产与分配方式已经完全改变了人们的交往方式,工作和娱乐的基本状况已经改变,旧的习惯和传统已经引起混乱。……社会中不同等级的划分已经被打破"[②] 的时代,道德观念就不能再囿于生活实践中的某单一要素,而应着眼于人之特有功能实践的可持续发展。

其次,功能实践内涵着变化性、生成性,也指向可持续性。这种观念反映在道德哲学中,意味着道德观念的非固定性、非固化性,需要更新和改变的特性。有机生命体的实践需要一个过程,道德的发展也需要

---

① John Dewey, James H. Tufts, *Ethics*, LW, Vol. 7, Carbondale and Edwardsville: Southern Illinois University Press, 1985, pp. 221 – 223.

② John Dewey, James H. Tufts, *Ethics*, In the Later works of John Dewey (1925—1953), Vol. 7, Carbondale and Edwardsville: Southern Illinois University Press, 1985, p. 188.

一个过程。在这个过程中，变化性与可持续性是并存的，更新与改变也是必需的。在现实的生活与实践中，人们需要找出现存的道德难题，运用实践智慧去探究应对问题的有效方案，以此实现人之特有的功能实践及其自身生长的可持续性。于是，对行为者及其行为结果的价值判断或道德判断都应该秉承生长性原则，而不是依据某个单一理论来评价其动机或结果的道德性、有效性。

再次，杜威对功能实践的重视，使得那些远离生活与实践的伦理学理论被改造与整合之后，重新回归于人类生活世界。前面我们谈到，西方伦理学史上有三种主流的伦理学理论对人们的实践观念、行为方式、价值判断产生着重要影响，即亚里士多德为代表的美德伦理学、康德为代表的义务论伦理学、密尔为代表的功利主义伦理学。休谟为代表的情感主义伦理学以及基督教伦理学也受到杜威的关注，但是他认为，在道德理论的哲学基础论证上，前面三种学说的影响力更占主流地位。依杜威之见，前三种学说虽然在不同的时代、不同的情境中，对人类实践行为的选择与判断具有重要的参鉴价值，但是它们也存在一致的局限性，这就是都致力于追求一种确定、必然、客观有效的普遍法则来指导人类实践行为的选择与判断。然而，由于人类实践行为的不断生长性与变化性，确定的普遍法则难以应对现实生活实践出现的复杂性、偶然性和多变性。那些能够自圆其说的抽象理论不是先天存在的，它们本来就源于实践，经过特殊原因的疏离之后，不得不重新回归于实践。

基于对多变生活世界的经验性考察，杜威强调道德哲学家应该更加关注新情境中的新任务，在实践的拓展与深化中检验善理论、修正善理论、发展善理论，而不是在形而上的、抽象的层面论证善功能、善理论。道德哲学的发展源于人类的生活与实践，还需要回归于生活世界。从对"善是什么"的考察，走向对"我们如何为善或行善"的探究，"如果或者只要伦理学家通过阐述规范来回答'善是什么'这个问题，这个意思始终只能是：他向我们说明'善'实际上意味着什么，而不能对我们说，什么必须或应该被称为善……新近的伦理学恰恰是经常把这种绝对论证提升为伦理学的基本问题。所以我们必须遗憾地指出，伦理学由以出发的问题本身是绝对没有意义的"①。人类历史发展的经验已经证明,世界万物皆处于流变之中,不存在永恒、确定的善。与此相应,道德观念也是相对的。由此,道德哲学家需秉持生长且多变的理念,在实践探索中寻求相对有效的指导方案。

最后,基于一种整合的功能实践,杜威对道德观的理解不再是单一的,而是出于实践并走向实践的。功能实践依赖于实践者自身的情感与理性、实践能力及其所处的实践环境的有机互动与最佳融合。在生活与实践过程中,人类"'一方面,要识别出欲望的反面,孤立地看,欲望就是完整个体所具有的功能的有机组成部分'。另一方面,在某种程度上,可以对人进行抽象的理解,'一边是没有经历和遭受的抽象理性,另一边是只有与动物性相关联的诸多嗜好'"②。虽然二者的功能与作用不同,但二者都是人类生命体的生长与发展不可或缺的组成部分,不能将其分离与对立。即使人类的天然欲望与自然情感具有偏狭性,即使我们需要接受普遍法则的导引,尽管"这种自我所强加的法则将是'普遍的',但是,这种普遍性不是个体孤立拥有的;它将由具体的社会关系来命名,这种具体的社会关系使得作为社会成员或机构的个体成为他所是的。此外,这样一个普遍的法则不是形式的,而是有内容的"③。如果抛开对人类的整全理解,剥离了情感作为质料的部分以及生活内容的丰富性,那种抽象的道德法则看似美好,但因其无助于实践活动的展开、操作和运行,在现实实践中也会成为空洞、无效的存在。

概言之,在道德观的转变方面,杜威批判地吸收、改造、整合了亚里士多德的美德论伦理学、康德的义务论伦理学、密尔的功利主义伦理学,提出了责任与自由的实践转向,基于行为者的实践能力、实践环境及所应肩负的社会责任,将道德责任与具体实践相融合。在杜威这里,

---

① [德] 莫里茨·石里克:《伦理学问题》,孙美堂译,华夏出版社2001年版,第16页。
② John Dewey, *Outlines of a Critical Theory of Ethics*, In the Early Works of John Dewey (1882—1898)], Vol. 3, Carbondale and Edwardsville: Southern Illinois University Press, 1969, p. 335.
③ John Dewey, *Outlines of a Critical Theory of Ethics*, In the Early Works of John Dewey (1882—1898), Vol. 3, Carbondale and Edwardsville: Southern Illinois University Press, 1969, p. 335.

责任不再是出于先验理性或先天善良意志对道德法则的服从，而是与具体实践活动及其后果相关的、具象的而非抽象的存在。这走出了传统伦理学对道德观念的单一性理解，譬如，通过对人类实践活动的不同划分，诉求目的善或德性完善对具体行为的指引；在人类实践活动之外，诉求于理性知识的确定性；基于自然主义心理学，诉求天然的道德情感；基于自然的"苦乐原理"，诉求最大多数人的最大幸福原则等等。

　　针对美德论伦理学从个体德性的完善、义务论伦理学从对责任的尊重、功利主义伦理学从效用或后果的最大化，来诠释我们应该负有的道德责任所带来的偏狭性理解，杜威基于人特有的功能实践，将人类生命力与生长性、持续性、变化性相结合，提出在稳定与变动、持续与变化的相互转化中，来理解人类的道德责任，以生长自身即道德目的作为指导理念，来履行所应担负的道德责任。如果把道德的基础奠基于功能实践的可持续生长，就可以解释我们为什么要负有道德责任。因为，我们对某人或某个行为进行道德与否的评价时，我们是基于人特有的功能实践而展开的，如果该实践促进了人特有功能的可持续生长，我们就说它是正当的、善的。如果该实践损害了人特有功能的可持续生长，我们就说它是不正当的、恶的。反之，如果把道德的基础奠基于人类生活与实践之外的至善理念，那么，以单一元素（先验责任、快乐抑或幸福的自然情感）为目的的哲学家就会强化对善的终极性与确定性追求。这种把人特有功能的可持续生长剥离出道德理论之外的后果就是，过度相信主观理论假设或既往权威的力量，致使人类面对变化不定的实践难题手足无措。从实践哲学与道德哲学的发展看，杜威的理论贡献在于他深刻领会到人类实践与行为的多变性、偶然性，进而指出实践或道德理论的非确定性、生长性与变化性。

第四章

实用主义伦理学新解的实践维度

19世纪下半叶到20世纪上半叶,人类因其自身实践的无限度扩张而引发生存危机。面对传统伦理学无法解决新兴实践难题,杜威试图改造传统实践观念与道德观念,以使之适应新兴实践探索的需求。杜威提出道德判断应指向人特有的功能实践的持续性生长。人特有的功能实践的展开,既是一种技能或技术水平的展现,也是一种道德或伦理实践精神的彰显。杜威强调道德实践的多样化,旨在提供更为多元的解决问题的有效方法。

第一节 实践领域的新兴转向

杜威生活的时代,实践领域的拓展深化引起了社会的巨大变革,以及实践观念的多元倾向。实践不再仅仅被视为一种工具或手段,不只意味着匮乏和虚无,它作为一种媒介还预示着生成与实有。实践既是一种手段、工具、媒介、技术,还被视为一种生存之路。实践作为手段的意义在于它可以为处在不安定、动荡世界的人类提供一条相对稳定的生存之路。杜威从实践的生成论转向,提出了积极看待人类实践观念的多元倾向,基于对实践目的的整合判断和实践探索的拓展深化来推动人类的持存与发展。

一 实践观念的多元倾向

面对社会的巨大变革以及工业技术的扩张,人们开始意识到,"我们之所以相信许多的东西,并不是因为事情就是这样的,而是因为我们通过权威的努力,由于模仿、特权、语言的无意识的影响等等,而已经变得习惯于这样的信仰了"①。伴随着实践探索与现代技术对人们生活方式的颠覆,传统的信仰观念逐渐被质疑甚至走向破灭。于是,对于何谓好生活及如何实现好生活开始了多元化的理解。实践观念的多元倾向最初就是源于人们对"什么样的生活才是最好的且最适合自己的"展开了实践探索,基于各领域实践的需求,哲学家们有意识的从对终极至善的目的论的思考,转向对现实实践情境多元性的关注。杜威对实践的理解也发生了以下几方面的转向。

首先,实践被视为一种技术性的工具与手段,不再是亚里士多德主义或康德主义者视域下的形上概念。就像工具、手段或其他媒介是工业中所特有事物,在工业化社会中,实践所涉及的对象更多的是工具化的考量之物。在实践活动中,外部对象并非仅仅作为满足主体需要的外在之物,以僵化的形式呈现,而是作为达到其他事物的手段和具有预示性的标记而被重视,对它的感知以及它的实际用处,使得心灵涉及其他事物。一个工具既表明对自然中的顺序关联的一种感知和承认,也意味着个体因其所需而做的判断。事实上,只有通过与客观的关联,实践才能彰显其多元化的存在价值。

其次,将实践视为一种工具或手段,不只是意味着匮乏和虚无,它作为一种媒介还预示着生成与实有。古典哲学胎孕于惊奇,产生于安闲,培植于圆满的静观。故而,古典哲学关注圆满的美与实践创造的后果的差异,关注于恒定的对象与工具性、创制性对象之间的区别,并根据一种思辨的物理学,去解释自然以及人类的实践活动。工艺、创制性实践的价值在于,它们具有可以观察到的工具性效能,它们存在的必要性在于弥补欠缺、匮乏、不完备、"非存在"(Non-being)。实践的原材料可以转化为有用的形式,原因在于,原料本身具有可转变的性质,但这种可变性本身,就证明了它们也不是完美无缺的"存在"。然而,在杜威看来,实践之物具有潜能性或工具性,并非因为它们还没有存在,而是因为它们可以转化存在的形式以提供更佳的满足。它们是在变化过

---

① [美]杜威:《经验与自然》,傅统先译,江苏教育出版社 2005 年版,第 14 页。

程中的存在，这种存在不仅供了它们自身的需求，还用另一种方式延长了它们的寿命与价值。实践探索并不是单纯的主观活动，看似有缺失的实践活动，实则不断地向着相对完善、自足的状态演进。在感情的欲念和理性的思维之间、在殊相和共相之间、在机械的和有目的的之间、在经验和科学之间、在物质和心灵之间所存在的二元论，都只是传统形而上学的独断式反应。在现代科学与实践探索中，这种分离性不断地被消解和融合。

再次，实践作为手段的意义在于它可以为处在不安定、动荡世界的人类提供一条相对稳定的生存之路。借助于工具性实践，人类对自然及其自身满足所需要的实践研究得到进一步的发掘，控制自然事物之不确定性的能力也得到了增强。实践被视为人类在危难不安与安定祥和的混合世界中得以生存下来的关键手段。现代科学与实践也密不可分，实践理智的发展，进一步促进了现代科学的探究能力，它可以帮助人们努力去控制人和物，致使实践的后果、收获和绩效更加稳定而可靠。实践及其功用可以直接为我们所享受，否则，一切的实践探索都会演变为徒劳的苦役。实践的价值取决于它可以作为达到某些结果的媒介，实践的重要意义在于它可以使不存在之物成为存在。

最后，实践观念的多元倾向顺应了时代发展的诉求。在杜威生活的时代，工业化、城市化进程加速，国家经济形势发生变革，实践探索领域极速扩张，这对人们实践观念与行为方式的转变产生了根本性的影响。面对实践探索深化产生的新型实践关系，传统的实践原则难以解决现存的难题，于是，杜威提出根据实践观念的多元倾向整合不同的实践原则，对传统的实践观念进行改造，以使之适应工业化生产与科学技术发展的需要，塑造适应时代发展的实践价值观。实践观念的多元化倾向除了受其所生活时代的经济、文化等社会因素的影响，进化论的兴起对人们的实践活动也产生了重要影响。杜威在其撰写的《达尔文主义对哲学的影响》[①] 一文中，曾指出进化论改变了人们的生活实践观念，将人

---

① John Dewey, *The Influence of Darwinism Philosophy*, In the Middle Works of John Dewey (1899—1924), Vol. 4, Carbondale and Edwardsville: Southern Illinois University Press, 1977, p. 3.

们的思维从对永恒固定之物的关注，转向对进化变动之物的关注，打破了传统的以自我为中心或者以对象为中心的二元论实践模式，强调了交互作用、互依互存的重要性。

实践观念的多元倾向是对传统二元论实践观的背离。在二元论学说的影响下，"产生了心灵与物质，一个物理的世界和一个心理的世界的二元论，这个二元论自从笛卡尔时代一直到现在都支配着哲学问题的有系统的陈述"①。于是，传统的实践观要么将实践活动视为对某种完善法则的遵从，并仿照某类固定模式进行实践，以获取个体的发展与完善。这种实践观念要么将个体的实践与发展视为对某种实践模式的填补，束缚了实践者自由探索与发展的创造力，要么将实践活动视为主观任意的、满足自我欲求的方式。杜威既反对脱离具体实践，对固定实践模式的填补或模仿，也反对主观任意的实践行为，倡导一种理性的、经过深思熟虑的选择而做出的实践判断与探究。任何实践都具有目的性，但是，实践的"目的是源于行动并且在行动中发挥作用。它们不是像当前理论所暗含的行为之外的事物，也不是从行为之外引导行为"②，在流变的实践中，追求并把握相对的善与稳定性是实践探索可持续的参照点。

概言之，实用主义伦理学新解，除源于对杜威生活时代问题的洞察与反思，还因为在工业革命的影响下，西方传统的实践论与价值观被颠覆，传统抽象的道德实践论由于不适用于工业革命需求而被抛弃，新的道德观念又未形成，社会上出现了价值混乱，规则无序、实践观念杂多等状况，在此情境下，杜威在其《哲学的改造》一书中，提出了对道德观念的再改造，以使之适应新时代实践探索与发展的需求，以服务于经济社会发展的需要。因为，工业革命进程的加速使整个美国笼罩在技术主义之下，丧失了对实践探索的扩张与深化的伦理性考虑，人们不再坚守实践的伦理性道德性，取而代之的是当下实践的有用性、效用性。

此外，社会伦理观念的世俗化和技术实践的主导带来了多重实践困

---

① ［美］杜威：《经验与自然》，傅统先译，江苏教育出版社 2005 年版，第 12 页。
② John Dewey, *Human Nature and Conduct*, In the Middle Works of John Dewey (1899—1924), Vol. 14, Carbondale and Edwardsville: Southern Illinois University Press, 1983, p. 223.

境。尤其是社会伦理观念的世俗化使得一部分个体反对教会的统一性，宗教信仰开始瓦解。从经济贸易、政府管理到社会文化都开始倡导个体的自主性及其权利，尤其是伴随着经验科学和实践探索的发展，社会逐渐演变为一个由工具理性、技术理性为主导的多元化、机械化的世界。工业大革命激发了反教会、反权威、反哲学一体化浪潮，科学技术的发展扭转了技术、实践的目的善与手段善的分离，在传统社会，技术的手段善作为手工技艺，以服务于宗教、君主、权威以及个体与群体的需求。而工业革命的到来，使技术的本质发展了转变，近代技术从服务于人类转变为对人类的控制。杜威注意到了技术、行动背后的实践精神，这种精神是人之特有功能的全新展现，它推动着实践探索的深化与拓展。这是将西方传统伦理学和实用主义精神相整合的一种努力，在倡导效率和生存优先的同时，提出对实践伦理的关注。

二 实践目的的整合判断

面对"意外"和"明天"何者先来的未知世界，人类无法对自己的实践目的有个准确、确定或终极性的预期。人们能做的仅仅是寻求生存的相对稳定，整合多重可能的因素，以使实践目的的预期更有效、更可行，以应对偶然出现的自然灾难抑或人为历史遗留问题。在此过程中，人们深深意识到实践活动蕴含着各种偶然因素，有可能会成功的实现其所预设的目标，但也可能会面临失败、危险。在此过程中，可能出现偶然性或不确定性因素，这会改变人们对终极或确定观念的理解。这些是杜威在其哲学改造中诉求实践目的的整合判断的原因。

首先，在实践目的的终极性与流变性之间，杜威倾向于选择对流变性的探究。因为，在他看来，人生活在偶然性与确定性并存的世界中，需要找出相应的应对方案，以保证人类生存的稳定性。对于终极至善乃至上帝的信仰，可以帮助信仰者抚慰心灵的不安与恐惧，但是当偶然与意外降临之时，人类依然要屈从于现实的偶然性与破坏力。于是，依杜威之见，尽管对流变性的探究不像固守于权威那么看似恒定，但是通过实践探索找出偶然中存在的必然，可以帮助人们对实践目的进行整合判断，并为即将展开的未来实践提供参照。实践目的的整合判断拒绝像传统哲学家那样专注于纯粹思辨的领域，而是倡导关注人类生活的变化多端的世界，引导人们意识到旧事物的消灭意味着新事物的生成。

其次，实践目的的整合判断有助于行为者走出预期的终极性考虑，以走向多种可能的未来。面对实践目的的预期可能出现的各种不确定因素，人们渐渐改变了传统哲学要么诉诸祈祷、要么诉诸理性的确定性去寻求行为普遍性的基础。在传统哲学家那里，目的观念是已经预设了的，即使像"亚里士多德承认有偶然性，但是他从不放弃他偏袒固定的、确切的和完成了的东西的偏见，他的整个关于形式和目的的学说就是主张圆满固定的东西是在存在中、是具有高贵性的一种学说"①。在此情境下，实践活动的目的也是已经预设好的。譬如，快乐主义者认为，人生的目的在于享有快乐，快乐是唯一被人作为目的来追求的善，人们追求所有其他事物都是为获得快乐。美德论者认为，人生的目的在于获得幸福，幸福的实现在于灵魂的有逻各斯的部分合德性的活动。义务论者却主张人自身即是目的，幸福需要到彼岸的世界去寻找。功利主义者则主张，人生的目的在于获得幸福的最大总量。这些学说由于把某个单一原则视为人生的目的，那么，其对实践目的的理解也显然是单一化的，这就致使实践的目的善与手段善发生分离，当实践探索带来多元问题时，这些理论就成为一种抽象的形式，无助于新情境下实践目的的选择与判断。

再次，面对实践目的的多元化格局，结合目的善与手段善的整合判断，有助于消解对目的与手段的单一性、偏狭性理解。达尔文的适者生存、不适者被淘汰的进化论带来了实践观念与方式的变革，传统实践哲学所推崇的被始终作为目的善的事物受到质疑与否定，所有的实践选择都开始考虑那些具有手段和工具价值的事物或对象。所有的对象都逐渐演变为兼具目的善与手段善，这些具有混合性质的事物被视为既因自身被选择，也因他故被追求。在杜威这里，实践的动机与目的都变成了一种手段或工具。知识的确定性与实践的原则也变成了一种相对性的存在，不再是对固化的实践范式的填补。确定性、不确定性与连续性、可持续性成为紧密相关的题材。对认识论上的确定性知识的寻求转化为对实践论上相对有效的实践目的的探究。

---

① ［美］杜威：《经验与自然》，傅统先译，江苏教育出版社2005年版，第33页。

最后，实践目的的整合判断旨在摆脱单一性，注重多重可能因素的整合。人类的实践目的有其独特性，与之相应，对人类实践目的价值判断也有其特殊性。一方面，人类的活动像物体的运动那样有自身的规律；另一方面，人类的活动又有其特殊性，即只有人类才会主动做出选择、主动进行实践，并且根据自己的经验，预设某种实践目的或结果，据此展开实践探索。因此，人类实践的目的大多是人类所预期的结果，人类实践的可持续性需要接受道德的审视。因为，人是实践的发出者，也可以是实践的停止者。如果实践出了问题，那么实践者也需承担相应的责任。如果人有能力成为实践者，也就有能力承担实践活动带来的责任。由此，实践目的的判断是一种价值判断，对人类实践目的的判断既要综合动机因素，也要注重后果因素，还要注重实践目的的推进过程中实践者的品格及行为表现。

概言之，基于对传统实践哲学的反思，杜威批判二元论的实践观，将实践的动机论与后果论相融合，来探究实践者品质及其能力的生成。在此过程中，主观的、感性的、散乱的经验与客观的、理性的、有秩序的理智受到同等的重视。经验不再是偶然附加的产物，理性也不再是先验既存的产物，所有的因素都成为实践的产物。在杜威这里，没有人，没有人的实践活动，即使从信仰上接受并认可那种超经验的、源于纯粹理性或直觉的存在，这一切也都会成为浮云。因为，那种先验实践法则或主观情感会使实践目的的合德性判断成为抽象或空洞的。

三 实践探索的拓展深化

在传统社会中，实践探索的动机常常是源于人们对生存环境的安全性寻求，为此，他们会排斥或抵制生活中可能出现的多变、不确定、偶然性因素。与此相应，稳定的、永恒的、持久的事物被加以重视或追捧。这种思维方式反应在哲学领域，就表现为哲学家从绝对、永恒、确定的知识论角度理解实践，由此对知识的理解形成了两种不同的观点，但他们却认为，只有"一种才是真正的知识，即科学。这种知识具有一种理性的、必然的和不变的形式。它是确定的。另一种知识是关于变化的知识，它就是信仰或意见；它是经验的和特殊的，是偶然的、盖然的而不是确定的"①。由于传统哲学家看到了现象世界的多变性，意识到在表象的世界无法找到人类行为的普遍性或确定性的可靠标准。于是他们就提出，"确定性的寻求只能在纯粹认知活动中才能够实现"②。这种哲学思维运用到技术生产实践或人际交往实践的领域，常常因人类认识的局限性和固化思维，而致使实践探索受到阻碍或束缚，实践交往变成一种循规蹈矩的对僵化道德法则的服从。

然而，伴随着社会分工的细化，实践探索的领域也随之被广泛拓展和深化。有些人按照后果论的观点，主张人类的实践探索依循后果的计算，这脱离了实践者的品格或动机。这种把实践视为手段或工具的效用主义实践观，在生活中逐渐占据了主流地位。在这种思潮的影响下，很多人就把快乐或幸福的获得视为实践探索的唯一目的。为了追求自我及最大多数人最大福利的最大化，实践仅仅被视为满足自我欲求、获得快乐或幸福生活的途径与手段。虽然，效用论者不同于快乐论，它不是仅仅考虑个体的、私人的欲望，而是提出了最大多数人的最大幸福原则。但是，从个体欲求及价值实现看，效用论者实践探索的出发点仍然是基于个体自然欲望及其价值的满足与实现，其所言的最大多数人的最大幸福还是基于所有个体的相加，其学说的出发点仍然是以自我为单位的个体。按照效用论者的观点，人类实践探索的唯一理由是听凭自身欲望的需求，满足自我欲望的需要，寻求他想获得的善即幸福或快乐。

另一些实践者又倾向于选择义务论的观点，主张人类的实践探索应遵循先验的道德法则，这脱离了对实践后果的考量。在义务论者看来，为了满足个体欲望而展开的实践探索，其行为不具有道德价值。因为每个人的欲望是不同的，即使是同一个人在不同的时期、不同的情境下也会有不同的欲望，对幸福也会有不同的理解。因此，把幸福或快乐作为实践探索的唯一理由是无法获得普遍认同的，也不具有普遍、必然有效性。故而，义务论者把动机的善视为实践探索的唯一理由，其结果就是把实践探索的普遍法则绝对化、确定化，忽视了实践探索的多变性与不

---

① [美] 杜威：《确定性的寻求》，傅统先译，上海人民出版社 2004 年版，第 18 页。
② 柏拉图对可知世界与可见世界的划分；阿奎那对神的世界与人的世界的划分；以及康德对现象界与物自体的区分都是对确定性标准的寻求的表现。

确定性。从道德层面来看，实践探索的道德性被推到至高无上的地位，自然的需求或个体欲望的满足被置于次要位置。

然而，在杜威看来，不管是效用论者把后果的计算视为实践探索的唯一理由，还是义务论者从动机的角度来诠释实践探索的根据，其二者对实践探索的理解都过于单一化。前者忽视了实践者的品格、过程对实践探索结果的影响；后者忽视了人的自然满足对实践探索的持久性影响。实践探索的拓展和深化，不能仅仅参照个体自然欲望的满足或普遍道德法则的践行，自然善与道义善、手段善与目的善是不可分离的，对其任何一方进行单向度的解读，都会影响不同领域、不同情境、不同时期的实践探索的拓展与深化。而且，在实践探索过程中，手段善与目的善是相互转化、相互生成的。如果像效用论者那样，仅仅将后果的计算视为实践探索的唯一理由，就会引发急功近利、见利忘义等现象，进而使实践者只考虑自身目的的获得而不择手段。这显然是对人特有的功能实践的误解和误用。

概言之，杜威既反对义务论者对确定性实践法则的推崇，也反对效用论者将后果作为实践判断的有效性标准。在他看来，这两者都无法应对实践探索的扩张与深化带来的混合性实践难题。传统哲学家关于两个世界的划分也不再适用于对工业时代世界观的解释，仅凭求知无法进入一个完美世界，现代科学已经证明了传统视域中那个确定的、永恒的理论世界不再是真实不变的，而是不确定的、变化的，于是要求实践探索领域的扩张与深化，正视可能出现的风险事件。于是，实践探索的理由根据个体需求的多元化而变得多样化。在杜威语境中，实践探索的拓展深化要求实践者认识实践对象的基本特征：其一，每个对象都是独特并在变化之中的，但有些却能用科学的计量方式加以比较研究；其二，任何事情发生的可能性是以建立代替物的可能性为转移的；其三，实践的对象是一种手段，"如果不承认有宏观的事物，细胞、电子、逻辑的元素都变成了没有意义的东西。后者之有意，乃是因为它们是属于某些事物的元素"①；其四，实践规律和关系在科学对象中占有中心地位，就像"元素是彼此独立而发生变化的，但并不是脱离了对其他事物的关

---

① ［美］杜威：《经验与自然》，傅统先译，江苏教育出版社2005年版，第145页。

系独立而变化的，关系或规律乃是变化中之常数"①。

第二节　伦理观念的多元化

人特有的功能实践，既是获取既定目标的手段，又是造就人类生命力的有效性与合德性的意义性实践。由于杜威将有效性与合德性相融合，动机论、过程论与后果论相整合，这使其对善、自由、责任、道德评价与道德目的的理解呈现出多元化倾向。虽然杜威和以往的伦理学家诠释善的视角是不同的，但他们都是面对道德难题或伦理危机做出的一种回应。这里阐述杜威对道德观念的改造，并不是要比较哪一种理论更优越。我们应该把不同的理论看作是不同的范式，其各自在自己的范式中解答问题。我们只是强调，现在的范式所具有的共同特征是对传统范式的扬弃。

一　"善"的变与不变

在杜威这里，"善"意味着对实践者及其所展示出来的实践事务及相关结果的赞赏与认同。传统哲学家把那些从同类中挑选出来的佳品视为世界上有真实因果秩序的证据，并将其视为善的或好的。作为这种观点的反面，杜威则认为，一切皆变，不能把变化中的好或佳品视为绝对确定的，这会致使把偶然、变化之物视为恶的，把必然、永恒之物视为善的，这种思维方式无助于实践活动的展开。善是类比性的，就像某"事物只有对于别的东西讲来，才是好的有价值的"②。当某事物被视为善的，"从享受方面来讲，一个事物就是它直接对我们所起的作用。从劳动方面来讲，一个事物就是它将对其他的东西所发生的作用"③。由此，"善"与"实践""变化""生成"紧密关联，并在"普遍与具体"、"生成"与"恒一"中转换。由于实践既是人展现自身存在的目

---

① ［美］杜威：《经验与自然》，傅统先译，江苏教育出版社2005年版，第147页。
② ［美］杜威：《经验与自然》，傅统先译，江苏教育出版社2005年版，第87页。
③ ［美］杜威：《经验与自然》，傅统先译，江苏教育出版社2005年版，第86页。

的，也是人实现自身存在的手段，于是，它兼具目的善与手段善的双重意义。基于对实践的多元化的理解，杜威转变了传统道德哲学将目的善与手段善相分离或相对立的格局，即"手段是卑贱的、仆从的、有奴性的；而终结（目的）则是自由的和最后的；作为手段的事物就证明有缺陷、有依赖性的，同时终结（目的）则证明是一种独立的和内在的自足的存在"①。

杜威对于"善"的讨论与亚里士多德具有某种程度的相似性，其近似之处在于，他们的出发点都是以服务于人类获得好生活为目标的。但是，由于杜威是反本体论的，所以其对善的理解是相对的、多元的。杜威认为，"只有当那些已经实现了善的人们把它再用来改变条件，使得其他人能够共享此善，而善果的普遍性是在进程中存在的时候，所谓理性终结（目的）的普遍性和必然性的主张才能证明是有效的"②。然而，亚里士多德在人可获得的善之外，预设了一种终极、至高的善来引导具体的善的获得。这就凸显出二者对功能做出不同理解所带来的结果，即在亚里士多德那里，人之特有的功能是从一般的、属人的善向至善迈进，而在杜威这里，人之特有的功能是实现其当下的、具体的善。杜威致力于从科学的意义上来理解"善"，把它"当作在一个危难不安和一致、安定相混合的世界中的获得支援的一个手段，而考虑它的意义"③。基于对功能与善的不同理解，二者在实践哲学上的分歧也展现了出来，即亚里士多德的实践离不开理性之光的引领，而杜威的实践是源于生活而回归于生活世界的。因此，在杜威这里，善是与生活、实践、经验等紧密相连的概念。

首先，杜威对"善"重新诠释，其特色在于将"善"与"生活"紧密关联，在他这里，善的观念源于生活，又指引着人类的生活。在杜威看来，传统伦理学家偏重于人们如何为善的理论推演，元伦理学家偏重于善是什么的元问题追问，都难以有效地指导现存的生活实践难题。于是，杜威在其《哲学的改造》一书中，在论及道德观念的改造时，

---

① ［美］杜威：《经验与自然》，傅统先译，江苏教育出版社2005年版，第82页。
② ［美］杜威：《经验与自然》，傅统先译，江苏教育出版社2005年版，第78页。
③ ［美］杜威：《经验与自然》，傅统先译，江苏教育出版社2005年版，第84页。

提出了对"善"的重新诠释。针对终极、固化的善观念，他提出了相对的、流变的善观念；针对主观假设的道德理论，他提出了可效验的、可实践的善。当然，针对习俗、风俗、常识道德的碎片化、滞后性与任意性，他也提出了从风俗道德走向反思道德的重要性与必要性。在对终极、固化的善观念做出改造的同时，他提出一种基于生活、情境、实践与经验而生成的、需要不断丰富与完善的善观念。

杜威对传统哲学家基于知识与行动、理论与实践的二分解说"善"持强烈的批判态度。在传统哲学家看来，现实的生活与实践具有偶然性、不确定性、甚至充满着风险和危机。基于对安全、秩序、和平的渴望，他们把"知识与行动、理论与实践"[1] 相分离，致力于对安全感、确定性、永恒性的寻求，同时摒弃从具体行动、具体实践层面来诠释善。然而，在杜威看来，"如果有一个至善、一个最高目的，那是什么？思考这些问题就会使我们处于如两千年前一样的剧烈争论中。如果我们采取更经验性的观点，虽然并不存在一个独一无二的目的，也不存在像需要改善的特殊情境那样多的目的，但存在着诸如健康、富有、名誉或声望、友谊、审美、学问等的自然善，以及诸如正义、节制、仁爱等的道德善"[2]。传统的二元论哲学把人类思维引向了无休止的、抽象的争论，甚至造成了不同流派间的对立与冲突。在道德实践领域，导致了实践者的知与行的二元分离。杜威指出，尽管"确定性的寻求是由于不安全而引起的"[3]，却不能因此而武断地把偶然、多变剥离出现实生活之外，而将终极、恒定视为道德理论的核心。面对多变的、不确定的现实生活与实践，人们应该思考如何创造一种整合性的善观念来代替终极、固化的善理念，以应对流变、多元的现实生活世界。

其次，杜威对"善"重新诠释的出发点是将"善"与"变化""生成"紧密关联，在他这里，"善"在"普遍与具体"、"生成"与

---

[1] ［美］杜威：《确定性的寻求》，傅统先译，上海人民出版社2005年版，第35页。

[2] John Dewey, *Reconstruction in Philosophy*, In the Middle Works of John Dewey (1899—1924), Vol. 12, Carbondale and Edwardsville: Southern Illinois University Press, 1982, p. 174.

[3] ［美］杜威：《确定性的寻求》，傅统先译，上海人民出版社2005年版，第196页。

"恒一"① 中转变。在西方道德哲学发展史上，苏格拉底首先基于真知与意见的本质差异，提出了普遍的"善"不同于具体的"善"。到了柏拉图，理念界与现象界、可知界与可见界被彻底分离，具体的"善"被视为对最高的"善"理念的分有与模仿，人类只能通过灵魂回忆而非具体实践来获得真善。这种理论带来的糟糕后果是促使人们专注于对超验善的模仿与追求，由此产生对绝对权威的顺从。到了亚里士多德，他虽然批评柏拉图的"善"理念，并指出脱离了具体实践活动的"善"理念是不存在的，即使其存在，也无助于人类的具体生活与实践。但是，亚里士多德的具体"善"的获得最终仍然离不开理智之光的照耀与引领。

杜威给予亚里士多德以中肯评价的同时，也指出了其学说的不足之处，即"亚里士多德对于静止和运动、完成了的和没有完成的东西、现实的和潜存的东西下定义、加以区别、进行分类的这个彻底的办法，较之那些走捷径、肯定变易即是虚幻的人们，对于巩固那种把固定的和有规律的东西和'存在'的真实性等同起来，把变动的和危险的东西和'存在'的缺陷等同起来的传统，或几乎可以说是唯一高雅的传统，所完成的任务还要多一些"②。但是，亚里士多德最终还是没有走出他老师的影响，其具体善的实现依然离不开至善理念。古希腊三哲对"善"的解说，对德国古典哲学家康德产生了重要影响，使得康德基于对纯粹理性与实践理性、现象界与本体界的划分，在抽象道德法则的层面来诠释人类行为的道德责任。由此，在康德这里，"善"被减化、弱化为"责任"，"责任"取代了"善"在道德哲学中的地位。

杜威将善与生成相关联有着深厚的理论渊源，他对亚里士多德和康德关于善的理解进行了批评性整合。杜威认识到善不是自然或自发生成

---

① 此处的"生成"是与"恒一"相对的，"生成"意味着可变化、可转变。我们说道德是"生成"的，是说道德是由人为"生成"的，而非自然或自发"生成"的，主要强调人在道德生成中所起的重要作用，或者说只有在人这里谈道德的生成才有意义。"恒一"在这里主要指与变化、可转变的生成相对的，它是指永恒存在、永远不变的东西，更主要是指不经过人的努力和参与便存在的，它不受可变化、可生灭的人类社会的影响。道德是"生成"的，意味着随着物种的进化，人类社会的发展，关于道德的观念会随之改变。

② [美]杜威：《经验与自然》，傅统先译，江苏教育出版社2005年版，第34页。

的，而是像技艺一样，其生成受多重元素的影响。就像热和冷、湿和干、上和下、轻和重是自然所具有的、可转化的、相对的存在形式，善和恶、好和坏、目的和手段也是人类所赋予的、可转化的、相对的存在形式。在世界万物中，"有些是由于自然而生成，有些是由于技艺而生成，有些则是自发地生成的"①。由技艺而生成的事物比较好理解，而所谓"自然的生成物是那些由于自然的作用而生成的事物"②。"'自然'这个字，在希腊文中可以指自然界中运动变化的事物，包含了运动变化的原则，……这里讲自然生成的，主要是指本体的生成，指动植物之类的生成"③。所谓"自发产生的，并不是在以上两种以外的第三种，而是指以上两种的变态，本来应该由一定的自然原因产生的东西，比如，要由种子才能产生植物，现在竟没有种子也产生了；本来应该由人工技术造成的，比如，人生了病，本来要经过医疗才能治好，现在没有经过医疗，它却自动痊愈了"④。在杜威语境中，善被视为生成的，原因在于它不是自然或自发产生的，因为"由自然造就的东西不可能由习惯改变。例如，石头的本性是向下落，它不可能通过训练形成上升的习惯，即使把它向上抛千万次"⑤，但是，由习惯而生成的善，就像技艺的生成一样，都是可以改变和塑造的⑥。

在杜威看来，我们不能因为生活与实践含有不确定的成分，就将具

---

① [古希腊] 亚里士多德：《形而上学》，李真译，上海人民出版社2005年版，第205（1032a12）页。

② [古希腊] 亚里士多德：《形而上学》，李真译，上海人民出版社2005年版，第205（1032a18）页。

③ 汪子嵩：《亚里士多德关于本体的学说》，人民出版社1983年版，第121—122页。

④ 汪子嵩：《亚里士多德关于本体的学说》，人民出版社1983年版，第122页。

⑤ [古希腊] 亚里士多德：《尼各马可伦理学》，廖申白译注，商务印书馆2003年版，第35页。

⑥ 善的变化与生成，意味着没有脱离人的存在的善理念，即使存在永恒不变的法则，它们也是在有限存在者的思想里。虽然，"从古代希腊直到近代笛卡尔，哲学家们心目中重视的、追求的是那'不变的东西'，对于那变化的东西，总是心存疑虑，人们想出那些'真理'、'实体'、'存在'以及'逻各斯'这类的词来，原本是一种'确定性的追求'；实际上我们看到，'不确定的东西'固然会是'过眼烟云'，而那'永恒不变的东西'，却也会是'镜花水月'——它们只是一些'思想体'，只在'思想'里"。叶秀山：《哲学作为创造性的智慧》，江苏人民出版社2003年版，第98页。

体的、生成的善及其价值剥离出现实生活之外。因为，万物流变，没有任何事物是普遍永恒为一的，不存在绝对不变的"善"。普遍与具体、生成与恒定是相互转化的，人类所经验的、所实践的、所感受的都是具体的善。即使能够从同类、具体的善事物中抽取普遍的"善"原则，这种原则即使在某一历史时刻看似是"恒一"式的存在，它依然会随着实践者与实践环境的变化而改变。知识与行动、普遍与具体、理论与实践的分离与对立，只会带来理论的滞后性及其在实践中的无效性。我们不会否认，在某些情境下，普遍的"善"可以为具体行为提供价值导向，但是，若将其视为绝对的善，并以此来支配人的行为，就会使人失去自觉为善的自主意识，使善进一步固化、失去活力和丰富性。随着生活阅历的丰富与实践探索的拓展与深化，"善"的观念也在随之发生变化。

再次，杜威对"善"进行重新诠释，其着眼点是将"善"与"行为"紧密关联。大多数哲学家都注意到"善"与"行为"的不可分离，然而，正像弗兰克·梯利指出的，"道德判断的对象是人的行为，即人有意识有目的的行动。但是，我们决不要忘记，过去并非总是这样做的，甚至现在，或许，也还不是普遍如此"①。如大家所知，康德为了给道德寻找普遍必然的基础，就将具体的行为剥离出普遍法则之外，基于先天道德律令讨论人们应该负有的道德责任。由于对具体行为的剥离，"善"被减化为"责任"。而且，对责任的履行与评价也不诉诸具体行为因素，而是先验道德法则。但是，人类历史发展已证明，剥离开具体行为的道德法则因其绝对的普遍性，看似适合于所有人，而事实上又对一切人都无效。由此，杜威提出了"善只能在需要修正的缺陷和困难中去发现、规划和获得。它不能从情境之外用理智灌入这一情境之中"②。

杜威将"善"与"行为"相关联，反映了他对理论与实践的统合

---

① [美] 弗兰克·梯利:《伦理学导论》，何意译，广西师范大学出版社2002年版，第7页。

② John Dewey, *Reconstruction in Philosophy*, In the Middle Works of John Dewey (1899—1924), Vol. 12, Carbondale and Edwardsville: Southern Illinois University Press, 1982, p. 181.

性关注，这种指向理论联系实际的伦理学方法，对于具体的道德事件或道德难题具有重要的指导与修正意义。"善"的多元化理解，反映了不同的时代、不同的社会环境对于人类行为在善/恶、好/坏判断方面的不同要求与标准。因此，道德哲学的研究不能囿于"善"是什么的讨论，也不能走向某种远离生活与实践的绝对道德权威，而应该基于道德情境，在具体行为中确定"善"的内涵与标准。我们看到，杜威提出的道德观念的转变已被越来越多的教育实践者所接受。

最后，将"善"与"存在"相关联，但是，"善"被视为类比性的存在。杜威既反对从本体论视角理解"善"，也反对将"善"神圣化。杜威与亚里士多德、阿奎纳一样，都将善与存在相关联，也都将它们视为非单一性的抑或类比性的存在。然而，亚里士多德将善作为一个"类比"观念运用于"最高善"（带有神性的）与"具体善"（属人的）的对比中，阿奎纳将善作为一个"类比"观念运用于"最高的善"（上帝）与"共有的善"（被造物）的对比中。"具体的善"与"共有的善"都是在与最高善或上帝之善的比较中被诠释。但是，在杜威看来，无论是从亚里士多德意义上的理性领域，还是从阿奎纳意义上的信仰领域来理解最高善，那种作为权威、限制、形式抑或秩序的善都难以应对现实的生活与实践所不断爆发的多样化的实践伦理难题。杜威反对以超验的方式对待人类事务，他指出"人类之所以长期停滞在一种低落的文化水平上，大部分是由于没有把具有他自己所特有的制约特定后果的种种活动的人类及其动作选为一种专门的对象"①，将人类目的与具体的善、特定的后果相关联是杜威对善与存在之关系的新诠释。

尽管善与存在密切相关，但是，也并不意味着不存在就是恶。有些东西不存在却不是恶，我们也不能说凡是不存在的东西都是恶。当我们将某人或某行为评价为恶时，通常是根据具体的情境，相对于具体的行为及其结果，结合具体的行为者来判断恶的缺失。由此，在杜威语境中，可以说善是在类比意义上与存在关联。杜威提出，"善永远不能被感觉证明，也不能通过个人利益的算计得到证明。它包含着意志为了不

---

① ［美］杜威：《经验与自然》，傅统先译，商务印书馆1960年版，第11页。

可见和审慎不可计算的兴趣的激进冒险"①。由此可见,就善的题材而言,杜威既排除了情感主义伦理学基于感觉对善的说明,也排除了功利主义伦理学通过个人利益的算计对善的证明,还排除了康德主义出于善良意志对善的抽象性阐释。人类历史的发展也表明善、恶的分布情况并不是完全可控的,而是与存在的动荡性、不安定性相并存的。因此,尽管杜威承认善与存在相关联的意义,但他是在相对的、类比的意义上来探索善、发现善、提取善、检验善。

相对于传统伦理学把善与确定的、有规律的、作为永恒实体之存在的关联。杜威却指出了善与未加矫饰的经验世界的关联,在他看来,人类生活的真实世界既包含着规律性、秩序性、条理性、确定性、可控性,也包含着模糊性、混乱性、杂多性、不确定性、不可控性。杜威引用了赫拉克利特(Heracleitus)和老子的观点,指出了这两类元素不可避免地掺杂在一起,并构成了一种自然主义的形而上学的基本要素。在《经验与自然》一书中,杜威指出亚里士多德也许最接近于走向这个方向。但其思想在这条道路上走得并不远。亚里士多德承认有偶然性,但是他从不放弃他偏袒固定的、确切的和完成了的东西的偏见。他的整个关于形式和目的的学说就是主张圆满固定的东西是在恒定的存在中。

概言之,按照杜威的理解,从"变"与"不变"之存在的视角所理解的"善"有着巨大的区别。虽然变动的事物与永恒的事物有着内在的差异,但是"变"才是万物之存在的真正特点,而不是"存在"的内在缺陷。如果道德哲学的发展都像康德(Kant)那样,把一切杂乱无章的东西都归结到感觉的领域,把一切整齐和有规则的东西归结到理性的领域。一个在行动中有益的道德灼见被转变成一个先在的关于存在的形而上学或被转变成为一个普遍的知识论。这种道德理论又该如何面对多变世界中潜存的善。在杜威语境中,人特定功能实践的不确定性自身也是一种善,如其所言:"存在的动荡性的确是一切烦恼的根源,但同时它也是理想性的一个必要的条件。"② 因为,它可以诱发人们的理

---

① John Dewey, James H. Tufts, *Ethics*, In the Middle Works of John Dewey (1899—1924), Vol. 5, Carbondale and Edwardsville: Southern Illinois University Press. 1978, p. 371.

② [美]杜威:《经验与自然》,傅统先译,江苏教育出版社2005年版,第65页。

想。一个变化不定的自然事物，其稳定性是人所赋予的，其价值也是人所赋予的。一个纯粹的物理世界尽管是确定的，但它是僵死的存在，没有理想的。不确定性与相对稳定性、变化与规则的混合才会引发出理想，从而激起人们不断地进行实践以获得相对的确定性。

概言之，杜威时常基于经验与自然的连续性批评传统的善观念，尤其是批判康德的义务论与密尔的功利论将人的自然满足与道德之善、自然善与道德善相分离的做法。为了避免外在权威法则和主观情感欲望束缚人类，以便在实践中探究善、发展善、实现善，杜威抛弃了传统哲学家对"善"理论的纯粹先验或主观的解释。一方面，他把每个人放置于自然界之中，以经验观察为依据，对人的思想、感觉、行为的产生以及实践方式做出经验考察与分析，从中归纳出一些普遍的实践原则；另一方面，对良好实践活动的构成要素——品格、行为、效用等进行分析，阐明行为者的品格及其行为、效用的不可分离性，由此推出不同的实践活动所需求的最佳实践原则。基于以上理路，杜威指出了伦理观念的多元化对"成为有德之人"与"做出有德之事"的重要影响。

二 自由与责任

实用主义伦理学强调自由与责任的交互生成，不再囿于善与责任何者优先的争辩。在传统伦理学中，美德论与功利论强调善的优先性，义务论强调责任的优先性。然而，在杜威看来，善与责任都是相对于具体情境、具体实践与行为而言的，在不同的道德情境中，相对于不同的行为者及其产生的不同行为，善与责任都是相对的。善与责任要么是同在的，要么是交替而在的，不是绝对的、何者始终处于优先地位的。

首先，善与责任的关系，在杜威这里更多地被视为个体之自由与公共之责任的关系，而自由与责任的实现又是基于功能实践而展开，如其所言"'各种欲望不能协调（即当实践功能的观念不能控制行为时），一种欲望必然与另一种欲望相冲突'，而正是'功能的实践统一了各种欲望，赋予每一种欲望以相对的、从属性的地位。它使每一种欲望与其他各种欲望互相适合，并通过一种欲望对另一种欲望的和谐适应引致那种完满的、无阻碍的行动，这种行动就是自由'"①。由此可见，就个体自身而言，自由的实现依赖于各种欲望的协调一致。然而，对于此欲望为何或如何从属于彼欲望，进而避免不同欲望间的冲突，最终又要依赖于功能实践的检验。在人特有的功能实践活动中，对于那些能够对自己的理性目的与行为进行反思，并且能够控制或主宰不当冲动行为者，就会实现最基本的自由，即在自我控制或自我节制之下获得的自由。这种自由意味着作为个体的人依据必然规律对自己行为的自觉限制。这种自由的实现依赖于现实生活与实践的检验。

对于社会大多数成员而言，只是在个体层面实现了消极意义上的自由。真正的自由应该是积极的自由，是与公共责任相关联的自由。它要求行为者以自觉主动的方式、积极自愿地承担起公共责任，依照共同体的客观需求而行事，这种积极的自由超越了基于自我视阈的消极自由。从现当代对自由与责任的讨论看，杜威语境中的积极自由在某种程度上接近于孔子所言的"从心所欲不逾矩"。它意味着个体能够合理控制其自然欲望的满足程度，也能考虑社会公共之道义责任的基本需求。积极自由的实现要求行为者将其实践能力与实践环境的需求相结合，在自我、他者与社会的相互生成中提升自我、为社会公众担责。需要注意的是，杜威语境中的自我不再是预设的、固化的自我，而是走出"固定的或者预设的自我概念的那个工作着或实践的自我观念"②。这就意味着基于自我的那个自由也是变化的、实践的，而非主观的、固化的。这种基于实践的自我对自由的解说，凸显了对实践者的实践能力的要求以及根据实践环境而做出的恰当行为判断。

其次，自由与责任不是相互分离，而是互依互存的。自由既包含个体意义上的自由（消极的自由），也包含社会意义上的自由（积极的自由）。在个体与社会层面均具有自由的意识与能力，才真正实现了自由。

---

① John Dewey, *Outlines of a Critical Theory of Ethics* [M], In the Early Works of John Dewey (1882—1898), Vol. 3, Carbondale and Edwardsville: Southern Illinois University Press, 1969, p. 345.

② John Dewey, *Self-Realization as the Moral Ideal* [J], In the Early Works of John Dewey (1882—1898), Vol. 4, Carbondale and Edwardsville: Southern Illinois University Press, 1971, p. 44.

在杜威这里，道义是出于自由而尽的责任，自由是处于社会道义之下的自由。在此意义上，真正的自由不只是个体层面的自由，更是社会层面的自由，只有这样，才能实现自由与道义的合一。否则，如果实践行为者不考虑社会公共责任，不是在社会道义的考量之下对公共资源进行开采、对公共环境进行改造，即使在其个体内部的各种欲望中进行了恰当协调，真正的积极自由也难以实现。在杜威这里，基于人特有功能实践而言的自由与责任的互依互存，这使得自由与责任成为一种鲜活的存在。这既考虑到个体自我欲求的满足，也考虑到对共同体道义的践行。它既重视个体对自由实现的重视，也考虑为共同体担责。对于追求积极自由之实现的行为者而言，他们更愿意主动抑制个体欲求，他们会将自己视为一种自主的存在，根据自己的实践能力与实践环境的需要，来调和自己的欲望需求与理性目的。

个体自由与社会责任的结合，有助于推进个体快乐与普遍幸福的统一。按照杜威的理解，纯粹的个人快乐或"单纯的普遍'幸福'绝不是目的，社会团体、情感与目的的和谐，对个体自我的有益状态才是目的（这里所有人的利益都包含于其中）"[1]。杜威反对将个体快乐与普遍幸福相分离，主张个体行为者的品格既需要体现在实践或行为所产生的效用中，也需要得到社会共同体成员的认同。社会成员对行为者的品格给予赞赏，一定是基于该行为者所发出的行为举止。该行为举止作为行为之产物要么是促进了他者的善，要么是促进了社会共同的善，才能得到社会共同体成员的赞赏。这种表现出品格的实践或行动是连接个体快乐与普遍幸福的纽带，也是个体自由与社会责任之实现的基础。

杜威像康德一样，非常重视自由与责任的关系，不同的是杜威诉诸个体满足与社会满意的交互共存，将自由视为处于责任之下的自由，责任是出于自由而尽的义务。而康德的自由与责任都是诉诸先验理性的普遍法则，事实上，他所寻求的"普遍性是没有内容的普遍性……正因为无内容，不须经验，所以才成其普遍；正因其空洞，不经感觉，所以才

---

[1] John Dewey, *Outlines of a Critical Theory of Ethics*, In the Early Works of John Dewey (1882—1898), Vol. 3, Carbondale and Edwardsville: Southern Illinois University Press, 1969, p. 282.

成其必然"①。看似康德的自由与责任观念适用于一切个体与社会，但实际上对一切个体与社会都无效。社会责任的实现不能脱离与个体相关的具体情境、具体实践，个体自由的实现也不能脱离与公共组织相关的实践活动。对于个体而言，自由是处于责任之下的自由，也就是说自由的获得与实现必须是以社会责任的考量为前提和基础，当个体履行了自己作为共同体成员应该承担的社会责任时，其自由的获得才成为可能，其自由的实现程度才会更高。对于共同体而言，责任是出于自由而尽的责任，也就是说社会责任的最佳实现依赖于个体自觉、主动、自愿承担并履行相关责任。由此，当共同体将社会责任施加于个人时，需要赋予并尊重个体的自由选择权。

最后，自由与责任的不可分离性，转变了传统哲学对工具与手段的偏狭性理解。在传统哲学家看来，当个体自由优先于公共责任时，公共责任就应该让渡于个体自由的实现，反之亦然。而杜威则认为，个体自由与公共责任既可能互为目的，也可能互为手段。就像认识的价值可以帮助认识者改变观念、影响行为，该认识在具有工具价值或手段善的同时，又是认识者"为认识而认识"所展现的目的性活动，其自身又具有目的善。那么，在自由与责任的实现之间也一样，在多数情况下，对自由或责任的追求就像对娱乐性活动的追求一样，既包含着目的性又包含着手段性，既将其自身视为一种体验与享受，又可能将其作为一种手段或工具。或许对于个体欲望的自由实现的追求，可以带来直接令人愉快的结果。但是，就社会公共善的总体发展而言，责任的实现能够进一步推动自由的最大实现。

从人类行为的最初动机看，大多数人从事一项活动的原始动机主要是为了追求快乐的享受或给其自身带来实际价值。然而，当其最基本的自由得以实现后，他会考虑社会责任的担当，这就可以促使其活动实现真正的积极自由。因为，当行为者对其自身的实践及其后果进行反省后，他会逐渐明白个体是社会的一员，只有推动社会更大的善的实现，个体的自由才能获得更大实现的可能。对于那种脱离现实生活与实践的超自然主义，人们会对之产生一种美感的向往，然而，个体自由与社会

---

① ［德］康德：《道德形而上学原理》，苗力田译，上海人民出版社2002年版，第38页。

责任的实在感仍然需要立基于鲜活的实践中。自由与责任都如同一种象征物，他们都是实践的产物，是经过经验反省所产生的结果。借助于图腾这一例子，我们可以更好地理解其蕴意，如其所言，图腾"并不是关于一个社会组织的一个冷冰冰的、理智的记号；它就使得一个为情绪所渗透的行为中心成为表现出来而可以看见的东西的那个组织"①。同样，责任也不是某个社会组织提出的孤立化的行为要求，不是要求一个冷冰冰、孤零零的行为表达，而是有着鲜活思想和灵魂的个体对其社会责任的热情担当。

概言之，自由意味着个体对其生活与实践所期望或所实现的一种表征或状态，责任意味着不同社会组织对其成员所期望的一种行为表征，"这类表征并不是指示的或理智的记号；它们是现实的事物和事情的一种经过提炼的替代品"②。当然，这里面也蕴含着有用性的考虑，"有用的劳动以及对它的迫切必需"③。这些使得自由与责任所蕴含的要素不至于成为空洞的。人的生命存在要求衣食住行等基本需要的满足，要实现这些，就会产生个人需要、家庭需要及所有相关者的共同体或国家的需要。实用主义伦理学强调实践活动应促进个体自由与社会责任的共同实现。杜威对于社会责任极为重视，或许他已经看到了对实践的纯粹手段性的偏爱，已经致使独裁者以不道德的方式展开对他者的控制、约束与伤害。杜威批判传统道德哲学家将个体自由与社会责任的分离，转而从自然满足与道义之善相融合的角度，推进人特有的功能实践的可持续生长。

三 道德评价

杜威对道德评价的理解是出于实践并走向实践的，他既不像功利主义者抛开行为者的动机或品格对行为结果进行评价，也不像义务论者抛开对结果或手段的考量，来评判行为动机的道德性。从对道德评价与判断的诠释看，杜威颠覆了传统道德哲学单一化的评价标准，他指出"行

---

① ［美］杜威：《经验与自然》，傅统先译，江苏教育出版社2005年版，第55页。
② ［美］杜威：《经验与自然》，傅统先译，江苏教育出版社2005年版，第55页。
③ ［美］杜威：《经验与自然》，傅统先译，江苏教育出版社2005年版，第56页。

为的道德性是快乐的标准,而非快乐是行为的标准"①;"快乐依赖于某种行为,而非依据行为偶尔导致的快乐或痛苦来确定行为的性质"②。由于行为是多样化的,对行为的道德性的评价也应该是多元的。社会历史发展也证明了人类"行为的目的是幸福,成功,福利,满意的生活。但是,幸福不是源于快乐,而是源于人类的力量和功能的实现,在这种实现中,因为人类的力量与功能实现了,就自然有了快乐"③。无论是快乐,还是幸福,它们作为一种抽象概念都无法在其自身范畴内获得实现,人的特定功能实践才是快乐或幸福得以产生的源泉。真正值得人们欲求的对象是基于人之特定功能的自我价值与社会价值的实现。

  杜威对道德评价的理解蕴含着两种转向。一方面,其道德评价理论不是基于传统伦理学的某种单一理论,而是根据具体情境的变动,将道德理论中三种不同的要素即品格、行为、效用相融合,这是对传统道德评价范式的改造,这种改造"是一种开发、形成和产生理智工具的工作,这种理性工具将会对关于当前人类伦理的面貌和处境的深刻而全面的研究提供有步骤的指导"④。另一方面,从动机与后果、目的与手段、自由与责任交互共生的视角,强调对实践与行为进行道德评价,要秉承一种生长性理念,即面对新的环境或情境不断地改造旧有的实践观念,创造、发明、验证新的实践模式,进而使对象朝向人类所希望的目标或方向发展。这样,实用主义伦理学对动机论、后果论、美德论的整合,使得道德评价不再依赖于某单一理论或要素,如终极至善、自然满足抑或道义之善。杜威对评价、价值评价及道德评价的诠释主要表现在以下

---

① John Dewey, *Outlines of a Critical Theory of Ethics*, In the Early Works of John Dewey (1882—1898), Vol. 3, Carbondale and Edwardsville: Southern Illinois University Press, 1969, p. 264.

② John Dewey, *Outlines of a Critical Theory of Ethics*, In the Early Works of John Dewey (1882—1898), Vol. 3, Carbondale and Edwardsville: Southern Illinois University Press, 1969, p. 282.

③ John Dewey, *Outlines of a Critical Theory of Ethics*, In the Early Works of John Dewey (1882—1898), Vol. 3, Carbondale and Edwardsville: Southern Illinois University Press, 1969, p. 260.

④ John Dewey, *Reconstruction in Philosophy*, In the Middle Works of John Dewey (1899—1924), Vol. 12, Carbondale and Edwardsville: Southern Illinois University Press, 1982, p. 269.

诸方面。

首先，评价是一种价值评价，它包含着价值判断。为了证明评价是一种价值评价与判断，杜威从元伦理学的角度对其进行了区分，这就是人们所知的"杜威的元伦理学是以价值判断（valuing）与评价（evaluation）的区别为基础的（也可以用'prizing'和'appraising'，或者用'esteeming'和'estimating'来表示）。杜威的价值评价'valuation'一词既包括价值判断（valuing），也包括评价（evaluation）。价值判断（valuing）、估价（prizing）和估算（esteeming）表示情感—动力倾向，更强调动力性（motor）不仅是情感态度（affective）"[①] 价值判断（valuing）是与爱或恨、喜欢或不喜欢相关的事务，关于价值判断的态度影响到采取行动的倾向。

在杜威的后期著作中，他更为强调一种行为主义的价值判断观念。在最原始的水平上，价值判断（valuing）主要是基于冲动（impulse）所引发的行为展示出来，它表现为趋向、获得或摄取某些东西，抑或说从消极方面看，它倾向于远离、拒绝、抛弃其他的东西。譬如，婴儿转向某种声音或眼睛远离强烈的光线。对有用对象的价值判断也可以是直接的，即不是通过对自己正在做什么的认知或意识来实现的。一个人不必思考，就会用勺子来获取食物。这是在冲动行为的基础上形成的习惯的再现。因为基于冲动的行为是需要价值规范的引导的，那么，基于对冲动行为的强化而形成的习惯也是一系列价值判断的展现。因此，习惯也是一系列价值观的显现。一个人不需要为了对某物做出价值判断而具备关于此评价的观念。在最初阶段，它们没有欲望（desires）那么复杂，因为欲望有关于命题的内容（观念上有目的性），并产生于实践的反思。

在杜威那里，价值评价的功能是构成新的价值判断。由此，他对"大部分源于行为的价值判断与源于快乐或享受的哲学观念的价值判断

[①] Anderson, Elizabeth, "Dewey's Moral Philosophy", The Stanford Encyclopedia of Philosophy (Fall 2018 Edition), Edward N. Zalta (ed.), URL = https://plato.stanford.edu/archives/fall2018/entries/dewey-moral/.

进行了对比，后者被理解为一种孤立和被动的经验"①。依照杜威的理解，那种孤立于经验与行为的价值判断是哲学思考的产物而非实践的产物。在现实生活中，当我们享受某样东西时，就像我们品尝冰淇淋蛋卷那样，我们积极地参与其中，我们用舌头舔冰淇淋，咀嚼蛋卷，注意它的材料和味道，全方位的探索它。这些活动是我们吃冰淇淋蛋卷的乐趣的一部分，而不只是被动的经验。当孩子经过体验之后，对着冰激凌说好极了的时候，也是一种自发的、未经计算的脱口而出，这种看似价值判断的行为并不表达一种价值评价。孩子可能带着自我意识说同样的话，就好像说我喜欢冰激凌。这样一种主观的价值判断仍然不是一种价值评价。价值评价的功能是构成新的价值判断，以解决人类行为面临的新困境。

其次，评价是一种价值判断，也是一种实践判断。对任何人或任何行为的评价，都不是为评价而评价，而是为了创造和开拓更为持久的价值而进行评价。在杜威那里，评价包含着价值判断，也蕴含着进一步的实践判断，譬如，"当我们对价值表达（valuings）进行评价或评估时，当一个人问到是否（应该）重视（寻求、珍惜、消费等）某样东西时，价值判断就会产生。因此，价值判断（value judgments）是实践判断（practical judgments）。虽然它们可能含有一种描述性的形式（X是好的，X是正确的），但是，它们的构成要素是改变和指导我们的价值表达"②。这种观点用现实生活的案例可以表述为，当孩子表达想喝碳酸饮料，而橱柜里没有碳酸饮料了，这时候就要考虑牺牲当下的时间再去商店里买是否值得。这就意味着，当我们不能立刻对价值表达或倾向采取行动，抑或采取行动可能产生满意或不满意的结果时，我们就需要对当下的价值表达提出疑问或进行反思，而对价值进行反思判断的目的是为了做出合理的评价，以便进一步指导未来的实践选择。

---

① Anderson, Elizabeth, "Dewey's Moral Philosophy", The Stanford Encyclopedia of Philosophy (Fall 2018 Edition), Edward N. Zalta (ed.), URL = https://plato.stanford.edu/archives/fall2018/entries/dewey-moral/.

② Anderson, Elizabeth, "Dewey's Moral Philosophy", The Stanford Encyclopedia of Philosophy (Fall 2018 Edition), Edward N. Zalta (ed.), URL = https://plato.stanford.edu/archives/fall2018/entries/dewey-moral/.

在杜威这里，价值判断可以是行动导向的，也可以是经验确证的，因为他们具有工具性的形式。由此，后世学者指出杜威对价值判断的独特诠释，即"价值判断的功能是指导人类的行为，从广义上说，它包括有意识和无意识的身体运动、观察、反思、想象、判断和情感反应"①。价值判断与对价值、评价、欲望、趣味和兴趣概念的理解紧密相关。假设一种情境即如果乳糖不耐受的人，发现她喝了碳酸饮料后胃疼，当发现碳酸饮料是引起胃疼的原因时，她应该放弃继续饮用碳酸饮料吗？在为自己的困境勾勒出一系列可供选择的解决方案后，她充满想象力的罗列一些可以采取的行动方案以及预期的后果。预期后果又将成为价值表达的对象，这又引导她形成一个新的目标和新的价值（譬如，她优先选择饮用不含乳糖的饮料，因为如果坚持原来的价值选择继续饮用碳酸饮料，可能就需要吃药，这样会对身体产生副作用。而且，当她选择尝试新的饮品时，发现饮用不含乳糖的饮料感觉一样好）。这里，对应该选择何种饮品进行比较而做的价值判断就是实践性的，因为它的功能是引导行为走向解决问题的最佳方案。而且，在杜威这里，"价值判断是需要借助于受经验检验的命题来指导行为"②。如果做了什么事，就会产生某些后果，这些后果将受到重视。他主张这种观点的目的是为了明智地指导解决问题的行动方案的设计和选择，而这种主张就是实现行为的手段的一部分。

最后，道德评价作为一种特殊的价值判断与实践判断，其目的是要指导人类的行为，并使其具有道德性。兴趣、职业以及家庭和社会各领域分工的细化，促使人们产生多元化的欲望和需要。一方面，这些欲望和需要的满足，需要借助实践连接自我与对象、有机体与环境，并在多种因素的相互生成中来实现。另一方面，欲望与需要所涉及的评价既包含有效性的工具价值的考虑，也包含合德性的道德价值的判断。关于道

---

① Anderson, Elizabeth, "Dewey's Moral Philosophy", The Stanford Encyclopedia of Philosophy (Fall 2018 Edition), Edward N. Zalta (ed.), URL = https://plato.stanford.edu/archives/fall2018/entries/dewey-moral/.

② Anderson, Elizabeth, "Dewey's Moral Philosophy", The Stanford Encyclopedia of Philosophy (Fall 2018 Edition), Edward N. Zalta (ed.), URL = https://plato.stanford.edu/archives/fall2018/entries/dewey-moral/.

德价值的判断直接涉及道德评价，并对未来的实践与行为的可持续生长产生进一步影响。可以说，道德评价作为评价的一种形式，它既是一种价值判断，也是一种实践判断。按照杜威的理解，道德是人类实践与行为活动的产物，而不是抽象的概念存在。如果说道德的生成是基于人之特有的功能实践的发挥，那么，道德评价还是对功能实践的判断。而且，道德判断是对功能实践的判断与确证，其目的是指导行动，而不是被动地描述事物的本来面目或纠结于固化的普遍法则，"做出判断是决定行动的新方案（解决问题）的必要手段①，它既具有行动导向性，也旨在通过塑造新目标、新制度，促进人特有的功能实践的进一步发展与完善。

人们对某项实践的目的做出的价值判断与对实现这个目的所付代价的判断密不可分，"无论从实现这个目的所需的手段，还是从实现这个目的所产生的意外结果看，实践判断是具有创造性的，即它建立了新的可预见目的。实践判断是具有变革性的，即其评估影响我们对事物的直接价值评价"②。通常情况下，价值评价或评估的结果会产生新的价值判断，当价值判断改变时，价值评价也会随之改变。与此相应，道德判断是对既有功能实践的评价，也会影响它所指对象的活动方向，甚至会改变它的认知特征。传统伦理学家诉诸动机论、后果论抑或美德论，为人类行为寻找普遍的道德法则或原则。然而，人生活在多变的世界中，人与外在世界的相互作用也是多变的，如果诉诸单一原则就无法应对多元的道德难题。为此，杜威批判了传统道德哲学对价值评价标准的恒定式、单一化、先验性的诠释，转而强调基于人特定的功能实践，融合道德生活中的不同原则，来探寻人类道德行为的始因和归宿。

道德评价对道德的生成具有直接性影响，如果一个人以一种特殊的方式行动（或评价某个对象），那么一定的结果就会随之而来，这个结

---

① John Dewey, "*The Logic of Judgments of Practice*," in the Middle Works of John Dewey (1899—1924), vol. 8, Carbondale and Edwardsville: Southern Illinois University Press, 1979, pp. 15 – 16.

② Anderson, Elizabeth, "Dewey's Moral Philosophy", The Stanford Encyclopedia of Philosophy (Fall 2018 Edition), Edward N. Zalta (ed.), URL = https://plato.stanford.edu/archives/fall2018/entries/dewey-moral/.

果就会被评价①。在道德评价涉及的所有相关要素中，表面的善与真正的善、未经深思熟虑的善与经深思熟虑的善之间是有区别的，对这些不同的善的价值判断也不只是依赖于孤立的当下经验，而是要考虑更复杂的过程及更广泛的后果。譬如，药物对于发烧的病人而言是善，因为它可以帮助降温使身体恢复到正常状态。当人体恢复到正常状态时，就不再需要药物这种表面上、特殊情境时显得善的事物。由此，道德评价应该着眼于更长远的未来，而非仅限于当下的需要。基于人特定的功能实践的道德评价，就是要将事物置于更广阔的背景中，并对其后果进行全面的判断②。人是理论的发出者，也是实践的践行者。在这个世界上，只要有人类存在，就有实践活动，也就有其所关涉的伦理道德关系。人类处于生灭变化之中，实践也处于此消彼长之中，那么，任何道德理论既非一成不变，也难以对所有实践活动做出引领性的预知预判。然而，传统道德哲学家却自认为已经为人类行为的道德评价找到了必然的普遍法则，这就使道德评价陷入困境。

概言之，在杜威语境中，道德评价诉诸不同的方法或原则而非某种恒定法则，并且他将不同的道德要素如行为动机、效用、品格相融合。他反复强调，"原则与法则之间存在差别，前者指行动的方法，后者指行动的具体规定；前者是实验性的，后者则是固定不变的；前者属于设定秩序意义上的秩序，后者属于命令意义上的秩序"③。行动方法、实验性预设、道德评价不完全依赖于先验理性，也不单单依赖于自然情感。理性和情感在道德判断中具有彼此不可替代的作用。理性可以帮助实践者辨别事物的真/伪，情感可以帮助其判断善/恶。对实践与行为进行道德评价，需要借助于理性分析为道德判断提供事实参照。但由于实践者及其行为的善恶是实践主体在对其有所感受之后，在内心引起的称

---

① John Dewey, *"Valuation and Experimental Knowledge"*, in the Middle Works of John Dewey (1921—1922), vol. 13, Carbondale and Edwardsville: Southern Illinois University Press, 1983, p. 11.

② John Dewey, *"Theory of Valuation"*, in the Later Works of John Dewey (1925—1953), vol. 13, Carbondale and Edwardsville: Southern Illinois University Press, 1988, pp. 210-212.

③ John Dewey, *Nature of Ethical Theory*, In the Early Works of John Dewey, (1882—1898), Vol. 4, Carbondale and Edwardsville: Southern Illinois University Press, 1971, p. 226.

赞或谴责的感情,是判断主体根据自己的感受赋予它的,由此,情感在道德评价中也扮演着重要的作用。理性能够为实践者提供道德评价上关于品行的有益或有害的事实分析,但它不能直接引发道德行为的产生。道德上的谴责或赞许与实践者的感受与体验相关,当实践者认为该品行有助于其幸福的提升时,就会给予其赞美、善、好的评价。由于人类关于道德正义和道德堕落的评价涉及多种要素,杜威便提出,应该运用不同的道德原则,根据具体的道德情境,结合行为者的品格、实践能力与实践环境,实践行为的过程及其产生的后果进行综合评价,以促进个体与共同体的可持续生长。

四 道德目的

在杜威语境中,道德目的是生成的、生长的、发展的;而非永恒的、固定的、僵化的。而传统主流伦理学将道德目的视为对最高的、恒一的道德原则的遵循。譬如在康德主义者那里,道德的实现依赖于形而上的先验法则,致使道德动机与行为后果的分离。杜威提出应从有机体与环境的相互作用中理解道德目的,从不断变化的情境与实践中评判行为者的道德动机。人特有的功能实践所涉及题材是流动、多变、不确定的,而不是静止、不变、确定的环境、事物或对象,故而,杜威对道德目的的理解展现出以下不同的特征。

首先,道德目的是相对的、多元的,而非绝对的、单一的。针对传统道德哲学家从万物运行有其自身的规律,推论出植物、动物、人类的活动均有其目的性,进而主张人类自身生长与发展的终极目的是趋向于最终善,由此人之为人的根本特征被视为人之灵魂的有逻各斯部分合德性的活动。杜威则提出了虽然万物运动有其自身的规律,植物、动物、人类的活动均有其自身的规律,但是人类自身生长与发展的终极目的是无可预知的。即使所谓的道德目的,也是"预见行为过程的结果,而且被用来给行为增加意义以指导将来的行为。它们不是行为的结束。作为深思熟虑的目的,它们是对行为的指导"[1]。人类所能做的就是发挥其

---

[1] John Dewey, *Human Nature and Conduct*, In the Middle Works of John Dewey (1899—1924), Vol. 14, Carbondale and Edwardsville: Southern Illinois University Press, 1983, p. 225.

自身特有的实践功能，在自我与对象的相互作用中，更好的实现人类的生长与发展。由于终极目的是人类无法认识到的，所以就没有最终善的存在，人类能够获得的就是在不同的情境中发挥其最佳的功能，历练其实践能力，以更好的应对未来不可预知的实践环境。

在杜威看来，真理是相对的、而非绝对的观念，道德目的也应该是相对的、多元的，而非绝对的、单一的，应该从人与环境交互存在的角度，强调生活、实践与行为的伦理化，这既表现为从环境可持续发展的角度提出实践伦理对实践本身及其存在意义的影响，符合对环境改造的合德性的要求，还表现为从人的可持续存在角度提出实践伦理对人类善与自然善共存的影响，使得人类在具体的实践中保有伦理情怀。道德目的就是要使个体实践需求得到认可，社会环境需要得到保护的同时，实现人之特有功能实践的稳定发展。这显然转变了传统道德哲学对道德目的的绝对性、单一性的诠释。基于对实践者行为动机与目的的考察，也会发现道德的目的不单单是源于人类的自然情感倾向，也不单单是源于人类的理性判断，而是二者综合影响的产物。

杜威语境下的道德目的的多元化与相对性与康德主义对道德目的的普遍性与绝对性的理解形成了鲜明的对比。为了给道德寻求普遍必然的基础，康德排除了经验中各种感性的、偶然的、不确定的因素，他认为，经验论者难以为自然情感在道德中的必然性与普遍性提供证明，反之，人类理性"至少使问题的决断离开感性，并引导到纯粹理性的法庭上；虽然它并无所断定，然而却将自在善良的意志的理念，无损地保存下来，以待进一步规定"①。然而，在杜威看来，虽然康德认识到理论理性在现象界的作用，实践理性在实践中的运用，但是康德却忽视了理论理性与实践理性是不可分离的。而且，在现实生活中，大多数人是难以遵循先验道德法则而行事，更难以纯粹地出于对道德法则的尊重，并为此同时斥退一切感性冲动②。对于康德提出的"由于责任是先天的理

---

① ［德］康德：《道德形而上学原理》，苗力田译，上海人民出版社 2002 年版，第 65 页。

② 道德法则影响我们的主体时所产生的对于道德法则的敬重心和斥退感性冲动时产生的痛苦两种感情的结合，就是康德所谓的道德感情。

性观念，所以它是一切道德价值的唯一泉源"①，杜威做出了反驳，他认为康德无法证明出于理性产生的责任就一定是先验的、可普遍化的，出于经验思考产生的责任也同样具有可普遍化的可能。由此，抽离了所有情感与经验内容的道德目的仅仅是一种纯粹形式，将道德目的完全依附于理性必然导致对道德的单一化、片面性理解。杜威在其《哲学的改造》一书中提出道德观念改造的哥白尼式的革命，其实就是要彻底扭转和改变传统道德哲学对道德目的的诠释。杜威试图从经验主义的视角，融合道德情境中所涉及的不同道德要素，以功能实践为出发点重新确定道德的目的。

其次，道德目的是生长的、变化的，而非确定的、不变的。传统道德哲学为了给道德行为动机、目的及评价标准寻找坚实可靠的基础，将真理的确定性、不变性引入道德领域。譬如，在义务论者康德那里，道德目的是出于理性的规定走向某种秩序，他设定了确定的、先验的道德法则，就是要从动机上来规范、约束人类的行为。即使在功利论者那里，道德目的也仍然诉诸单一原则即最大多数人最大福利的增加，道德的动机被视为对快乐的追寻、对痛苦的规避。虽然美德论、义务论和功利论在道德目的上所诉诸的单一原则是不同的，但是他们"有一点是共同的，即他们都承认法则有一个独一无二的、最终的源头。他们之所以能互相争论不休，正是因为这一共同前提"②。杜威则对这种终极性的、确定性的、不变的道德目的持批判态度，他认为，近代科学的新发现已表明，静止不变的宇宙观早已被淘汰，而道德哲学领域还秉承这种思维模式，必然会对道德目的的理解发生扭曲。

从杜威对道德目的的解说看，其道德的动机不再依赖于实践之外的普遍恒定的、抑或绝对、确定的元素，也不依赖于个体主观意识或能力，而是表现为一种经过审慎考虑之后的自觉选择的驱动力，且这种审慎的考虑不是基于先前的道德规范，而是基于实践的发展与进步，把普通的经验材料重新建构为一个新的功能体，并基于情境探究做出考量。

---

① [德]康德：《道德形而上学原理》，苗力田译，上海人民出版社2002年版，第14页。
② John Dewey, *Reconstruction in Philosophy*, In the Middle Works of John Dewey (1899—1924), Vol. 12, Carbondale and Edwardsville: Southern Illinois University Press, 1982, p.172.

杜威从一切皆流、万物皆变的自然主义角度，提出道德的目的是随着人类生活与实践的发展而不断变化的。实践者自身在道德方面的持续性生长是道德的目的与归宿，这意味着对传统道德观念的革新式发展。因为，在传统生活中，统治者的意志、外在的社会权威、主观的情感偏好等束缚、约束着人类的生活与行为方式。杜威对道德的生长性与变化性的强调，意味着道德的目的与实践者的道德观念、道德选择、道德行为以及相关的各种社会影响因素密切相关。

需要注意的是由于实践的对象常常以某种有形的人工物或无形的意识观念显示出来，致使某些人理所当然地认为，实践的动机就是某种外在产品或外部对象。但事实上，道德源于人特有的功能实践，功能实践的多元化必然带来道德动机与目的的多元化。例如，医疗实践的道德动机在于健康，建筑实践的道德动机在于建造适宜居住的房屋。然而，医疗实践与建筑实践并不是人们生活追求的最后目的，它只是满足人特有功能实践的可持续的工具或手段。所以，人类不能为了当前的实践效用而牺牲未来的可持续发展。基于此，源于具体情境和具体实践的道德动机就具有了多样性，我们对道德动机的评判就不能再仅仅依赖于某个固定的、孤立于实践之外的单一道德原则。因此，我们可以说，交互性实践是道德动机生成的前提，是人类实践活动的有效性与合德性在技术效用层面与伦理道德层面的要求，为人类进行道德判断、追溯道德目的奠定了功能性与意义性的基础。

再次，道德目的不是源于先验假设，而是生活、实践与行为的产物。杜威对道德目的的诠释深受达尔文的物种进化及自然选择思想的影响。基于人与环境的有机交互作用，杜威反对道德目的的先验预设，支持道德动机与目的的实践有效性与合德性预测，因为，他认为，"这个世界进入人们的活动和忍受之中，并通过人们的反应而被修改"[①]。基于此，道德的目的也发生了改变，从关注恒定的、先验的、确定的道德观念，转向对现实实践活动的探索，并追求在实践活动中理解善和实现善。道德目的应该着眼于对行为者及其行为的判断做一种系统、有效、发展式的诠释，应立足于生活与实践，并走向生活与实践，为实践的拓

---

① ［美］杜威：《经验与自然》，傅统先译，江苏教育出版社2005年版，第64页。

展与深化提供有效的指导原则。即使是道德目的的理论研究也是消除实践探索或实际行为障碍的思想实验，其出发点和目的也应该是为人们的实践活动提供指导。

杜威对道德目的的诠释直接影响到他对道德的工具性理解。道德目的的有效性与工具性意味着道德观念需要接受实践的检验或验证，需要在因果关系中验证其可行性与合理性。我们检验理论预设、科学假设的方法是找出它们的先行词，看看结果是否和它们预测的一样。同样的，我们检验道德目的的方法是根据该行为者及其行为是否真的践行了善、推进了善，并审查其评估结果是否有效。既要根据不同境遇中的善而行动，还要将其付诸实践的整个过程，以为人特有的功能实践发展提供新动力。道德目的的判断在日常生活中会以一种通俗易懂的方式得以表达，譬如"你试试这个商品，你就会认为它很好并喜欢上它"，这句话很容易在经验层面上得到验证。但是，在道德领域，基于道德目的的价值判断不是基于随机或随意的试错法进行的，而是把先前确证的"类似尝试"的规律熟练地投射到类似的新情况，然后根据在这些新情况中尝试的更广泛后果的经验不断地修改这些新情况。

最后，道德目的最终走向人之自然情感需求与社会责任担当的平衡。尽管人的自然情感倾向属于个体经验的范畴，但是每个人无论是先天还是后天环境的不同都使其具有个体差异性，由此基于经验的情感或道德感也具有多变性。但是，并不能因此而摈弃道德目的对人之自然情感需求的关注，否则社会责任担当就成为虚无缥缈的意识性存在。那种摆脱人的自然情感，仅仅诉诸纯粹形式来讨论道德目的的做法，对具体的生活、实践与行为缺乏有效的指导力。杜威从个体自然情感的满足与社会责任担当的需求不可分离的角度，指出康德主义者企图摈弃情感的、偶然性的、经验性的因素，清除人类本性中所具有的感性成分是不现实的。当然，功利主义者将快乐、幸福等自然情感的满足置于首要位置，并试图将其普遍化也是难以实现的。在杜威看来，康德意识到"所有的善都是个人的、私人的快乐。听凭欲望的人（甚至对别人的感情），导致其行为的最终理由是仅仅寻求他自己的善，那就是他自己的快乐。支配所有欲望的原则是自爱，一种自保本能的发展，就其而言，它支配着所有的欲望和冲动。因此，道德的善不仅不同于生活中人们日常经历的自然的善，并且与它们相反"①。但是，道德的善与自然的善并非总是对立或冲突的，就像商人为了自身欲望的最大满足而追求自然的善，但在他为顾客提供商品服务的过程中，他所做出的货真价实的服务以及诚实的交换等等都推进了社会善的实现，体现了社会责任的担当意识。

　　人与环境、自然情感满足与社会责任担当的交互共生一直是杜威讨论道德目的的重要基点。在杜威看来，"活的生命的事业和命运都依赖于它与环境之间的交互性作用，这种交互性不是外在的，而且亲密的"②。虽然，对每一独立的个体而言，其最理想的状态是自我满足及其个体价值的实现，对社会环境而言，其最理想的状态是共同体满意及其社会道义的实现，用杜威的话说："道义与其所涉及的社会满足相对应，自由与其所涉及的自我满足相对应。"③ 对于个体而言，道德行为者只有把自己视为共同体的一员，坚持实践的有效性与道德性的交互平衡，才能使个体自觉主动地履行或承担社会道德责任。

　　杜威批判"恒一"的道德目的观，原因在于那些追求单一道德目的者是一群追求永恒至善者，他们要么诉诸普遍理性、要么诉诸自然情感，这就导致他们在道德动机与行为上秉承不可错论的观点。然而，当经验领域中所有可变的、可错的、多样性的因素全部被剥离之后，那种单一性的道德理论在具体情境、具体实践中又失去其指导的有效性。针对传统道德哲学从纯粹理性或自然情感二元分离的角度讨论道德目的，并企图为多样化的道德行为寻找一个普遍的共识原则来论证道德观念的统一性，却忽视了人特定功能的实践活动对于道德行为的复杂影响，杜威便将道德目的与过去、现在、未来的具体实践相连，在现实的生活与实践中讨论道德的生成。在杜威看来，单一的道德原则无法应对现实生活中多样化的道德事件，因为，"道德理论来源于目的责任、权利和义

---

① John Dewey, James H. Tufts, *Ethics*, In the Later Works of John Dewey (1925—1953), Vol. 7, Carbondale and Edwardsville: Southern Illinois University Press, 1932, p. 220.
② John Dewey, *Art as Experience* [C] // LW. Vol. 10, Carbondale and Edwardsville: Southern Illinois University Press, 1981, p. 19.
③ John Dewwy, *Outlines of a Critical Theory of Ethics*, in the Early Work of John Dewey (1882—1898), Vol. 3, Carbondale and Edwardsville: Southern Illinois University Press, 1969, p. 327.

务之间的冲突"①。道德目的也应该指向多元性与共识性的统一。相对于个体而言，道德目的展现出复杂性、多元性。相对于共同体而言，道德目的又展现着共识性的要求。

传统道德哲学家过于关注对道德目的的单一"善"原则的追寻，并且其论证方式过于依赖理论假设或理性判断，轻视实践探究的有效性与合德性对人类道德行为的影响，致使理论与实践、知识与行为的分离。令人担忧的是后起的某些伦理学家依然沿袭了这种分离式的思维模式。杜威从经验与自然、理论与实践、手段与目的、有机体与环境交互共存的角度，用一种整合性的伦理学理论研究范式，来论证道德目的是出于实践且走向实践的。杜威实用主义伦理学既关注实践、生产、制作等方面的实用性的技艺，也关注人通过实践而造就自己的道德知识和品质的技艺。在传统哲学家那里，实践德性依赖于理智德性的引导，而杜威却认为实践是人类特有能力的展现，实践并非只是一种手段，实践活动本身就具有目的性，它既是由作为目的的人所发出，又是以"人是目的"为导向，由于人是持续发展变化的，那么目的也是发展变化的。杜威与亚里士多德都强调目的概念，二者的本质差异在于杜威的目的概念具有变化性，而亚里士多德的目的具有终极性。杜威主张的生长自身即道德目的，就是要强调无论是道德还是实践都是服务于人类的可持续生长与发展。同时，实践自身也具有客观有效性，它可以检验主观构筑的理论的有效性。

概言之，基于功能实践而展开的实用主义伦理学，不仅强调行为效果的实用性，还注重实践活动的可持续性；不仅强调个体自我的满足，还注重社会共同体的需求。这种趋向于完满使用或服务的功能实践旨在促进个体善和共同善的实现，它区别于那种将自我与对象相分离、仅以个体为出发点的实践学说。由于那种为强调个体自我仅注重实用技术性实践的学说，过于强调行为活动所产生实际结果的有效性，因此，它"是一种有限的服务，因而蕴含着一种外在的目的"②。而功能实践学说

---

① John Dewey, James H. Tufts, Ethics, In the Later Works of John Dewey (1925—1953), Vol. 7, Carbondale and Edwardsville: Southern Illinois University Press, 1985, p. 131.

② John Dewey, *Outlines of a Critical Theory of Ethics* [M], In the Early Works of John Dewey (1882—1898), Vol. 3, Carbondale and Edwardsville: Southern Illinois University Press, 1969, p. 262.

对个体与共同体相互依存的强调，意味着如果个体欲求的满足以缺德的方式获取，即使它能短暂地满足个体欲望，对于个体与共同体的可持续存在与发展也会产生不利影响。

概言之，由于杜威对道德观念呈现出多元化的理解，其伦理学理论可以被视为一种整合性的伦理学。杜威试图对亚里士多德的美德论伦理学、康德的义务论伦理学以及密尔的功利主义伦理学进行改造和整合，以服务于社会发展的需求。当然，杜威对传统道德观念并非持全然摒弃的态度，而是给予批判性继承和改造。由于两次世界大战及美国内部的南北战争的影响，杜威对绝对、抽象、确定的道德理论给予强烈的批判，指出道德理论应回归生活世界，在人类实践探索的拓展与深化中，在现实生活实践的时代变迁中，找出应对实践伦理难题的方法。

第三节 道德实践的多样化

道德哲学家普遍认为，伦理学或道德哲学是关于"善"与"正当"的研究。但是，对于应当如何实现善与正当，不同的学派提出了不同的道德方法。按照杜威的理解，传统的道德方法论具有一致性，即都将某个单一原则作为终极、至高的善，并以此来推论如何行为，以及行为的善恶、正当与否。然而，当人们将这些原则运用于不同的实践情境时，会发现传统的道德方法论会遭遇困境。于是，杜威基于道德演化、道德情境、道德实证、道德探究来改造传统的道德方法。这种整合性的道德方法论关注到自然满足与道义之善、个体快乐与普遍幸福、个体权利与社会责任的交互共存。在杜威这里，伦理学方法不是一种抽象的认识论，而是与生活、实践、经验、自然紧密相关的道德实践法。

一 道德演化论

道德的起源与演化一直是道德哲学界备受争议的古老话题。如果人类的发展是无止境的，人特有的功能实践也是不停歇的，那么道德的生成就是伴随于其始终的。没有人特有的功能实践的演进，也就没有相应的道德善恶判断。道德演化论彰显了每一代人的道德情感和伦理精神，道德的发展既依赖于对某一行为或品质的正确的善/恶判断，也依赖于该行为者及其行为所产生的客观结果。在杜威看来，道德演化的自然情感主义解释与理性主义解释都具有局限性，于是他提出了道德演化的自然经验主义诠释，对道德的解释从日常行为、习俗道德或常识道德走向反思性道德①。

首先，道德演化的自然情感主义解释。自然情感主义的代表者休谟通过对人的感觉、观念和行为进行考察，提出了出于天然情感的自我保存，抑或自我幸福的情感倾向，以及需要的满足对道德行为起着决定性作用。由于人的行为发生的动机源于情感，那么道德或道德行为的生成也源于人类的自然情感需求。尽管理性可以帮助人们去判断事情的真伪与否，但是理性不具有促使行为发生的动机力量。因此，人们行为的动机是自然情感，而不是理性或推理。由于在理性判断与道德行为之间没有直接关系，或者说具有道德知识判断能力的人知晓善/恶的知识，却并未做出善的行为。由此，可以说，理性不能单独成为道德行为的动机，它无力激起一种善的行为，也无力阻止一种恶的行为。反之，当下、直接的情感才能引发道德行为的产生。

自然情感主义者休谟诉诸人之自然情感来讨论道德的起源与演化，原因在于，他认为，情感是一种原本印象。情感作为第一性的存在，它还没有涉及理性上的真/伪的判断问题。反之，理性则是一种复本的观念，理性作为后续的存在，它是对原本印象的组合、排列和想象。所以，理性对自然情感的符合才是道德的。当然，他也认为，像正义作为"人为之德"是"应付人类的环境和需要所采用的人为措施或设计"②，它与自然之德即同情的来源是不同的，其自然之德源于人类天然的同情心，而正义之德则源于人类物质财富的有限性和人性的局限性。依休谟之见，人类生活的现状既不是极其的富足，也不是极端的贫困，而是处于这两者之间的一种中间状态，由此"在所有市民社会里，财产权的观念是不可或缺的；正义由此对公众产生了效用，而且仅由于这一点正义

---

① [美]杜威：《伦理学（杜威全集·晚期著作·第七卷）》，魏洪钟等译，华东师范大学出版社 2015 年版，第 11 页。

② [英]休谟：《人性论》，关文运译，商务印书馆 1980 年版，第 517 页。

才具有价值,并构成对人类的道德约束"①。正义在客观上是确立财产所有权的需要,同时它能够为人们所接受和遵循,是人们的共同利益感所致。共同利益感是人类生活经验的警示和人性同情的结合。正义作为一种人为协议的产物、作为一种德性,它的产生具有混合性因素,既含有自然情感的成分,也含有理性契约的成分。

其次,道德演化的理性契约主义解释。在理性主义者看来,道德演化如果按照自然情感主义的方式推演,就无法排除人的自私性情感的影响。他们认为,从人性来看,尽管人类的心灵是自私与同情的统一,但是,人类的天性存在着自私性,它驱动每个人关心自己的利益,这就会促使把他人当作满足自己需求的手段。尽管人类具有能感受他人之情的同情,但是这种同情心却是有限的,当同情心与利己心发生冲突的时候,若其服从自然情感倾向的话,必然导致道德原则的主观化。那么,主观化的道德原则就无法普遍化。而且,即使同情可以使某些人考虑他人的感情和需要,抑制利己心的无限扩张,但是,基于自然情感对他人和社会利益的关心却是非常微弱的。由此,理性论者提出,基于理性的可普遍化论证的道德法则,才能够"补救"人类社会财富的短缺和人性的缺陷。

每个人对不同事务的感觉程度是不同的,即便是同一个人在不同的时间、不同的情境也会将不同的事物感觉为善。由此,休谟意识到在《人性论》一书中,把人的自然情感作为道德评价的标准具有局限性,于是他在《道德原则探究》中,为克服道德判断因单纯愉悦感致使的狭隘性和主观性,提出了利益、效用原则,试图结合某种客观性来限制个人情感好恶的主观性,但是其道德感所诉诸的共同利益感依然受到理性主义者的批评。理性契约主义者通过对人的理性、共识与规范意识的考察,基于每个人都应该是自由、平等的,每个人都应该是目的而非手段,指出在人性中对道德行为起决定作用的是契约精神与共识法则。他们认为,关于约定秩序的道德原则观念是随着社会的发展而改变的,道德的基础应该奠基于理性契约。

针对既往伦理学家将人类行为的道德基础奠基于伦理理性主义,抑

---

① [英]休谟:《道德原则研究》,曾晓平译,商务印书馆2006年版,第29页。

或自然情感主义，杜威指出了这两类学派对实践原则的普遍必然性的证明，既无法满足普遍有效性标准，也无法解释人类行为动机的两种始因，即自然情感与理性选择的冲突，更难以应对经验情境中人类行为的无秩序现象。在杜威看来，面对社会的巨大变迁，道德演化也成为历史的必然。道德哲学家需要做的不是致力于对先验道德法则的探究，而是从理论上诉求并融合不同的道德原则，以处理社会中不断出现的秩序混乱问题以构建良序社会。

再次，道德演化的自然经验主义解释。在杜威看来，传统道德哲学"有的将道德视为外在的权威，以束缚人们的灵体，有的将道德视为主观欲望的满足"①，这些都会引发道德的主观性、任意性。于是，杜威根据理性和情感在实践与行为中的不同作用，指出理性和情感在道德演化中具有不可替代的地位，以此为基础提出了道德的实践生成论②而非先验假设论。杜威认为，仅仅基于人之自然情感来解说道德起源与道德规范，会导致道德规范过于主观化，忽视生活与实践过程中可能出现的各种因素。理性主义者又走向另一极端。理性并不能反对一切自然情感的需要，譬如，当婴儿啼哭时，母亲考虑出于责任或后果计算选择照顾孩子，而不是出于本能的照顾孩子，这就违反了人之自然的情感表达和人本关怀。杜威不仅吸取了自然情感主义者对自然情感的利己与利他考虑，还吸收了理性主义者对个体与社会之普遍共识原则的考量。在杜威看来，自古希腊开始，伦理学就"旨在为生活行为寻找规则，因为生活行为应该有一个理性的基础和目的，而不是源于习惯之中……从此以后，伦理学受到了一种奇异的催眠，竟然以为它的任务是要发现某种最终的目的或善或某种终极的、至上的法则"③。然而，伦理思想发展史

---

① 如中世纪的教会对爱、义、信等的强调；快乐主义者将主观欲望的满足视为判断善恶的标准。这两种主张都存在有限性，快乐主义主张满足主体的需要或对主体有用就是善，这仅仅是以主体自身的目标实现为目的，没有考虑活动本身或手段本身所蕴含的善，这样会使活动终止或使生成过程遭遇挫折而无法延续下去。

② 我们说道德是由人为"生成"的，而非自然或自发"生成"的，主要强调人在道德生成中所起的重要作用，或者说只有在人这里，道德的生成才有可能。道德是"生成"的，还意味着随着物种的进化，人类实践探索的拓展与深化，道德的观念会随之变化。

③ John Dewey, *Reconstruction in Philosophy*, In the Middle Works of John Dewey (1899—1924), Vol. 12, Carbondale and Edwardsville: Southern Illinois University Press, 1982, p. 172.

证明，对理性或情感任何一方面的偏重，都不符合伦理观念的嬗变与演化。在社会生活与实践中，任何单一的道德规则都无法满足行为多样化的需求。

在杜威看来，道德的演化史已经证明伦理理性主义与自然情感主义之间的对立是没有意义的。前者对人的理性能力不加深入考察，就通过预设一个先验的善良意志，以此为权威来规约人类的自然情感需要，并试图为道德寻找普遍的基础。后者又忽视理性的推理能力，完全诉诸纯粹自然情感，这要么使道德成为一种主观的意想，要么使道德的演化失去客观基础。对于任何一种品质的评判，都不能离开这种品质在一定情境中对其拥有者的具体影响而妄下断言，而且一定的社会风俗和习惯也会改变各种品质。人类的德性是多样的，人们不能忽视自己德行培养的多元化路径，尤其是那些有益的、多元化的伦理实践。

就道德演化的自然经验主义而言，杜威与亚里士多德有相似之处，即二者都强调习惯或习俗对良好道德品质生成的影响。在亚里士多德那里，"习惯、风俗、道德等等，指由于社会共同体的共同的生活习惯和习俗而在个体成员身上所形成的品质、品性"①。亚里士多德是"在与神赐、自然或运气相比较的基础上谈论习惯"②，并将习惯与生活实践、技能学习相结合，如"'幸福是通过学习、某种习惯或训练而获得的'；'自然赋予我们接受德性的能力，而这种能力通过习惯而完善，……由于在危境中的行为的不同和所形成的习惯的不同，有人成为勇敢的人，有人成为懦夫'"③ 等等。在亚里士多德这里，习惯既包含实践活动中所彰显的道德品格，还包含技术活动中所追求的真的状态。需要注意的是，尽管亚里士多德也从经验主义角度考察了道德的生成与演化，然而，由于他不是一位纯粹的经验主义者，所以他对道德的经验主义解释

---

① ［古希腊］亚里士多德：《尼各马可伦理学》，廖申白译注，商务印书馆2003年版，第35页（注①）。

② 源于希腊的整个西方传统，都把基于习惯和约定的东西看作是同自然地或由于自然（本性）而形成的东西不同的。［古希腊］亚里士多德：《尼各马可伦理学》，廖申白译注，商务印书馆2003年版，第35页（注③）。

③ ［古希腊］亚里士多德：《尼各马可伦理学》，廖申白译注，商务印书馆2003年版，第24、36、37、144页。

也是不彻底、不纯粹的。

　　杜威与亚里士多德对道德的经验主义解释，其最大差异在于，前者诉诸自然进化论探讨经验与实践对道德生成的影响，后者则诉诸理性主义来论证实践对道德生成的影响。在亚里士多德那里，道德的生成需要"按照正确的逻各斯去做"①；在杜威这里，道德的生成需要依赖于经验与实践。亚里士多德对道德的生成与演化的经验主义解释，主要围绕着道德不是出于自然、同时也不反乎于自然而展开论证的。当他说道德不是出于自然的，就意味着道德不是自然或自发生成的，因为自然生成之物不需要运用，其自身就已存在。当他说道德不反乎于自然时，意味着人类具备的德性生成的能力是由自然所赋予②。虽然亚里士多德看到了道德不是对超验的善理念的模仿或分有，而是在实践活动中经后天的习得而生成③，由此断定道德生成于经习惯沉淀的、理性慎思的、好的实现④活动。但是，他对实践者及其实践活动之发展的论证，又离不开对理智理性的依赖。于是，如廖申白教授强调的，"实践的研究一方面透射出理论理性的光，一方面又把这光直接地投射到人类事务上面。"⑤

---

　　① ［古希腊］亚里士多德：《尼各马可伦理学》，廖申白译注，商务印书馆 2003 年版，第 37 页。
　　② 自然所赋予的东西无须运用便存在，因此，人们不称赞或谴责潜能或感情，而是称赞德性和谴责恶，因为潜能与感情不出于选择，德性则包含着人为的意愿选择。
　　③ "一个人的实现活动怎样，他的品质也就怎样"。我们应重视活动的习惯，从小养成好的习惯还是坏的习惯对人品质的养成很重要。就实现活动与品质相比而言，坏的活动习惯就是恶，好的活动习惯就是德性。［古希腊］亚里士多德：《尼各马可伦理学》，廖申白译注，商务印书馆 2003 年版，第 37 页（1103b22）。
　　④ 此处的实现接近叶秀山先生提出的显现，就像真理的显现需要实践过程中的努力劳作，善的实现也需要在实践活动中把握意愿与选择的正确，逐步养成好的习惯。叶先生认为"'真理'不仅仅'在''思想'里，'真理'是'实在'——'真实的存在'，它要在现实的世界中显露出它的'真相'来，不仅成为可思想的，而且也是可直观的。'显现'需要一个过程，需要时间、需要努力，需要劳作，需要实践。'真理'的'显现'需要'创造'。在这里，'显现'就是'创造'。按照黑格尔的理论，'理性'从最单纯也是最抽象的'存在（者）'出发，去'打天下'，'开创'自己的事业，历经艰辛，回到自身，这就是'真理'（真实存在）的'全过程'，所以，黑格尔说，'真理'是个'全'"。叶秀山：《哲学作为创造性的智慧》，江苏人民出版社 2003 年版，第 98 页。
　　⑤ ［古希腊］亚里士多德：《尼各马可伦理学》，廖申白译注，商务印书馆 2003 年版，第 xxiii 页。

亚里士多德将道德生成的主要途径视为在实践理智的指导下做合乎德性的实践活动①。相对于此，杜威不仅看到习惯对道德生成与演化的积极影响，也看到了习惯的滞后性及有限性，探索了习惯生成的根源即实践。在亚里士多德那里，我们具备何种道德观念，"我们是怎样的就取决于我们的实现活动（实践）的性质"②。但是对于实践作为习惯之源却未给予系统论证。在杜威这里，习惯被视为道德生成的方法，实践才是道德生成之源③。因为习惯需接受实践的检验，当习惯滞后于新兴实践活动，就会阻碍实践者的发展。

  基于时间、空间以及环境的多变性，杜威提出了道德演化中的多重影响因素。这改变了传统道德哲学将道德标准视为某种单一元素（美德品格、为义务而义务、最大多数人的最大幸福）的局限性。杜威既注意到主观心灵所具备的心理能力，认同道德主体所具有的心理能力是使自然力能够成为达成目的之工具而为人所利用的一个必要因素，也注意到社会环境对道德主体的影响，譬如在道德、宗教和政治方面，流行的信仰反映当时所呈现出来的社会境况。此外，依照杜威之见，人们之所以相信传统的道德观念，并不是因为这些观念先天就是如此，而是因为人们经受权威的熏染，经过模仿、教诲以及言行举止的无意识影响等，逐渐变得习惯于传统的道德观念而已，这些都构成了道德演化的重要影响因子。

  在杜威语境中，道德的演化史也证明了道德是源于人的实践活动，而不是源自对绝对道德法则的认知和追寻。在他看来，无论是过去，现在，还是未来，道德一直都处于不断演化、演变的过程中。由

---

① 此部分内容主要参看（1）［古希腊］亚里士多德：《尼各马可伦理学》，廖申白译注，商务印书馆出版2003年版，第4页。（2）廖申白：《尼各马可伦理学导读》，四川教育出版社2005年版。

② ［古希腊］亚里士多德：《尼各马可伦理学》，廖申白译注，商务印书馆2003年版，第37页（1103b30）。

廖申白先生认为，人的实现活动就是实现人的实践生命的目的的活动，实现活动也就是实践。

③ 在古希腊哲学语境中，习惯与风俗、道德是同义语，都是指通过社会共同体的共同生活而形成的习惯和习俗，并由此在个体成员身上所形成的品质、品性。事实上，归根结底，习惯还是来源于人的实践活动。那么，道德最终还是生成于实践活动。

此，他强调伦理学方法应该生成于生活经验而非超验或物自体，应该以行为善、效用善、品格善的融合取代目的论与道义论的冲突与对立，从"何谓善"的概念争论中，走向"如何行善"的探究。基于人的生活与实践，考察伦理学方法的适用性，培养公民的从善能力，在"自然满足"与"道德之善"，"个体权利"与"社会责任"的相互共存中，推进个体善与公共善的共同实现。杜威强调，能给人类社会带来幸福的"有用性"会对人类的实践动机与行为产生强大的支配力量，但是，只有将对个体有用性的考量与公共利益相结合，才能实现道德上的发展。

最后，道德演化论彰显了从习俗道德走向反思道德的理论必然。在人类社会发展的和平时代，每个人自出生之始，就受到习俗文化与社会道德观念的规约。然而，当社会遭遇重大灾难时，资源的有限性与人性的自私性就被凸显出来，这时，为了维护自身生存或社会秩序的稳定，人们就开始对传统和现有的道德观念进行反思，以重新达成新的约定。于是，那些经过时间和经验的过滤而产生的反思道德，就不再以流行意见的形式继续流传，那些曾经被普遍遵守、大众认可、社会赞许的习俗规范，也开始成为被质疑与反思的对象。当那些源于流行意见的习俗道德遭遇新的实践困境时，就会成为被反思、批判、改造的对象。由此可以说，社会的动荡不安推动着道德的演化，每一次道德的演化都彰显着某种冲突与对立的存在与解决。事物的否定之否定意味着肯定的规律，证明了在道德演化论过程中，习俗道德走向反思道德的理论必然。

当然，对传统与现存道德观念的反思，并不意味着对习俗道德的彻底摒弃，而是要通过反思与对比，抛弃传统观念中阻碍当下与未来发展，并与之相矛盾的部分，找出基本的共性与需求，并使新的观念更加清晰、系统。杜威对习俗道德的重视在后世学者中产生了共鸣，譬如休·拉福莱特所言的："（1）习俗受到我们先前与社会环境的交互活动的影响。（2）它们不是单个的行动而是一系列有机的行为。（3）它们典型地在多样性的环境条件下的公开行为中展现出来。（4）即使它们没有以标准的方式表现出来，它们仍然还起作用"①。然而，习俗道德与反思道德形成的基点是不同的，"前者把行为的标准和原则置于既往的习俗；后者则诉诸良心、理性或者某些包含思想的原则"②；"前者强调明确的训诫、规则、命令和禁例，而后者并不从它们开始"③，而是立足于生活与实践，旨在解决所面临的道德冲突。杜威对习俗道德与反思道德的区分具有重要的意义，他证明了道德演化论发生的理论必然，反映了道德的一成不变性是不符合时代需求的。从伦理学理论发展看，这种区分转变了道德哲学家关注的重点，即从对"善是什么"的争论，走向"如何从善"的探究。从对习俗道德的辩护，走向对反思道德的倡导，引领人们采用理智的、反思的、批判性思考的方式，应对新时代的新问题。可见，道德演化是人类生活与实践需求的显现。

为了给人类多元化的行为提供普遍性的指导，就需要从习俗道德中抽取出共性的、可普遍化的要素，减少习俗中的碎片化、偶然性要素的影响，在引导人类道德觉解的同时使其行为合乎社会要求。需要注意的是，人类运用理性分析与对比原则进行反思，不是要完全替代风俗或习俗在人类生活与实践中的地位与作用，这样将会从一个极端走向另一个极端，"如果诉诸理性原则仅仅被看作是风俗的替代品时，混乱就会随之出现"④。于是，经过理性慎思的反思道德，并不能替代习俗道德对生活与实践直接性的影响，它只是以更为审慎、理智的方式，运用反思方法对习俗道德进行恰当引导，以此共同服务于人类生活与实践的健全发展。在道德演化过程中，习俗道德对人类生活观念与行为方式的影响发挥着潜移默化的作用，如若一个民族缺失了经过历史、时间积淀所生成的传统文化、风俗习惯与习俗道德，人们的日常生活就会陷入各种混

---

① [美] 休·拉福莱特：《伦理学理论》，龚群主译，中国人民大学出版社2008年版，第467页。
② John Dewey, James H. Tufts, *Ethics*, In the Later Works of John Dewey (1925—1953), Vol. 7, Carbondale and Edwardsville: Southern Illinois University Press, 1985, p. 162.
③ John Dewey, James H. Tufts, *Ethics*, In the Later Works of John Dewey (1925—1953), Vol. 7, Carbondale and Edwardsville: Southern Illinois University Press, 1985, p. 165.
④ John Dewey, James H. Tufts, *Ethics*, In the Later Works of John Dewey (1925—1953), Vol. 7, Carbondale and Edwardsville: Southern Illinois University Press, 1985, p. 165.

乱。当然，如果不对习俗道德与传统文化进行反思，也难以应对新兴实践伦理难题。

杜威提出伦理学理论应关注道德的演化，旨在强调对现存的道德观念进行不断反思与实验的重要性。尽管大多数伦理学家都意识到习俗道德对人类道德行为生成的影响，虽然像亚里士多德那样的哲学家也提出了道德德性生成于习惯，西季威克也致力于"为那些基本有效的常识道德准则找到一种具有自明性的原则"①；即使将纯粹理性置于首位的康德也指出伦理学的研究应该关注普通人对习俗道德的理解，具备一定的道德理性之后，才有可能步入道德的形而上学。但是，杜威却更加重视以一种理智的、探究的、实验的、反思性的思维方式对待习俗或常识道德。

总体而言，道德演化论基本上是沿着主流的效用论观念传承下来的，在此过程中，美德论与义务论也发挥着重要的推动作用。比如，情感主义德性论者就将道德的演化沿着这样的思路展开，即"有益于我们自己的品质""直接使我们自己愉快的品质""有益于他人并直接使他人愉快的品质"。在这三种倾向中，无论是哪一项都是将效用作为道德考量的基础，道德被称颂并得以推广，主要是因为它们本身就具有服务于行为者、他人或社会的功效。在不同的道德哲学理论中，对于道德的不同理解，其主要区别在于，某些道德观念仅对其拥有者本人有益，如快乐与幸福的实现；某些道德观念对所有人都有益，如对普遍法则的尊重、良好的品格等。杜威看到了先前道德理论的价值与局限，于是在对传统道德观念进行改造的基础上，提出了一种整合性的伦理学实践方法。

二 道德情境论

在杜威对伦理学方法的讨论中，他赋予道德情境以极为重要的地位，因为，传统主流的伦理学理论如义务论伦理学与功利主义伦理学都假设人类理性可以为不同的道德情境找到可普遍化的道德法则。不可否

---

① ［英］西季威克：《伦理学方法》，廖申白译，中国社会科学出版社1997年版，第17页（代译序）。

认，通过人类活动规律可以总结出某些道德原则，在某种程度上也能够为人类行为提供有益的导向。但是，如果人们将其视为绝对的法则，并让其支配自己的行为，就会在不同的道德情境中，丧失自主道德判断与选择的意识。由于人类的活动是多样化的，单一的道德原则无法为变化多样的实践活动提供切实有效的指导原则。于是，杜威提出对道德情境的重点关注，其主要原因表现为以下诸方面。

其一，对道德情境论的关注，有助于扭转传统二元论伦理学方法的局限，消解经验与自然、具体与普遍、偶然与必然、目的善与手段善的对立。传统哲学家将经验的自然之源与自然的经验之善相分离，结果便产生了经验与自然、心灵世界与物理世界的二元对立，这严重影响到道德哲学家对伦理学方法的合理诠释。人类历史经验发展表明，经验与自然、目的善与手段善不可分离，譬如，当我躺在一张床上，我会说我正在经验或已经经验了它。这时，我所表达出的经验可能仅限于构成这张床的某些表面或细微的自然要素。但是，在我非常疲惫的情境下，我躺在这张床上会感觉极度放松和舒适，这个时候，我对此床（或作为自然之物的此床的材质）的经验性评价就带有人为的、价值的、经验的成分。就像"美感经验和道德经验也和理性经验一样真正地揭示真实事物的特性，而诗也和科学一样可以具有一种形而上学的意义"①。道德情境促使人们认识到，尽管自然事物的真实特征不同于经验性的价值评价，但是二者是不可分离的，更不是相互对立的。传统哲学常诱导人们把经验、反省的结果视为与其构成物完全分离的存在，并将其视为具有优越于其他经验样式的材料所具有的真实性，这阻碍了伦理学方法的发展及其在生活与实践中的有效践行。

道德情境证明了具体与普遍、偶然与必然的相互并存。在康德看来，"要从经验中榨取必然性，并想给一个判断谋得真正的普遍性，是一个不折不扣的矛盾"②。那么，在道德哲学上，"如果道德规律立足于人性的特殊结构，或者立足于人之所处的偶然环境，它们就不会对一切有理性的东西都具有有效的普遍性，也不会有由此给予有理性的东西以

---

① ［美］杜威：《经验与自然》，傅统先译，江苏教育出版社 2005 年版，第 17 页。
② ［德］康德：《实践理性批判》，韩水法译，商务印书馆 2003 年版，第 11 页。

实践必然性"①。然而，杜威却认为，康德赋予了人类理性以过高的估计，这就导致其忽视万物的变化、人性的复杂、行为的多变以及理性的有限。杜威并不是彻底抛弃对普遍、必然及确定性的寻求，而是诉诸道德情境以一种相对的方式重新诠释它们，他在《确定性的寻求》一书中，强调了普遍、必然、确定与具体、偶然、多变的不可分离性。在不同的道德情境中，实践者需要对不同的道德原则进行功能性重组，才能更好地应对实践伦理难题，帮助其自身找出最佳的、可持续生长的实践方略。

其二，道德情境是道德理论生成的前提条件，也为检验道德原则的有效性提供可能参照。道德情境论强调实践者与实践环境的交互作用与共生共存。如果说实践者离开了实践环境就无法展开其活动的话，脱离了具体的道德情境就无所谓道德与否。在杜威这里，尽管他认为实践者的主观心灵在实践活动的实施中具有决定性作用，它是"使自然力能够成为达成目的之工具而为人所利用的一个必要因素"②。但是，实践主体绝不是经验、自然与环境的决定者，实践、经验、环境也不是独立于主体之外的客观存在，实践的"对象是通过经验而获得的，并且在经验中发生作用的"③。由此可见，经验、自然、环境与实践的相互交织，就注定了实践者与实践环境的交互作用的复杂性，也注定了道德情境中存在着相互交织的影响因素。这样的话，如果伦理学方法还秉承传统的二元论思维模式，要么导致"人类中心论"，要么引起"环境中心论"，最终致使实践者对实践环境的肆意掠取，要么导致对实践环境的盲目屈从与膜拜，在某种程度上，这都会带来更深层的实践伦理问题。反之，将不同的道德理论运用于具体的道德情境，既可以检验道德原则的有效性，又可以丰富道德理论的发展。

其三，对道德情境的重视，有助于化解道德认知与道德行为的不一致。传统道德哲学家对普遍道德法则的至善性、终极性的强调，致使在

---

① [德] 康德：《道德形而上学原理》，苗力田译，上海世纪出版集团 2005 年版，第 53 页。

② [美] 杜威：《经验与自然》，傅统先译，江苏教育出版社 2005 年版，第 13 页。

③ [美] 杜威：《经验与自然》，傅统先译，江苏教育出版社 2005 年版，第 11 页。

道德实践上，重于对善原则的服从与遵循，在这种情境下，人逐渐成为知识的容器，获取了有关"善是什么"的知识，却难以展现出"如何为善"的道德行为。而且，当某些伦理流派仅仅专注于某一道德原则的话，就会忽视行为活动的多样性以及对道德情境产生影响的多元因素。杜威提出对道德情境论进行探究，就是提出"一种开发、形成和产生理智工具的工作，这种理性工具将会对关于当前人类伦理的面貌和处境的深刻而全面的研究提供有步骤的指导"①。

传统道德哲学诉诸普遍道德法则，难以应对新兴实践伦理难题。为了给道德标准寻求必然的、普遍的基础，康德为代表的义务论者，就将人类的自然情感完全剥离出真实的生活世界。这种做法使道德法则演变为空洞的道德说教。对此，杜威的评价是普遍的道德法则或"道德哲学之所以缺乏效力，原因之一是由于它们热衷于单一的观点，因而过分简化了道德生活，其结果便是在复杂的实践现实与抽象的理论形态之间制造了一道鸿沟"②。由于"实践活动所涉及的乃是一些个别的和独特的情境，而这些情境永不确切重复，因而对它们也不可能完全加以确定"③。那么，如果用确定性的伦理学方法来对待生活与实践，当个体感觉到自己被置于外部权威法则之下，在道德行为的践行中就会失去自主、自觉、自愿性。反之，只有将个体的欲望满足与普遍的道德规范相融合，才能有效指导行为者的道德实践，解决具体情境中出现的道德难题。

最后，道德情境论可以化解理性与情感、自然情感与社会道义之间的冲突。在西方伦理思想史上，对道德的理解形成了两个代表性的传统：理性主义传统与情感主义传统。在理性主义看来，某个行为者及其行为的道德与否，依赖于发起这种行为的原初动机，如果行为的动机是

---

① John Dewey, *Reconstruction as Seen Twenty-five Years Later*, In the Middle Works of John Dewey (1899—1924), Vol. 12, Carbondale and Edwardsville: Southern Illinois University Press, 1982, p. 269.

② John Dewey, *Three Independent Factors in Morals*, In the Later Works of John Dewey (1925—1953), Vol. 5, Carbondale and Edwardsville: Southern Illinois University Press, 1984, p. 289.

③ [美] 杜威：《确定性的寻求》，傅统先译，上海人民出版社 2005 年版，第 4 页。

出于对先验道德法则的尊重，该行为就是道德的，否则就是不道德的。尽管理性主义者诉诸的原则"各不相同：或是神的意志，或是世俗统治者的意志，或是体现着高贵者意图的制度的维持，或是义务的理性意识"①，但是，他们对伦理学方法的讨论都秉承了一个共性，即重视理性的、必然的、普遍的因素，抛开感性的、偶然的、多变的因素。相反，情感主义则主张，人类的天然情感是道德生活与行为的始基，某个行为者及其行为的道德与否，取决于该行为是否源于人之自然情感。

这两个学派在理性与情感、自然满足与社会责任何者优先上形成了鲜明的对立。但是，二者在对伦理学的终极目标的论证上，却又都秉承"终极""至善"的单一原则。用杜威的话说，传统伦理学家都认为对善的寻求"必须到本身是善的目的中去寻找。于是有些人到自我实现中，有些人到神圣中，有些人到幸福中，有些人到最大可能的快乐总量中，去寻找这种善。然而这些学派也同意这一假设，即存在一个独一无二的、最终的、固定的善"②。这既导致了伦理学内部多种元素诸如个体的自然情感与社会的道义责任之间的冲突与对立，也致使对道德情境中多种元素并存的轻视。如果行为者仅仅诉诸理性，就会倾向于对社会权威的服从，如果仅仅诉诸自然情感，就会倾向于关注个体欲望的满足。显然，这两种倾向都脱离了道德的具体情境，使得道德实践的多样化成为一种抽象的空谈。

三 道德实证法

从道德何以可能的角度看，在西方伦理思想史上产生了两种主流的应对道德何以可能的方法，即模仿性方法与实验性方法。就模仿性方法而言，它假设有终极、至高、至善的道德知识范本，人们可以依靠对这些知识范本的模仿解决具体的道德问题。按照杜威的理解，这种方法包含着对某个教条的道德理论或单一道德原则的信奉，"它假设有终极的

---

① John Dewey, *Reconstruction in Philosophy*, In the Middle Works of John Dewey (1899—1924), Vol.12, Carbondale and Edwardsville: Southern Illinois University Press, 1982, p.172.

② John Dewey, *Reconstruction in Philosophy*, In the Middle Works of John Dewey (1899—1924), Vol.12, Carbondale and Edwardsville: Southern Illinois University Press, 1982, p.172.

和确定无疑的知识的存在，我们可以依靠这些知识来自动地解决每一个道德问题。"① 对于这种秉承传统权威的道德方法，即便我们去除它的极端特性（即通常伴随它的强行压制、审查以及束缚），它也是一种诉诸权威和先例的方法。它在不同的历史时期诉诸的权威各有差异：用超自然方式揭示人类精神的独特性、至高性、神授权的统治者意志、哲学解释的自然法、个人的良心、国家或宪法的命令、大众流俗的观念等等。这些不同的权威，其展现的普遍特征是为了论证权威的至善性、至高性，排除了探索、实验的重要价值。它们的思维逻辑是对于自然世界，秉承一种求真的思维、开放的心灵、有效的实证，对于道德世界，则秉承一种确定的思维、保守的心灵、固化的模式。

就实验性方法而言，它要求根据具体情境对现存的道德难题进行反思，它强调观察实验而不是对先验原则的固守。这就意味着它鼓励运用新方法进行自由探索、实践拓展等，它注重在不同的时间和地点尝试不同的方法措施，以便观察、比较它们的效果。这是一种探索的、民主的、实证的方法，它展现出一种积极的包容性，既蕴含着对实践者才智的认肯性评价，也包含着对实践环境的兼顾性考虑。道德实证法追求的是将科学中对事实的探索、检验引入道德领域，当然，采用实验、探究、验证的方法，并不意味着对传统权威和先例的彻底摒弃与反叛。人们需要运用先例，但是应该秉承实证性的方法，而非对其进行盲目的遵循或崇拜，应该将传统的道德权威与先前的道德观念视为分析当下道德情境的工具，结合各种实证性的影响因子与考察因素，提出新的理论假说，进一步指导现实的实践伦理难题。

杜威对伦理学方法与道德实践的阐述，引入了道德实证法。因为，在杜威看来，实证法在自然科学领域中已经发挥了重大作用，人们应该努力将这种方法引入伦理学领域，秉承一种道德科学化的倾向来处理实践伦理难题。依照杜威的理解，在自然科学领域，热和冷、湿和干、上和下、轻和重是自然所具有的、可转化的、相对的存在形式；在道德领域，善和恶、好和坏、目的和手段是人类所赋予的、可转化的、相对的

---

① ［美］杜威：《伦理学（杜威全集·晚期著作·第七卷）》，魏洪钟等译，华东师范大学出版社2015年版，第257页。

存在形式；看似二者不同，实则它们不可分离。因为道德领域的善/恶、好/坏的评价与验证不是先验的，而是源于事实，经验提取与实践验证的产物。杜威试图使哲学与技术、科学保持同步，希望把技术、实证、科学的方法融入于伦理学方法的改造中，这种鲜明的实证性倾向对伦理学理论与道德实践产生了深刻影响。

其一，基于自然需求与道德之善的满足来证实道德的有效性。在西方传统社会中，人类行为的道德性的判断标准常常依赖于两个主流理论即后果论与动机论。前者撇开行为者的动机、品格抑或道义之善的考量，基于人类自然需求的满足、诉诸行为所产生的直接后果来判定行为的道德性。后者撇开行为的后果、效用抑或自然需求的满足，基于道德之善、诉诸行为的动机来判定行为的道德性。这两种道德评价的方法在某些场合或情境下均具有其合理性。但是，它们忽视了通过科学、技术、实证的方法，来验证道德对自然需求与道德之善最佳实现的有效性。如果把道德简单地视为基于自然需求对最大多数人的最大幸福原则的推进，就会忽视最少数弱势个体或群体的利益。这样对少数弱势群体而言，该类行为就是不道德的，这样会带来道德评价的反伦理性、低效性。反之，如果把道德简单地视为基于道义之善对普遍抽象道德法则的服从，就会忽视特定情境下该原则的不适用性。于是，基于上述两种伦理方法论的局限性，杜威提出了基于经验、情境、探究、实践而展开的道德实证法。

道德实证法"蕴含着实验性，它意味着反思性道德要求对具体情境的观察，而不是对先验原则的固守"①，证明了道德行为的动机与后果是不可分离的。在世界万物中，人类社会与动物界、植物界最大的不同在于对行为的动机与后果的道德性评价。道德评价的功能是规约和调适，它既依赖于动机论，也依赖于后果论来审查过去、当下及未来道德事件的前因和后果，并发挥其规约和调适的功能，旨在改变当下、引导后续的实践探索。即使是道德理论，也是在道德实证的检验、改造、试验中被检验，而非像动机论者那样诉诸思辨的最高善，把先验的善加以界说，并排列成一个有等级的秩序而加以归类，将最后那个唯一的善、

---

① [美]杜威：《伦理学（杜威全集·晚期著作·第七卷）》，魏洪钟等译，华东师范大学出版社2015年版，第257页。

最高的善视为至善。不像后果论者那样，将具体的好所具有的特征进行累加叠算，却未提供一个分析具体情境的方法，只是树立一些计算的规则、规定一些应遵循的政策，并把这些政策当作是先前计算的固定结果，而不是在理智上试验的结果。那些非实证的、未经检验与实验的伦理学方法，都不利于人类道德的发展，反而是道德实证法为行为的动机与后果的合理评判提供了客观性。

其二，基于个体权利是否得到保障、社会义务是否被履行来验证道德的有效性。对于每一个社会成员而言，其功能实践的合德性"既是对他的界定，又是对他的统合。它使他成为一个独特的社会成员，同时又使他成为社会中的一员"①。道德的有效性需要验证个体的基本权利是否得到尊重和保障，也需要验证个体是否主动履行了相应的社会义务。如果说"道义与其所涉及的社会满足相对应，自由与其所涉及的自我满足相对应"②，那么，道义就是个体出于自由为其所生存的共同体或社会应尽的责任，其出发点和目标都是指向大众满意、社会满足。自由也就是基于社会责任的完成和履行而实现的个体自由，其出发点和目标都是指向自我满意、自我满足。自由与道义、个体权利与社会义务共同构成了道德判断的方法论基础。道德价值的最高实现就演变成个体权利与社会责任的共同实现。

道德实证法还可以基于个体快乐与普遍幸福的实现程度，来证实道德的有效性。依照杜威之见，功利主义伦理学方法所诉诸的最大多数人的最大幸福原则，实际上是每一个体的幸福总量的相加，其所指向的最大幸福原则包含着与"个体幸福概念所具有的一切抽象性、模糊性和不确定性"③。对功利主义道德方法论进行批判的学者还有摩尔，他指出

---

① John Dewey, *Outlines of a Critical Theory of Ethics*, In the Early Works of John Dewey (1882—1898), Vol. 3, Carbondale and Edwardsville: Southern Illinois University Press, 1969, p. 326.

② John Dewey, *Outlines of a Critical Theory of Ethics*, In the Early Works of John Dewey (1882—1898), Vol. 3, Carbondale and Edwardsville: Southern Illinois University Press, 1969, p. 327.

③ John Dewey, *Outlines of a Critical Theory of Ethics*, In the Early Works of John Dewey (1882—1898), Vol. 3, Carbondale and Edwardsville: Southern Illinois University Press. 1969, p. 280.

"从证实唯有快乐是善的这一原理来看，密尔关于偏好的判断同这一原理显然是矛盾的"①。由于快乐或幸福是人类实践活动完成的好而引发的心理或情感状态，这种状态仅仅是一种伴随物。那么，如果基于一种伴随物或伴随状态来判断道德与否，这种无根式的道德判断就会使实践判断的结果缺乏真实合理性。而且，采用快乐总量的道德计算法，把快乐对痛苦的最大余额相加，并将每一相关个体的快乐加起来，这个总量并不直接等同于普遍幸福总量。此外，抛弃人的具体经验、情境与实践，以抽离的方式来审视善的快乐，既无法说明人之所以为人，以及其实践得以展开的始动因，也无益于个体快乐与普遍幸福的实现，更无法证实道德的有效性。

其三，道德实证法有助于消解道德理论与道德实践的二元分离。道德理论的应用与道德实践的践行都不是为了某种外在的目的，而是为了人类自身的发展。但是，道德理论在何种意义推进了道德实践，道德实践又在何种程度上推进了人类幸福生活的实现及其自身的发展，这是需要验证的。由此，实证法不仅在自然科学领域，它也在道德科学领域发挥着重要的影响力。在道德领域，如果完全摒弃实证法，道德理论很容易演变为一种实体性的客观存在，无论是将其神化为上帝式的原始神，还是由此派生而来的主观神，依此来解释秩序、关系、共相，这种缺乏实证、探究、实验的方法难以解决人们所面临的实践伦理难题。人类实践历史发展也表明，关于秩序、关系与共相的道德理论是源于现实的生活与实践，那么将道德实证法引入生活与实践，有助于我们了解个体化、多样化、嬗变性的存在物，使我们对源于不同的空间性和时间性的事物有着可能的把握。

道德理论不应该被视为与具体情境、具体实证相脱离的美感静观式的存在物，道德实践者的努力不仅仅是对道德知识的占有，也应该彰显着对道德行为的践行。就像我们对自然现象的认知，不是仅仅为了理解这些现象，更多的是为了使这些现象与人类的存在与发展形成一种有秩序性的、可持续的发展与循环；我们对道德现象的认知也不仅仅是为了获得道德知识，更多的是为了在生活与实践中践行道德行为，以实现人

---

① ［英］摩尔：《伦理学原理》，长河译，商务印书馆1983年版，第78页。

类社会的可持续存在与发展。然而，即使作为一件现实事情的认识活动已经有了激烈的改变，把知识当作是直接占有"实在"的这个观念却仍然保留着。

人类社会的不断发展决定了道德的不断发展。如果道德理论不是为了便于应用，超脱于具体的事物，它们就会没有意义。在人类文明进程中，道德理论的应用就使得那些所谓的规律、原理具有了它们所有的重要意义。如果没有道德实证的检验，那么其意图与结果的有效性均会失去评价的客观性。如果没有道德实证，伦理学方法的真/假、善/恶以及有效性与否都是无所得知的。如果说未经思考的生活是不值得过的，未经检验的理论也是不可信的。一种缺乏实证的理论，就缺乏运用的可行性，没有应用也就没有所谓的效果、检验、可行与否。因此，伦理学方法不是道德知识的直接呈现，也不是道德原则的先验预设，那些拿来主义的方法不适用于具体多元的道德事件与道德情境，也不利于道德上的反省、探究、实验。当然，"采用实验的方法并不意味着没有权威和先例的位置。相反，……先例是一个有价值的工具，……要将它们用作分析当下情境的工具"①。

最后，道德实证法不再是传统的自然法与实证法的分离，而是二者的融合。自然法的信奉者认为，自然是制定法典与社会规范的基础。这种观点经过神学的诠释，在中世纪就被根植于宗教信条中，尔后自然法演变为一种高级的启示。实证法的推行者认为，经验实证是制定法典与社会契约的基础，实证包含着语言、习俗、惯例、法律、政治等一切为人类所制定的东西。这两种观点的争论集中于：人类的道德义务应遵循自然法还是实证法。按照杜威对此观点的看法，这两种观点是传统哲学把经验与自然、自然与实证、主观与客观进行截断、对立式处理的结果，这就致使前一种观点夸大了自然的神奇力量，导致自然中心主义。

道德实证法在传统哲学中的地位是很薄弱的，自然法则被置于重要位置，尤其是在中世纪对于古典伦理的解释中，实证法被视为完全从属于自然的法则。人们想要改变某些制度，想要用另一些制度去代替它

---

① [美] 杜威：《伦理学（杜威全集·晚期著作·第七卷）》，魏洪钟等译，华东师范大学出版社 2015 年版，第 258 页。

们，或者想要加上另一些有关世俗的制度是非常困难的。因为，先前的这些制度是和自然、神权联系着的，是和具有权威的、自然的和启示的法则联系着的。按照当时所秉承的道德理论而言，良好的制度是对自然法则之模仿的产物。这个方法所导致的历史事实是在中世纪的时候，个人灵魂的得救或受罚全部依赖于神祇。当时，有些学者受到新科学的影响，试图打破那种固化的传统，努力提出一种新的方法即实证法，来代替自然法对人类自身的约束，进而就产生了二者的分离与对立。

杜威看到了传统哲学中自然法与实证法之分离的局限，于是他提出现代哲学不能继续将自我、自然、社会、经验与实证相分离，而应该将原本融为一体的、影响道德实践与行为的所有因素进行整合，通过一种实证性的方法检验先前及当下道德观念的有效性，生成未来所需要的新型道德观。传统的自然法与实证法将自我从社会习俗中孤立开来，又把社会习俗从物理世界孤立开来，其结果是要么夸大了自然的力量，要么夸大了人为的力量。当自然的力量和人为的力量被认为是一种单独的、孤立的行动力量时，它们必然被演变为超自然的或超验的东西。于是，杜威以一种讽刺的口吻说："哲学的主观主义是一种疯狂，而哲学的实在主义是一种白痴。"① 现代科学的发展也证明，传统的自然法与实证法的分离，无法适应于工业化、实证性的实践探索。道德实证法要求现代科学技术的探索与研发，秉承一种客观的道德规范，避免实践的无限度扩张。

杜威对道德实证法的重视是源于他对人与物、事实世界与价值世界难以二分的理解。他认为，自然事实与人为价值原本就是有机体与环境交互共存的基础，每个人都是一种自然性的存在体，也是一种社会性的存在体，既是观察者、旁观者同时又是实践者、执行者。道德实证法既给人类行为标准提供一种客观参照，也赋予事物、生命以价值与意义。这样，既有助于避免道德理论的空洞与抽象，也有助于消解人类实践的无限度扩张。社会经验的发展也表明自然法与实证法的不可分离性。就像一台智能机器，当且仅当我们为其提供展现功能的平台时，它才是一种具有价值与意义的存在物。同样，当我们对某个实践者及其行为进行

---

① ［美］杜威：《经验与自然》，傅统先译，江苏教育出版社 2005 年版，第 145 页。

道德评价时，我们也需要一种实证的方法来验证其功能、价值与意义。因为，当我们说这个实践者是道德的人，那个实践者是不道德的人，这就是在使用一种对比、分析、归纳的实证性方法。反之，如果仅仅从"只要你愿意或你需要，你就可以给任何一个事物以意义"的角度来理解价值或伦理道德问题，就会带来道德评价的纯粹主观性或任意性。

概言之，在杜威这里，道德方法的有效性与合理性是在个体权利能否得到保障、社会责任能否获得实施中被验证的。在这种情境下，快乐论或义务论的道德方法都被整合于具体情境、具体实践中。因为，杜威看到了快乐或幸福作为实践活动完成的好所产生的伴随状态，其自身并不具有道德善恶与否的性质。譬如，我们不能因为一个人快乐，就将其评价为道德的人，也不能因为一个人痛苦，而将其评价为不道德的人。用亚里士多德的话来说，我们可以谴责一个人发怒的方式（如因怒气而伤害他人），但是不能谴责怒气本身。而且，快乐或幸福的感觉通常是因外物的刺激所引发的，这种被动的、随外物变化而改变的情感状态无法成为道德方法有效性与合德性的判断标准。此外，义务论的道德方法论也难以普遍化，其在现实情境中更难以得到有效证明，在具体的实践活动中，也难以付诸实施并得到合理有效验证。由此，杜威的伦理学方法"既不是在作为快乐的行为的后果中发现的，也不是在与后果相分离中被发现，……而是在其整体后果中发现的（对行为者和社会而言），那些后果帮助或阻碍其各自功能的实现"①，该方法论赋予道德实证以重要地位，有助于消解自然需求与道义之善、个体快乐与普通幸福、个体权利与社会义务之间的分离或对立。吴森先生将杜威的伦理学视为运用历史学和社会学的方法去研究和探讨习俗道德后所获得的道德理论②，这种道德实证法影响到现当代道德量表的广泛性运用。

---

① John Dewey, *Outlines of a Critical Theory of Ethics*, In the Early Works of John Dewey (1882—1898), Vol. 3, Carbondale and Edwardsville: Southern Illinois University Press, 1969, p. 293.

② 吴森：《比较哲学与文化（二）》，台北东大图书公司1984年版，第4页。需要说明的是，吴先生在此将（Customary Morality）译成礼俗道德，其主要的考虑是中国文化所特有的"礼"的习俗。而我认为此处译为习俗道德更为合适，因为礼俗的范畴没有习俗的范畴内涵广延。

四 道德探究法

19世纪中后叶,随着工业化和城市化进程的加速,美国社会出现了一系列问题,譬如,价值观念的分化,个体行为规则的无序,财富分配的不均,等等,它们随时会给美国社会秩序的整体稳定带来威胁。面对传统伦理学方法难以应对现实问题,杜威提倡采用道德探究法来处理伦理难题。就像传统哲学家对经验进行分离式肢解,没有进行综合性的重建一样,在他看来,以往的道德哲学家更多的集中于对道德认识进行分离式的争论,没有采用整合性的道德探究法。随着人类实践探索领域的不断拓展和深化,人类更加需要的是一种能够应对当下及未来实践难题的整合性道德探究法。

首先,道德探究法将伦理学知识的获得视为一种"探究"过程,而非"旁观"的过程。这种"探究"既是科学家的科学研究模式,也是学校教育中的教学模式和学习模式,是主体与某种不确定情境相联系时产生的解决问题的行动。杜威对道德探究法的重视,源于他所主张的道德知识是解决那些疑虑问题的一种工具,以及他所宣称的"进行伦理学研究时,我们将采用比较和发生学的方法"[①],这种方法意味着道德原则不再是预先假定的,而是探究的产物。他从具体的道德事件、道德情境入手,分析不确定的道德变化因素、个体感觉到的道德困惑以及亟欲知晓的实际境况;考察其所内含的"事实要素""道德要素",找出主体的所欲与对象的可欲之间的相符或冲突之源,发现道德生活要素的动态性、多变性,探寻其更佳的生长性、发展性。

杜威强调道德探究法的另一原因是他看到了"遗传、环境以及个人选择和习性"[②]对个体性格、品质及道德养成所发挥的重要作用。于是,他将生物学、心理学、社会学、伦理学等相融合来进行道德探究。基于生活本身是一个充满冲突、疑虑、不确定的情境,他指出个体处于

---

① [美]杜威:《伦理学(杜威全集·晚期著作·第七卷)》,魏洪钟等译,华东师范大学出版社2015年版,第9页。

② [美]杜威:《伦理学(杜威全集·晚期著作·第七卷)》,魏洪钟等译,华东师范大学出版社2015年版,第10页。

这类情境，自然有待祛除不安、疑虑、冲突，以使该情境趋向于确定与和谐。根据对困难情境的探究，个体亟欲厘清与该困难问题相关的各项事务，以此确立可资解释的假设。根据此一假设，再拟订可能的解决途径、方法或步骤，最后试验这些方法或步骤之可行性及其预期的结果。在这个过程中，道德知识可能是运思探究的逻辑前提，也可能贯穿于或生成于运思探究的整个过程，并不是说在获得知识之后，探究就完全终止了。道德探究法使得知识的工具效能表现于它对各类实践事务的有效处理，知识这一范畴之下的观念、规则、规范等，不再被视为一成不变解决问题的固定方式。

其次，道德探究法改变了传统道德哲学的二元分离，证明了一种能被广泛接受的伦理学理论，需要借助于探究以分析具体道德事件，借助于实验行动来证实道德理论的具体适用性。即使是传统的道德理论所主张的基于闲暇而生的哲思也需要接受实践的检验，因为传统哲学的静观与制作的变动工艺是不可分离的。旧时代对人类行为的道德文化约束是固化的，人们行为实践的范围也被习俗和既存观念所束缚，未来就需要转变对道德的理解，通过道德探究以催生道德的活力。人所生存的经验世界充满着不安定、不可预料、无法控制的危险之物，由此，实践的道德性探究，其"探索过程是主体和环境相互作用的过程，它既是认识过程，又是实践过程。探索不仅使主客心物等统一起来，也使认识与实践统一起来"①。道德探究包含对社会实践和社会习俗的改造。

道德探究法把具有创造性的思想引入到具体事件中，使普通公民在价值观念上获得解放，实现独立选择的自由。若将此观念运用于科学活动中，当人们在探究中采用了精密的技术用具时，当透镜、垂摆、磁针、杠杆被利用来作为认知事物的工具时，当人们把它们的功能当作是解释物理现象时所应遵循的典范时，科学不再是对高贵的、理想的对象的欣赏或静观，而变为在智慧管理之下的有时间、有历史的事件。道德探究有助于走出传统的终结观念，终结在后果中不再受物理的偶然事件和社会的传统习俗所决定。无论任何东西，只要能够找出达到它的手段，就是为人们所逃避或所追求的终结。从固定的终结（目的）的体

---

① 刘放桐：《杜威哲学的现代意义》，《复旦学报》（社会科学版）2005年第9期。

系中解放出来才使得现代科学成为可能。所以，杜威认为科学家也是实践者，科学探究也是实践的一种样式，科学家们就是在"不停地做出实践判断：决定要做些什么以及采取什么手段来做"①。

最后，道德探究赋予"意见"以重要价值，消解了知识与意见的对立。就像知识的可行性需要在实践中进行效验一样，道德知识的合理性也需要在道德事件中进行验证。在杜威看来，"意见乃是新历史的源泉，获得新结论的操作活动的开端。它的价值既不在它本身，也不在它能为我们所运用的一个特殊的对象领域，而是在于它所推动的这个探究的方向"②。如果说意见构成了思维与行动的出发点，那么，它也是知识生成的源泉。这种对意见的重新诠释，颠覆了传统的哲学观，宣布了现代科学方法的诞生。这种理念不仅适用于科学领域，也适用于人文道德交往领域。按照古典哲学的理解，意见乃是有关于内在偶然和变异的东西，具有可能性和偶然性；反之，知识则是有关于内在必然和永存不变的东西的。然而，按照杜威的理解，意见作为是一种冒险的事情，作为"在我看来，似乎大致如此"，乃是从事于新视察、新探究的一个机会，从事于道德探究的一个刺激，这是推动道德探究不可或缺的工具。

综上所述，杜威基于道德演化论、道德情境论、道德实证法与道德探究法，提出伦理学研究应该兼容并蓄道德理论中多重不同的道德要素，兼顾道德事件与道德情境中"事实要素"与"道德要素"的相互转化与内在关联，兼容人之特有的功能实践所追求的目的善与手段善，兼备不同的伦理学理论间相互有效的成分，以此为基础形成一种整合性的伦理学理论研究方法。杜威提出对既往伦理学方法进行改造，推崇以实验的、科学的方法，而非先验的、思辨的方法来研究道德观念的可行性，旨在使伦理学的研究适应于经验科学、心理学乃至人之特有的功能实践的发展。

值得注意的是基于对人类生活世界的观察，杜威提出传统道德哲学

---

① John Dewey, *Judgments of Practice: Evaluation*, In the Later Works of John Dewey (1925—1953), Vol. 12, Carbondale and Edwardsville: Southern Illinois University Press, 1986, p. 164.

② [美] 杜威：《经验与自然》，傅统先译，江苏教育出版社2005年版，第101页。

对理想化的美德论的追求、抽象化的义务论的寻求、具象化的功利论的探求都是诉诸单一元素，难以应对工业革命以来实践领域的拓展与深化带来的伦理难题。于是，杜威在对传统的美德论、义务论、功利论及情感论进行批判性改造的基础上，构建了一种整合性的基于功能实践的实用主义伦理学，其价值是看到了每个单一理论所诉诸的单一元素的有限性，在此基础上整合多种实践原则，以找到应对现实困境的道德实践法。然而，这种整合的方法也有其自身的局限性，它企图包罗万象，但在具体实践活动中，一切都演变为相对性的存在，会使其理论本身成为一种无根的存在。在实践选择中，也会使行为者不知所措，难以抉择。

第五章

功能实践作为道德生成的可能路径

功能实践为道德生成提供了可能路径：其一，有助于提升道德选择力、道德创造力、道德判断力，提高人类自身的反思批判力，摆脱外物及自己附加于自己的束缚，促进人类自身的解放，走向德性精神的再启蒙。其二，将伦理学方法与功能实践紧密关联，把握精练的方法及由此产生的人工物之渊源，探究它们所由产生以及它们所必须满足的需要和问题，从而提升道德意识、道德想象和道德慎思。其三，通过对功能实践与道德生长之关系的阐释，以及对自我、他者、科学和艺术的兴趣的分析，指出作为这些兴趣的基本原则即对自我的节制、对他者的同情、对科学和艺术秉承求真求美意识，成为道德得以生成的可能路径。

第一节 基于功能实践的德性精神启蒙

在杜威伦理学理论中，一个人具备关于"善"与"德性"的知识不等于此人具有德性精神。因为，德性精神通常是实践者的道德观念在道德行为中的充分彰显。杜威提出对哲学、道德观念进行改造，旨在赋予人们以道德选择力，使其摆脱传统道德权威的束缚，理性地审视先辈们所奉行的道德规范。道德选择力通常诞生于冲突与分歧之间，这些冲突常常表现在既定统治阶级与新兴阶级之间、旧的道德观念与新的道德思维之间。道德选择力指向对传统个人道德观的超越、对传统公共道德规范的革新。道德选择既着眼于当下的道德自我，又展望于未来的道德自我，既是对旧有道德意识的革新，又是塑造新兴道德力量的重要元素。

一 道德选择力

社会的工业化与科学化发展，要求人们改变传统的生活方式与思维模式。尤其是伴随着新个人主义的兴起，道德选择力得以孕育并被赋予重要地位。在现代道德哲学语境中，个体心灵及实践行为活动均被视为运动的、变化的、有待选择与创造的。当经验把变化运动所孕育的选择性与创造性，以相对普遍的形式展现出来时，个体化的心灵也产生了相对的客观性。当个体发挥道德选择力对传统之物做出改变时，个体的道德选择与社会道德规范又成为不可分离式的存在。个体不再是完全的、完善的、已完成的、为一个完整形式的烙印所结合起来的各个部分所组成的僵化个体。道德选择力在促进个体成为个性化存在的同时，也使其成为一种运动着、变化着、有待选择且需重塑的道德自我。

首先，道德选择力是新个人主义崛起在个体实践者身上的显现。新个人主义不是突然出现于现代语境的偶性术语，而是对既存秩序进行重建的新型责任承担者。新个人主义并不是要对传统的道德规范进行全盘否定，它"实际上就是反省地发现了具体的自我，及其动作，思考和向往的方式，以及在经验中所起的作用"[1]。从常识道德角度看，道德选择力表现在反省基础上的超越，既是对传统个人道德观的超越、也是对传统道德规范的革新。所有的道德或非道德都是个体选择的产物，"每一个这样的选择都和自我有双重的联系。它揭示现在的自我，形成未来的自我"[2]，同时，它们也是社会道德规范塑造的产物。如果说其是个体性的，原因在于，它的开始和执行是由个体行为者基于欲望、选择和倾向所生成，如果说其是社会性的，则在于其生成依赖于相关情境、质料和连带因素。

新个人主义造就新的道德自我，彰显着多元化的道德选择力之可能。对于个人主义的不同理解，造就了不同程度的道德观念与道德自我。在那些保持古典传统的人们看来，个人主义是无纪律、破传统的一

---

[1] [美] 杜威：《经验与自然》，傅统先译，江苏教育出版社2005年版，第14页。

[2] [美] 杜威：《伦理学（杜威全集·晚期著作·第七卷）》，魏洪钟等译，华东师范大学出版社2015年版，第225页。

种反抗，是一种自我的、自发的唯我中心主义，没有追求道德自我的考虑，也没有显现出道德选择的可能。然而，在以杜威为代表的现代派看来，新个人主义是要打破一切枷锁和限制，是对选择、创造、革新的一种渴望，是对自我解放的勇敢呐喊，是自由意志的独立成熟，是对每一个人其自身就是目的的极力肯定。它是把过去表示种类、种族、共相的那些具有颂扬意义的宾辞（predicates）转变成一个个有意识的可选择性生成的单位。这种类型的个人不只是一个特殊的生命存在物，一个脱离了整体便会失去意义的部分，而是一个主体、自我，他具有明显的欲望中心、思维中心和灵感中心。它不能接受那种把主观心灵视为对传统之离叛的观点，也不能接受那种将其视为独立创造之源的观点。从实践经验上讲，它是对于一个既存的秩序进行新的选择与重建的承担者。在杜威语境中，基于新个人主义而选择并成就的自我是道德的自我，而不是无所选择、无他考虑的自我。

新个人主义对个体的心灵与具有心灵的个体的融合性诠释，为道德选择力的提升奠定了基础。传统的个人主义对自我和对象、心灵与物质的区分是极端化的。杜威所倡导的新个人主义尽管也对此做出区分，但是并没有将其完全分离，这近似于他对个体的心灵（individual mind）与具有心灵的个体（individuals with minds）之间的区分。前者涉及信仰、认识、思想和精神状态，它可以被视为关涉接受和拒绝、期望和赞许，这些是在传统习俗影响下建立起来的意义体系。后者涉及何种个体类型的关注，此个体是一个有机体与精神的整体集合。尽管一个具有心灵的有机自我或心理自我跟作为个体的心灵（mind as individual）之间是有区别的，但是，一个健全的、具有道德选择力的个体存在者，并不是一个向壁虚构的幻想，个人的心灵需要有存在的寓所，具有心灵的个体需要保有心灵这种独特的存在样式。

其次，道德选择力通常诞生于冲突与分歧之间，这些冲突常常表现在既定统治阶级与新兴阶级之间、旧的和新的组织形式和模式之间，个人自主努力带来的结果和公共机构有组织的行为带来的后果之间[①]。在

---

① ［美］杜威：《伦理学（杜威全集·晚期著作·第七卷）》，魏洪钟等译，华东师范大学出版社2015年版，第226页。

历史语境下，还有阶级和大众之间的冲突；保守和自由（或极端）派之间的斗争，以及利用私人和公共机构力量、公共行为的扩大或限制之间的斗争。既定的统治集团为了维护自己的权力，往往会支持并推行既定的道德规范。人类的发展与社会的革新又难免会产生新的问题、新的观念。于是，在既定的、已确立的阶级与变化的、发展的群体之间就出现了对立，由此，那些被普遍接受的道德规范与正在形成的道德规范也开始出现冲突，尤其表现为大多数守旧的人与小部分对发展中的新事物感兴趣的人之间的冲突。在更为极端的意义上，某些既得利益者会把保留既往乃至当下社会的道德规范视为是社会的，把仍在形成中的新兴道德规范视为个体化的。譬如集体主义与个人主义之间的争论常常表现出个体努力与公共组织行为之间的对立。在这个过程中，当下的困扰与过去秩序的瓦解时常是联系在一起的。那些受益于新兴政权并希望推行它的人，或者那些希望看到合力而带来伟大变革的人，都是更具道德选择力的人。

道德选择致力于对传统或当下的道德观念进行重新排序、分析、对比，基于相关的利弊考察，选择一种适应于新兴事件或新兴组织的道德观念与行为方式。道德选择既着眼于当下的道德自我，又展望于未来的道德自我，这二者之间的区别，就像对眼前、可见事物的觉察与不在眼前、不可见事物的觉察一样，看似是彼此不相干，实则紧密相连。对于当前道德观念的觉解与未来道德理念的意识也是不可分离的，由此，道德选择既是对旧有道德意识的革新，又是对新兴道德力量塑造的前提。当然，如果能把先在的道德观念转化为后续的道德力量，将道德意识衡量中的事物与实际后果中的事物相一致，道德选择就实现了对道德事件的调整或协调。

最后，道德选择力表现出对旧的社会规范的摒弃，对新的规范力量的诉求[①]。在古典道德哲学语境中，对道德选择力的诉求没有充分凸显。因为，个人主义未得到充分彰显，个体活动的道德性被要求遵循固定的模型、样式抑或道德规范。就像艺术家和工匠仅仅遵循现成的模型

[①] ［美］杜威：《伦理学（杜威全集·晚期著作·第七卷）》，魏洪钟等译，华东师范大学出版社2015年版，第226页。

和样式，按照先前所确立的程序进行工作。道德与法律上的墨守成规也有意识地采用了在政治和道德中类似的实在论观念。这种根深蒂固的思维观念导致了新个人主义产生之初，在科学和工业中视为理所当然的创造精神，在信仰和道德领域却被视为无政府的状态、具有破坏作用。在传统道德哲学家看来，标准和模样就存在于事物的本性中，并且是被客观所赋予的。反之，创造、发明、个体独特性的彰显则被认为与传统、规范、型式相对立的。每一个独立的个体作为被造物只有遵循和服从权威才能走向善。

就像柏拉图在艺术中发现了固定模型的实例，这种模型由于它们是衡量特殊变易物的尺度，因而引导并管理着具体事物。同样，亚里士多德通过对工匠及其工作的分析，归纳出关于自然的几种基本属性，尤其是对质料因和目的因的解说，使他基于一种拟人化的自然观构建了其独特的形而上学。他从技艺的转化中发现了普遍规律，并将其与个人的领域相融合，以此来确立衡量万物的尺度。经验显示出个体化了的心灵从属于过去已经建立的、现成的和完备的对象、操作、模式。由此，虽然亚里士多德没有把心理的因素上升为宇宙的实在，却把积极的、社会制度方面的因素变成了某种实在。那么，在道德和政治领域，要么善理念统领着一切，要么理智德性引领着道德德性与技艺德性。对于永恒、普遍之物的追求，摒弃了对多样、流变之物的重视，道德选择力自然难有孕育和发展的空间。

总体而言，道德选择力的实现需要依赖于道德探索，道德探索的目的是使得人们有所预知、有所预测地进行选择，而不是盲目地去行为，以使人们的爱好和兴趣能在一种负责任的和有知识的方式之下，而不是无知地和宿命论地去表达它们自己对条件和后果的发现或揭示。道德选择力既包含对旧有道德观念的改造，也包含对未曾存在、但当下所需的道德观念的创建。当且仅当这些改造与创建被用作根据，以推论出相应的道德事件的最佳解决方案，并得到真实的验证时，它才能被视为一种有效的道德选择。这就像当年哥伦布发现新大陆，由选择带来的创造性变化不仅仅是人类意识观念的转变或脑洞大开，这种创造性还意味着人类公共活动空间、自然物理环境及其相应的人文历史地理意义感的转变。每一个真正的道德选择都带来创造的可能性，在自然的存在和人为的意义两方面都会引发颠覆性改变。在杜威生活的时代，科学技术日益革新，迫于生存的现实形势，作为个人的心灵被承认具有一种独特的选择力和创造力，它可以在工业、艺术、政治等领域重新创造新的事物或对象，也可以在道德、伦理、人文关怀等领域重新创造新的道德观念并引发相应的道德行为。人类的生命存在不再仅仅被视为物理性、自然性的，还被视为心理性、人文性的。一个新的、随时可以达到的而且能轻易享有的美感领域也受到道德选择力的影响。

二 道德行为力

道德行为力是道德评价的重要参考指标。由于传统伦理学理论过于偏重对道德知识与道德规范的普遍性的寻求，倾向于通过重复灌输与反复强化来约束人们的观念与行为，导致受教育者在很大程度上成为知识的容器，具备满脑子的仁义道德知识，在具体情境、关键时刻却未必能做出相应的道德行为。这种观念反映在和平年代，大多数人会随社会主流观念而随波逐流，但在动荡年代，就会因盲目服从某些权威而严重缺乏自主、自觉的道德意识。道德行为力的提出是要赋予人们以行为选择的自由，强化人们自主处理道德问题的能力。

在杜威语境中，道德行为力是基于他对行为的三个层次的划分而展开的。依杜威之见，"行为有三个层次：冲动（impulse）、习惯（habit）和反思行动（reflective action）。不同的行为取决于他们在多大程度上由一个人正在做什么的想法来指导"①。由冲动而引发的行为，主要是出于本能和基本需要而产生的行为，该行为不是出自有意识的道德意图，但含有理性和社会化的成分，其结果在某种程度上是道德的或与道德相关，它构成了原始道德的萌芽。由习惯而引发的行为是由社会标准规范（依据传统或公认的标准）而产生的行为，这种行为受习俗道德的决定性影响，它告诫行为者仅仅采取某种行动是不够的，还必须以某种方式采取行动，它不只是要通过行为获得某种结果，更为重视的是对行为进

---

① Anderson, Elizabeth, "Dewey's Moral Philosophy", The Stanford Encyclopedia of Philosophy (Fall 2018 Edition), Edward N. Zalta (ed.), URL = https://plato.stanford.edu/archives/fall2018/entries/dewey-moral/.

行规范或计划要秉承习俗道德的元素。由反思行动所引发的行为是由理性批判、慎思并得到检验的行为，它强调对行为的原则与动机进行考察，以促进反思道德的生成与发展。最佳的行为是经过反思、而非源于冲动与习惯的行为。杜威把人类行为的活动类型分为冲动型、习惯性和反思型，并对此进行了逐层递进式阐释，由此来讨论一种基于功能实践的德性精神启蒙应该是出于反思且走向实践的。

首先，由冲动而产生的行为具有可塑性，它是人类行为的最初模式。动物也会因冲动而行为，但是，动物不会按照人类社会的道德性来规导原初的冲动行为。基于对冲动型行为动机的解读，杜威找到了行为之恶的根源不在于欲望自身，而在于人们没有充分理解或厘清行为原初的动机之源，以至于对行为动机的解读出现了偏差，进而导致传统道德理论在应对现实伦理困境时出现失效现象。依杜威之见，"人类的生命开始时，冲动（impulses）是行为或活动的最原初的动机之源，它包括驱动力（drives）、嗜好（appetites）、本能（instincts）和反应（reflexes）"①。个人行为的发生并不都是源于欲望的匮乏或空缺，譬如当婴儿并非因饥饿而哭的时候，监护人会给其零食或拥抱以表安慰，这时婴儿的哭泣活动或注意力因受到转移而停止哭泣。此时，如果成年人恰恰以为婴儿哭泣就是因为饿了或想被拥抱，每次婴儿哭的时候就给予这种回应，婴儿原初的本能行为就会受到强化。婴儿的行为原本不是出于某种欲望，也没有目的性，由于成年人的不适当回应和强化，就会使婴儿将哭视为达到某种目的的一种手段，并且开启按照自己的欲望（也就是为了达到目的）发出行为活动。

在很大程度上，婴儿的社会性欲望是源于他人对其最初冲动行为的反应，或是由他人允许这种行为达到的结果所决定的。父母对孩子的哭闹不加区别地做出反应，结果导致孩子被宠坏，他们的欲望再次膨胀，而不考虑他人的感受和处境。反之，如果父母有选择地做出反应，就会影响孩子对手段（基于冲动的哭闹行为）的使用及其目的，因为这些

---

① Anderson, Elizabeth, "Dewey's Moral Philosophy", The Stanford Encyclopedia of Philosophy (Fall 2018 Edition), Edward N. Zalta (ed.), URL = https://plato.stanford.edu/archives/fall2018/entries/dewey-moral/.

手段和目的会受到他人的回应、抵制或要求的影响。显然，这些手段或目的是可塑的，就意味着行为活动的原初动机即冲动（而不是欲望）是可塑的、可引导的。基于欲望或本能的冲动行为需要一些发泄途径，但他们发泄的手段或目的取决于环境或对象，尤其是成年人对孩子的反应。由此可见，原初的欲望本身没有善/恶、好/坏之分，是不应该受到道德谴责的，而是后人对待欲望的方式及其回应出现了问题。

杜威对行为的原初动机的解读不同于传统哲学家的理解：其一，他认为，行为的原初动机是源于冲动，不是柏拉图以来所假想的欲望。其二，即使空缺或缺失会引起欲望进而促使行为的发生，一旦空缺得到修复，欲望就会得到满足，有机体就会恢复到一种静止状态。然而，这种状态不适合对人类行为的解读。因为人类即使不处于空缺状态，依然会不断发生行为活动或实践。其三，我们无法对本能自身进行道德评价，但基于冲动而产生的行为是可以被引导和塑造的。譬如，我们无法对儿童原始的驱动力或本能进行评价，却可以对由其引发的儿童原始冲动行为进行引导，以推动他们的活动朝向社会共同体所能接受和认可的方向。

杜威选择把冲动作为行为或活动的动机之源，旨在表明传统思想把欲望视为人类行为的动机之源存在的巨大隐患。自古希腊以来，以柏拉图为代表的哲学家以及近代的某些心理学家都把欲望视为人类行为的动机之源，进而提出用理智控制或引导欲望，由于欲望被曲解，所以在道德哲学领域存在着欲望和理性之争的问题，即道德基础的确立是奠基于理性还是情感。需要注意的是，杜威对欲望的理解与传统哲学家的观点存在巨大差异：其一，该"'欲望'（desire）一词更接近于我们的'意图'（intention）或'目的'（purpose）甚或是计划（plan）"[①]。在杜威看来，当我们对某人、某物或某事产生欲望时，就意味着我们具有采取某种行动的倾向，而不是简单意味我们具有某种意图的想法或状态。也就是说，欲望不止是一种静止的状态，它不仅是行动的推动者，且自身就一直参与在行动中。其二，该"欲望指的是一种反思性的、有意识的

[①] John Dewey, *Theory of Valuation*, In the Later Works of John Dewey (1925—1953), Vol. 13, Carbondale and Edwardsville: Southern Illinois University Press, 1988, p. 238.

价值表达（valuing），不仅是一种'情感的（affective）—动机'态度，而且还是一种'情感的—观念的（ideational）—运动活动'，一种价值表达与评价的融合"①。欲望（我们对某个对象的意愿）并不是脱离他者而孤立存在的。对那些满足我们欲望的结果，我们也应保有反思的态度。因为对这些结果的评价会有助于调整我们的欲望，以使得欲望与结果可以彼此协调。杜威称这种系统协调的欲望为兴趣（interests）②。

在杜威这里，欲望不仅是一种自然情感的表达，还是一种认知观念的表现。当行为者将认知观念转化为现实行为时，他自然会体验到由认知观念带来的价值评价所致使的行动后果。通过进一步的评估，对这些后果的反思被纳入到更明智的评价中，对结果保持一种批判性思维的观念和态度是道德行为力生成的前提，这是一种主动行为的彰显，一种"理性的喜欢"③、"有理由的喜欢"④。它类似于亚里士多德对技师和新技工的区别性阐释，新技工和技师可能都对某个对象有兴趣，但后者的兴趣（或喜爱）是基于一种反思的观念，并且对该对象的特征有着清晰的认识和把握，加之对这类对象的评价具有足够的经验，因此有理由相信这些特性值得喜爱。也就是说，技师有足够的经验使其有理由相信其所喜爱的事物在具有自然特性基础上，还具有社会性评价与发展因素。技师对技术的理解不仅是基于一种手段，还基于一种目的。就像亚里士多德所言的，真正的棋手不仅仅要赢得比赛，更重要的是把下棋活动发展完善。同样，道德行为力的目的不仅仅把行为作为工具或手段，而是将其视为活动的过程和目的。因为行为自身始终是人之特有的功能实践所显现的重要组成部分。

---

① John Dewey, *Theory of Valuation*, In the Later Works of John Dewey (1925—1953), Vol. 13, Carbondale and Edwardsville: Southern Illinois University Press, 1988, p. 238.
② John Dewey, *Theory of Valuation*, In the Later Works of John Dewey (1925—1953), Vol. 13, Carbondale and Edwardsville: Southern Illinois University Press, 1988, p. 207.
③ John Dewey, *Valuation and Experimental Knowledge*, In the Middle Works of John Dewey (1899—1924), Vol. 13, Carbondale and Edwardsville: Southern Illinois University Press, 1983, p. 15.
④ John Dewey, *Value, Objective Reference, and Criticism*, In the Later Works of John Dewey (1925—1953), Vol. 2, Carbondale and Edwardsville: Southern Illinois University Press, 1984, p. 95.

其次，习惯可以促进道德行为力的生成，但当其面临新情境的时候，又会存在失效的可能。在人类生命的早期阶段，尤其是婴幼儿及儿童需要接受教育、养成日常习俗与传统文化所要求的行为习惯，他们被告知要接受教育以及保持对传统文化的承继。这样，原本并非自然存在，而是人为生成的习惯，就被赋予相当重要的地位。这会使原本没有被意识到的习俗被意识到，并使得对习俗的意识成为敏锐的和富有情感的。这时，习俗不仅外显为一种行动方式，还是对外部世界所发现的东西所做的一种外部的模仿和重现。在某些特殊阶段，对于某些特定的人，习惯或习俗成为个体情绪、观念、信仰、意见、思想乃至生命活动的主宰，杜威甚至还指出，"当礼节和神话乃是自发地重演实际需要和行为所具有的影响和发展进程时，它们也必然似乎具有实用的力量"①。

然而，当习惯以及风俗文化内化为行为者内在的道德观念时，不断发展和进化的人类又会面临新的实践和行为难题，于是就需要根据人特定的功能实践对习惯进行重新审视。义务论、后果论和美德论在社会发展的不同阶段，均对其时代的道德观念和道德规范产生了重要影响，对人类行为起到了重要的指导作用。当这些道德规范被传递给每一代孩子时，这些规范会慢慢内化为习惯。虽然每个人都可能有一种特殊的习惯，但最重要的习惯是风俗，即通过社交活动传给孩子们的、群体共有的习惯。这种"习惯是对特定的活动形式或对环境的反应模式的社会性倾向。通过加强特殊手段的使用，规定特殊情况下的特定行为，他们把冲动导向特定的方向，以达到特定的结果"②。每个社会都需要设计各种手段，以满足人类对食物、住所、衣服和所属关系的基本需要，处理群体内部和外部的人际冲突，处理出生、成年和死亡等重大事件。在社会化的个体中，满足需求的习惯方式决定了冲动的方向。譬如，孩子最初受冲动的驱使想吃某个食物，但父母会告诉他在何种场合才更适合吃何种食物（如庆祝生日或专供祭祀的食物是不同的），这时，食物就变

---

① ［美］杜威：《经验与自然》，傅统先译，江苏教育出版社2005年版，第81页。
② Anderson, Elizabeth, "Dewey's Moral Philosophy", The Stanford Encyclopedia of Philosophy (Fall 2018 Edition), Edward N. Zalta (ed.), URL = https://plato.stanford.edu/archives/fall2018/entries/dewey-moral/.

得具有了社会意义。孩子的食欲在某些特定的场合下就变成了对某些食物的品味。而且，对于某些被认为是禁忌或会对生物链产生恶劣影响的食物，她/他可能还会产生厌恶或恐惧心理。

于是，在人类成长的初期，习惯体现了某种有社会意义的目的或观念，但它们仍是行为者有意识实施的。然而，一旦人们学会了如何通过习惯或技能实现某种目的，他们就不再思考习惯的话题。这样，一方面，习惯使人们的活动变得顺畅，能够帮助人们在稳定的环境中产生可靠的结果。于是，人们的习惯就慢慢地塑造了他们的品格。另一方面，对于已经习惯了的事情，我们不再有意识给予慎思。因为当做某事已经成为习惯时，意识就会从习惯中慢慢退却，有意识做某事就会转变为无意识、仅仅出于习惯做某事。然而，当环境发生变化时，已经固化的行为习惯就会遭遇意想不到的境况。这时，就需要根据人特有的功能实践与环境的相互作用，反思旧习惯，探究新习惯，改造传统固化的道德观念，寻找新的道德观念，以再次指导人们的实践与行为，这时，道德行为力在此过程中就会发挥重要的作用。

最后，反思行动是自觉、主动、自愿之道德行为力形成的重要条件。如前所述，习惯一旦形成，就容易被固化，当新情境、新问题出现时，习惯就会被打破，失去其有效性。人们通常会对习惯形成情感上的依赖，并且流行的意识形态或道德规范会把常识道德或习俗视为权威。所以，习惯的改变就变得更加困难。于是，杜威把改变的希望寄托于对青年的反思行动的培养与教育。因为，孩子们的冲动还没有转化为僵化的习惯，如果他们接受了独立思考、批判性探究、实验和想象的习惯，包括对他人的同情，他们就能更好地把握改变的机会。这样的教育可以让习惯本身变得更具智慧性、更灵活且更容易适应于变化。环境的改变会使习惯失效，产生令人意想不到的后果。尤其是当不同习俗的群体成员进行社会互动时，会因交往不畅而产生实际冲突。当习惯或冲动的正常运行受到阻止时，人们就需要反思新情境带来的新问题，这时，人作为行为主体就会再次发动其特有的功能实践，对当下面临的道德困境进行反思，以探寻更佳的道德行为。

由于杜威生活的时代，科学的发展与社会的变革对人们的道德行为力产生很大的冲击，"科学的思考方法上的改变对于道德观念的冲击，大致是明显的。善和目的加多了。规则驰而为原则，原则又变而为理解的方法"①。在道德规则转变为道德原则，然后又演变为理解方法的过程中，鉴于传统的道德观念无法指导新兴的实践难题，从对传统道德理论的关注走向对道德行为力的探究成为杜威伦理学的重要选择。管窥行为的发展史，也可以发现，培养道德行为力所需的方法在某种程度上需要借助于心理学和社会学方法的综合运用，而不仅仅是责任心或意志力。这促使杜威在批判传统道德观念的基础上，更为关注道德行为的生成之源。

概言之，道德行为力是道德判断力与道德选择力的外显形式。如果实践者没有行为选择的自由，只是循规蹈矩地践行社会权威的伦理要求，就会失去自觉行为的意识与能力。传统伦理学理论对道德法则的诉诸，并不能为缓解自闭症等现象提供一种经验上的方法，就像"患有高功能自闭症的人那样，其大脑抑制正常的移情。为了帮助感知，她借助习得的……形式化的社会规则、行为代码以及他人的影响予以补充。这样一来，如果'德性可以还原于遵从规则和代码的话'，那么高功能自闭症就会成为道德的理想了"②，这显然是对自觉从善的道德行为者的讽刺。事实上，在道德行为的阐释上，杜威吸收了亚里士多德的"中庸"思想，基于适当性讨论实践者的品格及其实践结果的有效性、道德性，二者不同的是杜威依赖于具体生活与实践、具体的道德情境来讨论道德行为，亚里士多德则认为道德行为离不开明智的实践及理智之光的指引。在对行为发生之始因的诠释上，杜威继承并发展了亚里士多德的思想。在亚里士多德那里，实践活动的始因是源于③：我们的欲望和情感以及我们在正常情况下能够经历的实践理智的发展。在杜威这里，他对欲望与冲动进行了划分，指出冲动而非欲望才是行为的原初始因。在对欲望与情感的引导上，他使用了习惯来描述行为的第二始因，在对实

---

① ［美］杜威：《哲学的改造》，许崇清译，商务印书馆1958年版，第86页。
② Steven Fesmire, *John Dewey and Moral Imagination*, Bloomington, Indiana University Press, 2003, p.72.
③ 此部分内容主要参看（1）［古希腊］亚里士多德：《尼各马可伦理学》，廖申白译注，商务印书馆2003年版，第4页。（2）廖申白：《尼各马可伦理学导读》，四川教育出版社2005年版。

践理智的发展上，他使用了反思行动来描述行为的第三始因。

三 道德判断力

道德判断力的提升，有助于人们辨别行为者及其行为的好坏、善恶，使复杂的实践活动保持统一性、可持续性，并为新兴实践活动提供价值判断。它所涉及的对象既包括人们欣赏、相信的对象，也包括人们排斥、不相信的对象。对于可相信的对象，人们总是选择欣赏、接受、采纳。对于不相信的对象，人们总是选择质疑、反对、拒绝。道德判断是道德认识的反射物或折射体，它旨在促进"个人判断力的解放和启蒙"，而不是盲目接受"现成的规章制度"或"固化的道德准则"。道德判断的有效性需要结合认识价值的原因和后果去鉴定。在此过程中，实践智慧起着重要的作用。人们通过实践智慧，获得事物间关系的知识，帮助他们判断其所获得的价值。杜威对道德判断力的诠释主要表现在以下几个方面。

其一，道德判断的直接目的是使正常的活动保持统一性，并为新兴实践活动提供价值参照。在实用主义者那里，所有的判断都隐含着一种价值判断[1]。当正常的活动过程被有问题的情况打断时[2]，道德判断的基本功能就是恢复正常活动的统一性。譬如，在市场经济的运行过程中，公平竞争、诚信为本是贸易双方的基本合作原则。然而，当一方出售假冒伪劣商品，赚取灰色利润，这种"得其不应得"的行为就是破坏贸易合作规则的行为。当正常的贸易活动被这种有问题的售假行为破坏或中断，道德判断的直接目的就是提醒人们以道德的方式开展贸易活动，实现合作双方的共赢。

道德判断还有更深层的功能，即为发现新价值提供新依据。道德判断的对象并非是超越经验的形上之物，而是生活中的具体道德事件。因此，即使是所谓的明智地做出的道德判断依然是暂时性和假设性的，如

---

[1] West C., *The Historic Emergence of American Pragmatism*, In: the American Evasion of Philosophy, Language, Discourse, Society, Palgrave Macmillan, London, 1989.

[2] John Dewey, *Theory of Valuation*, In the Later Works of John Dewey (1925—1953), Vol. 13, Carbondale and Edwardsville: Southern Illinois University Press, 1988, p. 221.

果其所采取的判断标准是混乱的,人之特有的功能实践就无法得到正常的践行和展开,相应的道德判断就需要被修正。在此意义上,道德判断又被视为实践判断,其重要功能是为新实践、新事件提供新价值、新依据。如果说"价值判断是发现如何过上更好生活的工具,就像科学假设是发现世界新信息的工具一样"①,那么,道德判断更长远的目的或者说更深层的功能就是通过对当下所决定的各种行动进行判断,并将其作为发现新价值的依据或手段,在促进人之特有的功能实践的最佳发挥时,找出如何过上更好的善生活的工具。真正有效的道德判断"运用了一种并加强对生活本身之控制的方法,运用了减少偶然事故,化偶然为有用之物,解放思维和其他活动形式的方法"②。

其二,道德判断采用的是经验法而非理性演绎。由于道德判断涉及实践者及其实践的动机、过程、对象与结果等各种因素。那么,传统理性演绎式的道德理论因过于强调单一原则,而无法适应于人特有功能实践的需求。由此,杜威在其晚期著作中撰写了《道德的三个独立要素》一文,提出道德判断应采用经验法、融合道德中三种不同的要素(善、义务、效用),以促进人特有功能实践的发展。在道德判断中,"经验法的采用并不保证一切与任何特殊结论有关的事物都会实际上被发觉出来,或者在发现时它们会被正确地揭示和传达出来。但经验法却指出了某一个曾被明确地描述出来的事物曾经在什么时候和什么地方以及怎样被达到的"③。采用经验法进行道德判断,不是凭借外在权威或既定规范来评价他者,而是追求对道德行为力和道德选择力的整合性考虑。它将考察道德选择的动机、时间、地点及其结果,以为其他人的道德判断提供参鉴,当其他人参照这种道德判断而展开新的道德行为时,这种道德判断的经验价值就会受到检验。

道德判断力的提升,需要依赖于对各种不同道德原则或道德要素进行选择性取舍,避免道德理论假设的简单化倾向以及实践难题的复杂

---

① John Dewey, *Valuation and Experimental Knowledge*, in Middle Works, vol. 13 (1922), pp20–25. *Value, Objective Reference, and Criticism*, in Later Works, vol. 2 (1925), p. 88.
② [美] 杜威:《经验与自然》,傅统先译,江苏教育出版社2005年版,第72页。
③ [美] 杜威:《经验与自然》,傅统先译,江苏教育出版社2005年版,第21页。

性。无论是科学的判断,还是道德的判断,其意义不在于消除选择,而是减少武断的、片面的选择与判断,并使其更有意义和价值。对于善/恶的道德判断和对真/假的事实判断一样,都是要帮助别人看见和发现在这以前所未曾发现和认识的东西。传统道德哲学由于未把他们的反省结果与日常原始经验的事务联系起来,结果导致了主体与客体、自然与经验、事实与价值的分离,被经验的自然存在物与它是怎样被经验到的这一过程、结果分割开,进而影响到对道德事件的全面性、系统性以及整体性的判断。

其三,道德判断秉承科学性、反思性与连续性原则。道德判断的科学性考虑科学所发现和描绘出来的自然存在的题材,价值得以产生的自然概率和人为的实际效率的相关性。对道德判断的反思性与连续性给予重视,原因在于人类世界与自然世界一样,都兼有相对确定与变化不定两种特性,因此道德判断像人类的实践探索一样,"要抱有有理智的实验态度,就要意识到自然条件的这种交互相差的情况,因而从中取得利益,而不是对它唯命是从"①。杜威从科学判断与道德判断相融合的角度,指出"任何命题之所以成为科学的命题,就是由于它有一种力量,使得事情具有融贯的和实证的意义,借以在跟任何存在事态联系中,产生理解、领悟、理智上的熟练"②。道德命题可以成为科学命题,在于它可以产生一种力量,即借助于道德判断的科学性,以产生道德选择力与道德行为力,推动人与环境可持续发展的需求。

道德判断需要依赖某些道德原则,但是,关于道德原则的理论一定是反思性的,它源于现实生活也要接受生活与实践的检验。前面我们已经讨论到由于杜威的道德认识论被置于经验、情境、实践生长的层面,走出了对道德认识的先验假设和绝对普遍性的预设。因此,其相对主义的道德认识论反映在道德判断中,也就使其道德判断秉承一种相对性。如何在相对性之中保持判断的合理性,反省就成为道德判断的一种重要工具,"反省是获得更自由的和更持久的好的工具,反省本身就是一种独特的、内在的好。它的工具效能决定了它成为一个直接的好。这个地

---

① [美]杜威:《经验与自然》,傅统先译,江苏教育出版社2005年版,第72页。
② [美]杜威:《经验与自然》,傅统先译,江苏教育出版社2005年版,第163页。

位显著的候选人,因为超过其他的好,还具有再度补充和丰产果实的能力。在反省中,表现出来的好和真实的好在很大的程度上是吻合一致的"①。

最后,道德判断力的提升,有助于对事实与价值的关系做出新的理解。在传统道德哲学中,以休谟为代表的伦理学家基于事实与价值的二分,提出了道德命题不同于事实命题、道德认识不同于科学认识,因此道德判断不同于事实判断。在休谟看来,事实命题是对客体的描述,是以对象本身的性质和状况为标准,从真或假的角度进行判断。道德命题不是陈述事实,而是一种有关善/恶价值的判断。由于"道德上的善恶不是事物本身固有的性质,而是判断主体通过情感表达赋予对象的,结果必然是:道德命题的联系词不可能是'是'或'不是'"②,而是"应该"或"不应该"。而且,有关事实的认识以客观事物本身的属性为依据,又因对客观事物本身及其属性的认识依赖于理性,所以,事实判断需要凭理性而进行,而道德判断并非如此。

然而,在杜威看来,虽然道德判断具有特殊性,但是道德命题的联系词"应该"与"不应该"与事实命题中的"是"与"不是"不可分离。一方面,关于道德命题中的"应该"或"不应该"的判断,离不开客观事实所显示出的性质与状态。另一方面,道德认识离不开对业已存在的事物进行考察,而且要根据考察的情况及结果来给予善/恶、美/丑的判断,在此过程中掺杂着各种经验性的、人为性、情感性、心理性的因素,这些因素的存在本身就是主体与客体、事实与价值、自然与经验相互融合的产物。由此,对于根据主体情感的需要和利益的满足程度来判断行为者及其行为的善恶这种观点,杜威则是持改造性的态度,他认为这种道德判断将原则单一化,其处理方式是有偏狭性的。道德判断所依赖的原则应该是多元的、整合性的,并且,对于行为者及其行为的善恶价值判断仍然离不开对事实的考察。

概言之,在道德判断力方面,杜威不限于使用"一种建立在发展和

---

① [美]杜威:《经验与自然》,傅统先译,江苏教育出版社2005年版,第250—277页。

② 王淑芹:《近代情感主义伦理学的道德追寻》,《中国人民大学学报》2004年第4期。

社会心理学基础上的自然主义元伦理学的价值判断"①，他更倾向于用一种整合性的、多元性的、相对性的价值判断方法，代替传统单一的、绝对的、至高的道德判断法。他认为只有具备了客观有效的道德判断力，才有利于推进道德选择力与道德行为力的生成。道德的进步表现为通过采取反思性习惯来修正我们的道德判断，其参照要素依赖于对人之特有的功能实践的伦理探究，而不是任何先验假设（如上帝的命令、柏拉图的善理念、先验道德命令或自然苦乐原理）。伦理探究可以帮助我们运用反思性智力，根据道德事件的具体情境来调整和修正判断所依赖的不同原则。在此过程中，动机论、后果论、美德论可能会在不同的环节轮流登场。当然，依据功能实践的生长性依然可以做出道德判断。实践不仅可以验证道德判断的有效性，还是促进道德生成与发展的源泉。

第二节　功能实践促进道德生成之可能

人之特有的功能实践通过对道德意识、道德想象、道德慎思的关注，而影响实践者的道德行为。道德意识是人的自然性（时间性、生物性、生理性）、心理性和社会性（行为、经验、德性）集合而成的产物，它可以激起行为者启动原有的道德知识，对新的实践行为进行恰当调控。道德想象可以帮助人们发现其先前未曾看到或接触到的各种事物之间的联系，帮助行为者有效处理道德困境。道德慎思是一种借助于想象而展开的思想实验，是对各种伦理学方法或原则的综合性考量。道德的生成需要在道德意识、道德想象、道德慎思外化于道德行动中完成，与此同时，又需要在人之特有的功能实践中逐步提升。

一　道德意识

道德意识是人的自然性（时间性、生物性、生理性）、心理性和社

---

① Anderson, Elizabeth, "Dewey's Moral Philosophy", The Stanford Encyclopedia of Philosophy (Fall 2018 Edition), Edward N. Zalta (ed.), URL = https://plato.stanford.edu/archives/fall2018/entries/dewey-moral/.

会性（行为、经验、德性）集合而成的产物。如果人的意识仅仅停留于感官、知觉等单一层面，生理学与生物学的研究就会局限于机体或神经方面，身心问题必会出现。如果人们认为，意识包含着官感的、知觉的、概念的、想象的、回想的、情绪的、意愿的成分（或者说可以通过直接视察而这样区别出来的），那么生理学的研究就只是去探索造成这些差别的基础，以及它们在机体或神经方面的异同，其结果就会使传统的身心问题变得更加严重。同理，如果把道德意识区分为感觉的、知觉的、想象的、情绪的，并沿着这种区分进行道德哲学的研究也是有问题的。但是，如果把道德意识与道德行为及其发生机制相联系，道德的生成会更具可行性。

首先，意识与机体、环境的关联，表明道德意识对道德行为的影响。如果我们要想获得控制自己行为的方法，类似我们在控制热和电、煤和铁时所获得的那类方法，我们需要设法探究许多相关的机体与环境问题，需要认识我们实践选择的意义以及我们采用的方式对机体、环境产生的有意或不良影响。这种道德上的意识决定了道德行为的生成。这里，意识包括来自幻想的与感官知觉的。按照传统哲学的观点，意识与机体、物理之物没有直接关系，即使在具体的实践行为中或在认知中，他们之间的联系也是偶然的。然而，在杜威看来，"存在的意识和机体条件具有特定的联系，而有机的事情和机体以外的事情之间又有这种紧密的、不可分割的联系，那么这种把存在的意识和物理事物的联系完全分隔开来的观点乃是站不住脚的"①。道德的生成也是如此，如果将道德的生长与内在意识、自然演化相对峙，道德意识就不是人的自然性发展的参与者，这就违背了道德的生成规律。

而且，在人的生活与实践过程中，从理性上预设一种可经验之外的道德意识也是不现实的。如果真有那样一种意识存在，那种意识会具有一种绝对正确、丝毫不会犯错的洞察力，客观无私、毫无偏见的行动力，它会观察、记载、改造、服务于该实践者及其所生活的世界。此外，这种意识跟超越于它而在它外边的这个世界是完全没有关系的，因为它被视为与机体、环境无关的产物。显然，这两种假设都与现实生活

---

① ［美］杜威：《经验与自然》，傅统先译，江苏教育出版社2005年版，第219页。

与实践不相符。因此,道德意识与机体、环境以及实践的选择紧密相关,尽管对于实践的意识、动机与选择需要通过后天的习得和训练才能获得。道德意识与机体、环境乃至理性或情绪看似互不相干,但是,因为它关涉对事物的功能性与意义性的分解,当理性与情感因素被植入机体与环境中,并通过道德意识的方式得以表达时,道德意识与道德的生成就会在这个观念所属的世界之中被紧密关联。由此杜威强调,在现实中,在伦理层面上,个体的意识是经验的而非超验的,并且"这是实践的经验,而不是理论的经验"①。

在道德意识中,个体的爱好和偏向是按照它的可感受性和可保持性的程度参与到新的道德事件中,它既受过去所获得的满足状态的制约,也会根据新的道德情境做出新的调整。所以,杜威认为意识"乃是一个流变,其中没有一个东西是停留不动的"②。人作为有机体是意识的物理承载者、其对象及所处环境共同构成了日常感官、知觉的对象、常识的对象以及道德的对象。如果道德生命要实现可持续性的存在,就需要在意识、机体与环境上实现统一,对营养材料的需求、对危险环境的驱除、对帮助的渴望都需要被考虑。当有机体成功地适应于他的环境时,跟这些"机体—环境"的适应相联系的意识和观念在实质上就是合适的,否则,生命就有面临停止的可能,道德意识对道德生命发展的影响也一样重要。

其次,意识与物理、心理的交互共存,彰显道德意识对道德生成的影响。人的生命机体的变化,会促使其寻找、选择或创造适合于这些变化的方法。人的道德生命的变化,会促使其改造、更正、革新旧有的道德观念,使其适应于新世界。在传统伦理学中,产生了关于道德意识的泛神论或泛灵论的观念。当人们在过去缺乏具有工具作用的东西去指导他们积极参与自然界的工作时,泛神论的说法是自然发生的,即使是空想的,有时也是有好处的。但是,随着现代物理科学与心理科学的发

---

① John Dewey, *On Some Current Conceptions of the Term Self*, In the Early Works of John Dewey (1882—1898), Vol. 3, Carbondale and Edwardsville: Southern Illinois University Press, 1969, p. 74.

② [美]杜威:《经验与自然(杜威全集·晚期著作·第一卷)》,傅统先等译,华东师范大学出版社 2015 年版,第 80 页。

展,人们发现传统哲学关于生命、灵魂、心灵、精神和意识的理解严重阻碍了人类生活与实践的发展。

这种观念反映在道德领域,就是习惯于用泛神论的方式来解说道德事件。然而,在杜威看来,对于道德意义的意识和理解,需要指向一种对于意义的应急的改造,这样对于偶然、突发的意外事件才具有道德指导力、才能产生道德行为力。道德意识的革新有助于对偶然变易性的道德事件进行觉察,尽管不能从物理法则中"推演"出意识,也不能从道德事件中推演出道德意识,但是,在物理的和心理的东西之间设置一条"不可逾越的鸿沟"也是有问题的。毕竟,"在精神物理的水平上,意识系指现实的直接的在性质上的各种差别化的'感觉'的总和"①。道德意识基于道德主体而展开,生成于道德情境、道德事件,同时也糅杂着客观的质料成分。这说明意识、物理、心理共同影响到道德意识乃至道德行为的生成。

在物理、心理的自然事件中,如果说意识产生于有问题的、有待选择的或有待解决的情境,那么,道德意识也是生成于有问题的、有待解决的道德情境。纯粹在物理环境或心理领域所发生的事件,如果不是与道德相关的事件,就不会产生或生成新的道德意识,也就没有所谓的道德的生成。对于物理或心理事件的道德意识,证明了意识的可知觉性,也证明了道德事件夹杂着有问题的、杂乱的因素与所渴望的、安定的因素,实质的、静止的因素与变动的、特殊的因素的混合。因此,杜威提出"意识作为感觉、意象和情绪,乃是发生于复杂条件下的直接性的一个特殊情况而已"②。道德意识、道德意义不是传统哲学所谓的确定性、恒定性的代言词,而是发生在特殊的物理事件与心理领域,且不断生成新的意义感与道德感。

最后,意识与目的、效能的交互共生,推动道德意识对道德生成的影响。人类行为的目的性及其对目的与效能的期盼,表明了人作为一种

---

① [美]杜威:《经验与自然(杜威全集·晚期著作·第一卷)》,傅统先等译,华东师范大学出版社 2015 年版,第 195 页。

② [美]杜威:《经验与自然(杜威全集·晚期著作·第一卷)》,傅统先等译,华东师范大学出版社 2015 年版,第 63 页。

自然有机体的物理躯体性的存在，其在精神上有需要以及需要被满足的渴望，然而对于这一切的意识尤其是道德意识构成了人类行为道德性的基础。为了目的的达成或需要的满足，而深思熟虑地启动有效的意识，也代表着道德意识所具有的效能或工具性。就此而言，现代科学所隐藏的道德意识与古典道德形而上学所提出的道德意识是不同的。而且，在自然领域，从目的与效能意义上看，自然事件的生灭变化，一事物的停滞与消失，意味着另一事物的开始与兴起，这既是许多相互冲突的能量达到一种消损净尽的情况，也是相互吸引的能量达到某种一致的状况。在这种相对而言的最佳状态，道德意识通过一种非凡的、不可见的技艺而被视为高贵的东西。道德意识不是对某个道德事件的自然状态的直接反映，而是结合了目的与效能进行反思而生成的产物，只有经历了经验与实践的反思与检验，才能真正推动道德行为的生成。

概言之，在古典实用主义语境下，道德意识与实践意识、良心、道德心紧密关联。如杜威所言，"实践意识或者对行动的各种目的和关系的承认，通常被称为良心"[①]。从道德哲学角度看，这包含着双重意蕴：一方面，道德是主动实践的产物，其生成依赖于实践意识，而不是被动地服从绝对道德律令，也不是理性逻辑推演的产物；另一方面，对行为目的及其相互关系的认可，在道德层面上意味着实践主体对于实践对象的接受、认同、承认与赞许，在此过程中，良心与道德心获得了可能的彰显。

二 道德想象

道德想象可以帮助人们发现其先前未曾看到或接触到的各种事物之间的联系。道德想象力的培养是德性精神启蒙的重要方法，它可以帮助行为者有效的处理道德困境，有助于行为者形成良好的道德行为力、道德创造力与道德判断力，而不是成为道德知识的容器，将某一原则生搬硬套地运用于具体的道德事件。一个富有道德想象的人，他不仅会设想

---

① John Dewey, *Outlines of a Critical Theory of Ethics*, In the Early Works of John Dewey (1882—1898), Vol. 3, Carbondale and Edwardsville: Southern Illinois University Press, 1969, p. 355.

可能发生的事情，这些事情在其想象中还显现出相互关联的各种可能。在任何时代，我们总有可能错过未经检测、甚至无法想象的更好的行为模式①。因此，道德的生成既需要在道德想象、道德慎思外化于道德行动中完成，更需要在人之特有的功能实践中逐步演进。

首先，道德想象可诱发移情关怀与心理换位，有助于引发道德动机的生成。心理学家将想象力视为人类心灵的一种重要的功能。伦理学家将想象力视为道德生成的重要条件，因为，在他们看来，想象力可以帮助行为主体对他人的痛苦或不幸产生移情，当行为主体通过想象力感受到他者的不幸时，就会产生帮助他人走出痛苦的道德动机。按照杜威的理解，想象是中介或桥梁，如其所言，"经验通过联想和记忆的存在而变成人的经验，这些联想和记忆通过想象之网而联结起来，从而合乎情感的需要"②。道德想象不是一种单纯的幻想，也不是一种独立的事件，更不是一种偶然的自然行为。它意味着会产生某种未曾存在的结果，这种结果可能会使客观秩序有所改变，建构一种新的实践对象。至此，道德想象就不再是偶然的、幻想的，它蕴含着在思维过程中分解旧对象并形成新对象。这种道德想象超越了旧的对象但又尚未在新的对象之中，因而人们将道德想象视为主观的产物，但是我们刚刚讨论了由于想象的题材依赖于客观之物，也不能否认它所能产生的客观结果，尤其是引发道德动机生成的可能性和重要性。

道德想象力强的人与道德想象力弱的人面对同一情境，其情感反应会有很大的差异。道德想象力强的人容易对他人产生移情关怀，进而自觉地进行心理换位。教育者无法强迫受教育者成为一个道德想象力强的人，除非他自己能够通过移情的方式想象到别人的痛苦或其不良感受。如果教育者缺乏移情或移情想象，不能感受他人的痛苦感，也就难以展现出具有移情关怀的行为。相应的，受教育者缺乏移情能力、模仿的对象与环境，也很难对他者显示出充分的移情或移情关怀。道德想象力的

---

① John Dewey, *Valuation and Experimental Knowledge*, In the Middle Works of John Dewey (1899—1924), Vol. 13, Carbondale and Edwardsville: Southern Illinois University Press, 1983, p. 25.

② [美] 杜威:《哲学的改造（杜威全集·中期著作·第十二卷）》，刘华初等译，华东师范大学出版社 2012 年版，第 110 页。

提升依赖于模仿、角色扮演、教育环境等因素的影响。对于每个有生活阅历者而言，曾经接受的教诲、告诫、忠谏，会促使人们对过去所未知觉到的意义有所觉察，进而形成对这些意义的新感受。

其次，道德想象是一种基于经验而对思维进行道德性重组的活动。道德想象依赖于思维，而人类思维又与自然密切相关，如杜威所言，"人的思维、理智并不是纯洁的，而是被一个动物般的有机体所限制的，而这个有机体又是与自然的其他部分相联系的一个部分"①。如果人类思维与理智的发展，不能以其特殊的力量跳出经验的自然之外，那么，道德想象力的发展也受经验的自然主义之影响。由此，道德想象不再是康德意义上的先验理性假设的产物。如果我们认可"思维乃是在同一个被经验到的事物世界之内在时间上不断进行重新组织的一个连续过程，而不是从这一世界跳跃到另一个为思维所一次构成的世界的过程"②，那么，道德想象就不能完全被视为主观的或心理的活动。

道德想象的生成依赖于物理环境或社会因素。杜威曾言："想象不是自我产生的、自我封闭的心灵存在。它是一个先前客体持续作用的结果。"③ 譬如，我想象着某架飞机将属于我，而当它真的成为我的飞机时，它是不会从空间或物质的世界消逝，而成为一种完全主观的、想象性的存在。当然，如果有人认为道德想象是传统习俗、社会规范或常识道德发生动摇或颠覆之后才出现的，这种观点也是偏狭的、有限的。一个具备道德想象力的人，在思想或思考方面是自由的，他会对道德情境或道德事件进行怀疑、探究、反思、移情，进而在思维或观念上构建一种新的相互关联的综合体。道德想象的结果及其有效性需要在进行尝试或实验之后，才能知晓该想象的价值推论。当然，有些实验性的工作并不保证是有效果的，而且其中还可能存在幻想的成分。每一个有道德想象力的人，总会倾向于把一个混乱的、无序的道德事件置于一个稳定的世界之中，虽然他还不能完全预测代之而起的将是什么。这既凸显出道

---

① ［美］杜威：《经验与自然》，傅统先译，江苏教育出版社2005年版，第69页。
② ［美］杜威：《经验与自然》，傅统先译，江苏教育出版社2005年版，第70页。
③ ［美］杜威：《人性与行为（杜威全集·中期著作·第十四卷）》，罗跃军等译，华东师范大学出版社2012年版，第35页。

德想象力的重要性，也凸显出其神秘性。

最后，道德想象是对不同道德要素的重组与整合，有助于道德行为的生成。道德想象可以推进对品格、责任、效果、情感以及对特定道德事件有意识的思考与改造。虽然，从空间、时间以及邻近性等方面，难以检测或验证道德想象的有效性，但是，从内在道德精神秩序上，道德想象构成了一个内在的、真实发生的且对道德动机、行为与选择产生重要影响的活动。道德想象有助于避免不道德行为的发生，因为，"一种在想象中被试验的行为却不是最终的或命定的，它是可以挽回的"①。因此道德教育要触发受教育者的道德想象力。个体可以通过道德想象预设一种出于意愿、自觉选择的行为方案，并为自己的行为选择建立或采纳一种标准。这时，如果行为者明确地思考并想象出什么是"善"及"正当"，并且当他承认标准的要求时，他既是自由的、又是负责任的。当他真正认同标准时，他在内心深处及外显的行为方面都是有道德的。道德想象可以引发敬畏感、责任感以及对善的挚爱。当道德感得到复苏时，传统道德哲学所诉诸的不同道德原则即品格、效用、责任、情感等，都会对道德想象乃至道德行为产生重要影响，这些既是道德想象力得以触发的源泉，也是道德想象力产生效用的显现。

想象力具有建设性的作用，无论是一种发明，一种创造，还是技术方面的、军事方面的还是政治方面的改进，首先都是源于某个特殊的革新者的观察与想象。甚至某些新用具、新工具的创造、民间故事的创编、价值观念的构建等，也都是某个具有想象力的革新者在特殊情境中，选择重勘现有的模式与思维，对传统与当下进行反思、想象与重构的结果。因为，不管是制造一个篮子、一张毛毯等家居用品，还是发明一个新机器、新工具等生活用品，在各种具体情境中，人总是面临着每一种个别的、专门的任务。在处理这些任务的过程中，都存在着发展和表达技巧、思维、观念、欲望的机会。从消极方面来讲，道德想象是新环境、新情境所促使的，从积极方面来讲，道德想象又是制度和习俗变化的源泉。道德想象有助于行为者避免在不同情境使用同一个道德标准

---

① [美]杜威：《人性与行为（杜威全集·中期著作·第十四卷）》，罗跃军等译，华东师范大学出版社2012年版，第118页。

而引起的难题。理想上说，行为的各种可能途径在尝试之前首先要在想象中得到排练与预演[①]。这接近于"三思而后行"之类的谚语。

概言之，道德想象是连接道德意识与道德行为的中介。当且仅当个体的活动上升到有道德意识的水平，我们才能对其道德行为进行评判，如果我们对待外在事物的基本态度是在潜意识之中，我们的道德想象力就会很弱。如果我们有意识的注意力仅仅指向外物的关系，那么我们对外在情境的感受和知觉会陷于错乱的状态。当我们开启道德想象时，我们会觉察到在意识和行为之间的脱节是由于想象力的降低所致。当想象力与行为力之间的关系未被觉知时，意识和行为的关系在某些人看来就是彼此独立的，进而意识与行为、道德意识与道德行为也被分离。然而，在杜威看来，尽管意识与行为是不同的，但是也不能将二者分离或对立。因为，道德行为是道德意识的反映，道德意识是关于道德行为的意识，道德想象作为中介将二者紧密相连。

三 道德慎思

道德慎思是一种借助于想象而展开的思想实验。对道德的慎思指向对道德价值的反思与调整。道德价值在经验上可以得到证实，每一个被视为价值的对象都不是绝对确定，而是相对变化的。道德慎思是对各种伦理学方法或原则的综合性运用。因为，任何道德困境的出现，都会掺杂着各种相互冲突的因素，通过道德慎思综合运用各种伦理学方法，能帮助行为者找到使情境得到控制的途径及排解困惑的可行方法。道德慎思把传统的习俗观念与道德规范作为审视对象，剔除陈旧的僵化观念，吸取这些习俗与规范对现实情境的可适用部分。道德慎思可以使行为者避免对传统规则的盲目服从。道德慎思有别于道德反思，前者侧重于即将做出的选择，旨在为未来提供最佳导向。后者侧重于对过去和现在的事件与行为进行反思，以避免将来可能出现的负面影响。

首先，道德慎思通常由困惑所激发，当一个新的充满着各种可能性的情境出现时，行为者感到困惑、受到刺激，继而会搜索、寻找、探

[①] [美]斯蒂文·费什米尔：《杜威与道德想象力：伦理学中的实用主义》，徐鹏、马如俊译，北京大学出版社2009年版，第60页。

究，以找到消除困惑的途径或方法。在此过程中，想象力一直在运作，直至迫切的利益、需求及情境中的其他因素达到和谐，并刺激我们开始行动。在《人性与行为》一书中，杜威提出"（慎思）是（在想象中）对各种相互竞争的可能的行为方式的戏剧性预演……是一种弄清各种可能的行为方式究竟像什么的实验……思维跑在结果前面并预见到结果，由此避免了不得不接受已酿成的失败和灾祸的教训。公开尝试过的行为是不可挽回的，其后果也是不能被抹掉的。而想象中尝试的行为，却并不是最终的亦非致命的。这种行为可以挽救"①。故而，道德慎思有助于人们基于想象性的思想实验，厘清各种可能的行为选择，找出最佳的指导原则。

道德慎思之"深思熟虑是一种思想实验，目的在于得出一种实际的判断，据此采取行动可望解决一个人的困境"②，深思熟虑会使行为者在面对道德情境时更加谨慎、对相关道德事件的理解更加全面，对相关道德原则的选择更加清晰，进而找出更佳的、可行的应对方案。随着行为者在具体情境的道德思考中投入更多的考虑与时间，这种思想实验就更加成熟与全面，因此，杜威提出"（慎思）的过程能够被评价和改善，并达到这样一种程度，那么重构有问题的情境这一过程的效率也会得以提高"③。这些构成道德行为的考虑因素，会帮助行为者塑造良好的慎思习惯，使其理性的、有序的解决相关道德困境。在道德慎思的不断细化、提升与循环升级过程中，在行为者的道德品质及其行为的道德性生成过程中，人之特有的功能实践就渐渐地与其他物种的活动相距甚远。

对道德的慎思指向对道德行为或道德价值的反思与调整。道德价值在经验上可以得到证实，每一个被视为价值的对象都不是绝对确定，而

---

① [美] 杜威：《人性与行为（杜威全集·中期著作·第十四卷）》，罗跃军等译，华东师范大学出版社2012年版，第118页。

② Anderson, Elizabeth, "Dewey's Moral Philosophy", The Stanford Encyclopedia of Philosophy (Fall 2018 Edition), Edward N. Zalta (ed.), URL = https://plato.stanford.edu/archives/fall2018/entries/dewey-moral/.

③ [美] 杜威：《人性与行为（杜威全集·中期著作·第十四卷）》，罗跃军等译，华东师范大学出版社2012年版，第8页。

是相对变化的。按照一个有机体积极地参与在事情的进程中或是停止参与其间的情况，来分析价值所起的引导作用，凡所谓价值之"相对性"的情况都显然具有变动的意义，被觉知的变化就是需要适应行为重新进行改组的变化。类似的价值在某一时间或某一地方可以意味着是有价值的，而在另一时间或另一地方又意味着是没有价值的，这是以个体重新适应新环境时的观念改变为转移的。不同的文化、经验、习俗与教育会塑造不同的价值观。从人的社会性存在角度看，每一个体的生命和存在都是属于家庭和群族的；特殊的个人只是某个集团或组织的一个成员。一个人的成就及其所谓的自我都是源于与族群相比较的意义上而论的。从出生起，一个人就被家庭、族群的传统习俗所类化和感染。然而，面对传统习俗无法解释新的情境时，道德慎思就出现了，对不同道德原则之间冲突或对立的反思因此而起，对传统道德价值的反思与调整也随之而起。因为，慎思就"是要解决现存活动中的纠纷，恢复连续性，重现和谐，使松散的冲动变得有用，并改变习惯的方向"①。

其次，道德慎思是对各种伦理学方法或原则的综合性运用。任何道德困境的出现，都会掺杂着各种相互冲突的因素，通过道德慎思综合运用各种伦理学方法，能帮助行为者找到使情境得到控制的途径及排解困惑的可行方法。在道德慎思过程中，过去的活动结果会变为有待实施的未来行为的动机。按照杜威的理解，"所有的（慎思）都是对行为的方式的一种寻求，而不是对最终目的的寻求"②。依照动机论与后果论、道义论与目的论等任何单一理论，对复杂的行为做出价值评判的伦理学方式都有一定的局限性。道德慎思会考虑到传统伦理学理论所强调的一些因素，诸如责任与权利、目的与手段等。在道德慎思中，我们单独或共同地、通过仔细考察可选择途径的范围并想象我们置身于其中，来寻求排解困难和歧义的方法，当然，在这个过程中，想象力一直在运作，直至迫切的利益、需求及情境中的其他因素达到和谐，并刺激我们开始

---

① ［美］杜威：《人性与行为（杜威全集·中期著作·第十四卷）》，罗跃军等译，华东师范大学出版社2012年版，第123页。

② ［美］杜威：《人性与行为（杜威全集·中期著作·第十四卷）》，罗跃军等译，华东师范大学出版社2012年版，第119页。

行动。在道德慎思的整个过程中,想象力同样起着重要作用。

道德慎思既是杜威所倡导的伦理学方法,也是道德生成的重要方法。他指出,"一个没有受过思维训练的人如果妄作思考,就好像一个不懂电学常识的人去玩电路一样危险。一个受过反思方法训练的人,既不会盲目地遵从习俗,也不会武断地排斥习俗,而是对习俗道德产生的原因、意义及其适用范围有一种清晰的认识,并能使自己在新的环境中把握行动的方向"①。在杜威看来,一个懂得道德慎思的人,不会对习俗道德、主流规范或普遍法则持有盲目服从抑或武断否定的态度,反而会对先前或现存的道德理论、道德规范有着批判性、反思性、清晰性的认识,并能够根据具体情境、具体事件的需要做出理性、精确、恰当的判断,在此基础上找出相应的解决方案或应对策略。在道德慎思过程中,过去的活动结果会变为有待实施的未来行为的动机。

道德慎思把传统的习俗观念与道德规范作为审视对象,剔除陈旧的僵化观念,吸取这些习俗与规范对现实情境的可适用部分,以使行为者避免对传统规则的盲目服从。当然,即使行为者不具有道德慎思能力,仍可以遵照一定的道德准则而行动,就像一个有中度智力障碍的人,可能更依赖于规则的指引而无须理性的慎思。道德慎思的目的在于找出选择与努力的恰当目标,而不是对自然或固有秩序屈从,是要发展"一种专门致力于这种打开和扩大自然途径的工作的真正的智慧,便要在富于思想的观察和实验中去发现如何管理、控制存在的这些未完成的过程的方法"②。道德慎思包含着理性原则与风俗习惯,"如果诉诸理性原则仅仅被看作是风俗的替代品时,混乱就会随之出现"③,它会对信仰、观念、行为进行反思,把个别的、具体的观念转化为具有普遍、指导性的观念,把凌乱杂多的感触转变成有秩序的道德感,把被动的服从转变成主动的践行。

再次,道德慎思有别于道德反思,前者侧重于即将做出的选择,旨

---

① John Dewey, *How We Think*, In the Later Works of John Dewey (1925—1953), Vol. 8, Carbondale and Edwardsville: Southern Illinois University Press, 1986, p. xx.

② [美] 杜威:《经验与自然》,傅统先译,江苏教育出版社2005年版,第79页。

③ John Dewey, James H. Tufts, *Ethics*, In the Later Works of John Dewey (1925—1953), Vol. 7, Carbondale and Edwardsville: Southern Illinois University Press, 1985, p. 165.

在为未来提供最佳导向。后者侧重于对过去和现在的事件或行为进行反思，以避免将来再次出现负面问题。鉴于在道德生成方面，杜威更为看重行为者及其行为在未来的道德性，于是，他赋予前者更为重要的地位。道德慎思是从疑难、混乱、无序的道德事件及其具体情境出发，把可疑之物变成确切之物，不完善之物变成完善之物，在此过程中，伦理学中各种不同的道德要素都起着重要作用。当然，慎思并不意味着对传统或现有之物的否定与抛弃，慎思"是一种发现的活动"①，是利用既往的、已存的规范，审查当下和未来的情境，只是在使用传统观念的过程中会对其做出相应改造或革新，不是照搬套用既有的观念与原则。道德慎思追求一种清晰、明确、有序的选择，从发生学的角度看，其出发点起于对问题的重新梳理，其过程会把相关影响因素、具体情境、具体事件进行系统分析、有针对性的关联。杜威对道德慎思予以重视的原因是他所主张的从整合性的视角对道德事件做出全面解释。

道德慎思关涉具体情境、具体事件中与道德相关的杂乱或规则、无序或秩序之间的交织。道德慎思之所以成为必要，原因在于程序的合理性需要试验，秩序的合理性也需要建构，且生活本身就是一系列的尝试，慎思就是"一种把习惯与冲动中挑选出来的进行不同的结合的实验，从而看到所导致的行动如果被执行，那将会是什么样子"②。道德慎思还是利用科学的方法抽离自然中偶然的好并使其保持稳定和普遍。道德慎思包含着对过去和当下的怀疑、对未来的探究以及假设。由于道德慎思的发出者是具有感觉的个体，那么，即使是出于理性的慎思也含有感觉的成分，受内在感觉与外部环境所制约，这就表明道德慎思是一种运用多种要素而展开的综合性的活动。由此，对于秉承道德慎思习惯者，他们不会将反省的结果视为确定的理论模型或普遍的道德法则并以此来行为，也不会否认现象的不确定性所具有的价值。基于道德慎思可以看到思想、观念的确定性与普遍性都是具有不同组成成分的，它既关

---

① ［美］杜威：《人性与行为（杜威全集·中期著作·第十四卷）》，罗跃军等译，华东师范大学出版社2012年版，第132页。
② ［美］杜威：《人性与行为（杜威全集·中期著作·第十四卷）》，罗跃军等译，华东师范大学出版社2012年版，第117页。

涉客观存在物也关涉主观存在物。

最后，道德慎思重视对先前、当下情境的理性反省与思考，却反对"理智主义"优先或至上论。在杜威看来，没有必要把对于智慧、理智的追求过度拔高，人类对于知识的追求无非是为了获得好的生存与生长。传统哲学家企图使美好的事物保持永恒，于是，他们从"理智主义"的角度，将所能想象的美好事物选定为最高实在，同时把其余的东西视为低级的，并将其排除于实在之外，但历史发展表明这种做法是难以实现的。近现代哲学"不再发掘和描述存在的普遍特征，而变成了一个调整和协调两个存在领域的企图了"①。依杜威之见，将现象与实在截然分离的观念，依然是"理智主义"至上的思维模式，它无法对世界的稳定性与动荡性共存做出合理、充分解释。因为，自然所包含的内容要比人们所认识到的知识广泛得多，但在以理智主义为主导的哲学传统看来，"自然本身全部是属于一个类型的，都是清晰的、外显的和明白的，没有任何隐蔽的可能性，没有任何新奇和矛盾"②，这忽视了自然事物作为事件在存在与非存在之间的生成与转化。自然事物的存在不同于自然事物的生成，但它又蕴含着生成的过程与结果。所以，理智主义将经验、结果视为一个达到精炼过的明确清晰的对象的认知过程，从而最终导致"把被知对象所特有的特性孤立起来而说成是唯一的最后实在"③，这是对万物的分离式、肢解式的诠释。

概言之，道德慎思意味着运用既往经验对即将选择之物进行重新组织，使之成为一个连续且可持续之物。道德慎思通常发生于不具有确定性或秩序性的混乱状态、并显示出或蕴含着选择的可能性，在此过程中包含着疑问、询求、假设与测验。道德慎思要把混乱、模糊和矛盾转变成秩序、明朗和一致，它可以避免传统道德哲学为了一定的目的，有选择的关注理性抑或经验的某些部分，而将其他方面予以忽略，其实"受偏爱的题材是为了一个目的而被选择出来的，而被舍弃的东西在他自己

---

① ［美］杜威：《经验与自然》，傅统先译，江苏教育出版社2005年版，第57页。
② ［美］杜威：《经验与自然》，傅统先译，江苏教育出版社2005年版，第18页。
③ ［美］杜威：《经验与自然》，傅统先译，江苏教育出版社2005年版，第19页。

的特殊关联中是同样的真实和重要的"①。道德慎思是一种基于经验自然而展开的道德活动，它会依据自然的特性、社会的本质，将混乱、偶然、不规则和不确定的状况在思维中进行重新梳理、整顿、排序、实验。在杜威语境中，道德慎思是以经验自然主义而非理性主义的方式展开的，道德慎思的纯粹理性抑或自然情感的解释方式不被重视，原因在于，它们未曾利用探究的、经过实验获取的结果来指导道德选择与实践。

第三节 功能实践促进道德生成之维度

在杜威语境中，人特有的功能实践是出于兴趣的实践，而非动物般的出于本能的行为，抑或机械式的出于惯性的行为。由此，基于功能实践推动道德生成的最佳维度是兴趣的生成与实现。"兴趣"在杜威这里被赋予了独特的意蕴，它不再是既往狭义的出于爱好去行为，而是通过实践将自我与对象连接起来的纽带。本书基于杜威从自我、他者、科学和艺术的角度对兴趣做出的新诠释，以发掘功能实践促进道德生成的多重维度。

一 对自我的兴趣

人特有的功能实践首先是由对自我的兴趣而展开。如果说"功能就是兴趣"②，那么，人特有功能的实现就是人之兴趣的展现，"兴趣通过行动而在情感中连接自我和对象。当一个人能够在实践中自我认同某种存在于其直接的或已经获得的自我之外的对象，进而被导向更深入的自

---

① ［美］杜威：《经验与自然》，傅统先译，江苏教育出版社2005年版，第21页。
② John Dewey, *Outlines of a Critical Theory of Ethics*, In the Early Works of John Dewey (1882—1898), Vol. 3, Carbondale and Edwardsville: Southern Illinois University Press, 1969, p. 305.

我表达时，这个人对生活的兴趣就已经具备"①。杜威对兴趣的理解，不再停留于日常话语或流行意见。在日常话语中，如果某个人将所有的兴趣与关注点都集中于其自身，尤其是集中于对自身所带来的结果及满足程度，这种对自我的兴趣就是一种利己或自私的表现与显现。因为，这种自我至上的唯我中心主义引发的"自我储积的欲望、巩固的欲望及好权心是技术产品私有的原因"②。当对自我的兴趣超出了合理的情感倾向，就不再是一种纯粹的、真实的兴趣。这失去了对自我成长与发展的可持续性的关注。对自我兴趣的真实表达，凸显于对自我整体功能与整全发展的关注，它以个体性之自我的实现为基础指向。为强调对自我的兴趣之合理性与道德性的理解，杜威还指出"对自我的兴趣——如果这种兴趣是纯粹的——正像对他物他人的兴趣一样，也是对道德目的的兴趣"③。

  首先，在杜威这里，对自我的兴趣存在着多种不同的表达方式。譬如，在情感或欲望满足方面的节制意识、在公职或职位获得方面的荣誉感、在日常或政治交往方面的自尊意识、在私人或公共事务方面的良知感等。基于这些元素对自我的兴趣与关注，都是推动"自然的自我"向"道德的自我"进行转化的基础。在这些元素中，节制构成了对自我的兴趣之基本要素。因为，节制是对自我之合理欲求的恰当定位，尤其是在物质欲望的满足方面，节制者被视为自我之德性完善者。节制的反面即放纵，是自我德性的败坏。在节制与放纵之间，还存在着一对更为复杂的对自我的兴趣，即自制或不自制。前者与节制较为相似，都属于自我良好德性的展现，它可以推动对自我兴趣的正向发展。后者与放纵较为接近，都属于自我德性的败坏表现，它会阻碍对自我兴趣的良性

---

① John Dewey, *Outlines of a Critical Theory of Ethics*, In the Early Works of John Dewey (1882—1898), Vol. 3, Carbondale and Edwardsville: Southern Illinois University Press, 1969, p. 305.

② [美] 杜威:《杜威五大讲演》, 胡适口译, 安徽教育出版社 2005 年版, 第 309—310 页。

③ John Dewey, *Outlines of a Critical Theory of Ethics*, In the Early Works of John Dewey (1882—1898), Vol. 3, Carbondale and Edwardsville: Southern Illinois University Press, 1969, p. 306.

发展。

就对自我的兴趣而言,自制者不如节制者,因为节制者对恶的对象没有任何欲求,自制者对恶的对象有所欲望。自制者与节制者的区别主要在于,前者有恶的欲念,没有实施恶的行为,从具体行动与实践上对自我有所约束和自制;后者没有恶的欲念,更没有恶的行为。但是,不自制者在知晓对象是恶的情形下,仍然知恶而为之,这种不能将自己的欲望控制在合理范围内的不能自制的行为,会使自我放弃正确的欲望,失控的走向放纵。由此可见,不自制者对自我的兴趣停留于感性直觉阶段,他们在欲望或感情方面的失控致使其走向恶的方向,他们还没有步入正确的理性推理与自控阶段。他们虽然对善/恶有所知晓,但是欲望的力量超过了理性的自控。于是,可以说,不自制者尽管具有善/恶知识,这种知识也不是整全性的,而是片面的或残缺的。与此相应,自制者尽管有恶的欲念,但是能够使自己的欲望服从理性的指引。

其次,以自我的兴趣为基点促进个体道德的生成是功能实践得以有效展开的基础,它包含着个体对自我之实践的意图与目的的考量。对于自我的道德生成而言,节制是优先考虑的对象;放纵与不能自制是最应抛弃的对象。因为,节制者既无恶的欲念,更无恶的行为,且能够使自我欲求与兴趣的实现限于自我满足、大众认同的最佳范围。放纵者与不能自制者不但具有恶的欲念,还具有恶的行为。当然,与放纵者不同的是,不自制者更容易接受道德的熏染,更有可能改变自己的行为。因为,不能自制者具有基本的道德善/恶知识,其做出错误的行为不是缺乏应当如何的知识与意识,而是没有将知识在具体的实践与行为中加以运用与发挥。不能自制者比放纵者更可救,因为他们做错了事情会有内疚感或者会产生悔恨,但是,放纵者常常把错误的行为视为正确的,他们出于意愿的放纵自己,不会对自己的错误选择或行为进行忏悔或反悔。由此可以说,就对自我的兴趣而言,节制品质在人特有的功能实践中处于优先地位,然后是自制。对于不能自制与放纵,则是一个人在对自我的兴趣方面所应避免的。

最后,就对自我的兴趣而言,自我节制者,他们具备"何谓善""何谓正当"的知识,同时又能够根据具体的情境做出恰当的行为,属于真正践行知行合一原则者,也是人特有功能实践的最佳践行者。自我之自制者，他们能够感知到违反理性可能会带来愉悦，但是他们坚守了基本的道德准则，并自我约束以避免受欲望驱使而犯错。在自我方面的不能自制者，具有善的知识，却没能约束自己，而追求过度的快乐。放纵者在对自我兴趣的实现方面，做的最为糟糕。因为，他们既不具备善的知识，也不具备行善的意识，更难以展现善的行为。放纵者身上所展现的行为，不是人特有功能实践的显现，而是人与动物共有的本能性行为倾向。这种倾向会严重阻碍人特有功能实践的发展。

当然，需要注意的是杜威晚年的哲学思想发生了很大变化。他对自我兴趣的关注，不再局限于自我意图或目的层面，也不再局限于节制、自制等德性视角，而是从生长、发展、变化的视角，将自我视为一种未完成状态。因为，在传统道德哲学家那里，自我是一个未被置入质料的固有范式，由此，对自我的兴趣就是沿着传统的道德权威对自我进行灌输或填充。然而，在杜威看来，自我与社会的发展具有相似性，都是处于千变万化、动荡不安的状态。那么，对自我的兴趣也应该从旧有的静止状态，步入新兴的变化状态，从完成状态步入未完成状态。这样的话，无人可以被称为道德的楷模，因为每个人的道德品质都是处于未完成状态，都是有待提升和发展的。对自我的兴趣既代表着对旧有自我的关注、也代表着对当下自我的关照，更代表着对未来自我的渴望。在此意义上，对自我的兴趣是不断生成的，且彰显着人特有的功能实践的有效展开，人的幸福的实现基础，如杜威所言"个体的终极幸福存在于性格结构中某些兴趣的至高无上性……这些兴趣的运用能够带来幸福，因为这种运用实现了自我"[①]。

概言之，基于人之特有的功能实践来讨论对自我的兴趣，有助于个体道德的生成。因为，只有那些与自我相关的真诚、真实且持久的兴趣，才是对自我的真实兴趣，才真正有利于自我的成长与发展。它超越了那些仅仅依赖于某种外在结果或外在目的而行事的兴趣。在杜威语境中，兴趣是自我实现的基础，也是自我道德能够持续性生长的前提。这改变了传统道德哲学家将对自我的兴趣视为自私利己之表现的观点。事

---

① John Dewey, James H. Tufts, *Ethics*, in the Latter Works of John Dewey (1925—1953), Vol. 7, Carbondale and Edwardsville: Southern Illinois University Press, 1985, p. 302.

实上，只有出于自我兴趣的行为举止才是真实的、道德的；违背自我兴趣的道德行为可能是虚假的、伪装的，是对"人是目的"之道德原则的亵渎，对人之尊严的践踏。那些脱离自我兴趣的实践更是禁欲主义的产物。人特有的功能实践更应该关注个体对自我的兴趣，这是自我之个体善实现的基础，也是自我作为共同体成员之社会善得以实现的前提。

二 对他者的兴趣

人特有的功能实践包含着实践主体、实践对象、实践过程及实践结果等多种元素。实践主体与实践对象都是相对于他者的存在而言的，在与他者相关的德性品质中，同情居于德性之首，于是，同情构成了对他者的兴趣的本质。因为，同情既是一种天然情感，也是一种出于心理换位、缓解他者困境、分享他者完善的社会情感。由于一个人对他者的同情是受时间、空间以及关系的临近性而得到强化，所以一个人对自己父母的同情远超于对陌生人的同情。但是，无论是对于陌生人，还是亲朋好友，当且仅当一种同情是以改善他者的生活与实践为目的，最终能够通过某种情境的改善，帮助他者走向满意的生活状态，这种同情才是真正的以他者的完善为目的，也只有这种同情才是对他者的真实兴趣的表达，这正是杜威所言的"人是一种可以拥有目的并通过行动以实现这些目的的存在物。因此，只有人才能把他者作为目的来看待，于是就有了真正的同情"①。杜威基于同情对他者的兴趣的解读，是对康德和休谟同情思想的批判性整合。他汲取了休谟所言的同情即是对他者利益的关注，也吸收了康德所言的同情是对他者的不完全义务，但应以"人是目的"为导向。杜威对同情的理解与日常流行意见存在较大差异，虽然他未对同情做全面解析，但是，从对他者的兴趣之关注的角度，审视基于同情而展开的人特有的功能实践，对道德的生成具有重要参鉴。

首先，基于同情而展开的对他者的兴趣，有助于人的总体德性的完善。杜威反对将自然情感整齐划一地等同于德性，也反对康德基于间接

---

① John Dewey, *Outlines of a Critical Theory of Ethics*, In the Early Works of John Dewey (1882—1898), Vol. 3, Carbondale and Edwardsville: Southern Illinois University Press, 1969, p. 307.

性义务的角度对同情的理解。尽管同情作为一种对他者的情感状态的回应或反应，包含着同甘苦、共患难的成分，尽管"同甘与共苦（sympathetic joy and sadness）作为对他人的爱的义务，是对他人的快乐和痛苦状况的一种愉快或者不愉快的内在感受（同情、同感的感受）"①。虽然这种感受性是一个身心正常者天生就具有的能力，但是，人们仍需要将其作为提升实际道德品格的手段。这是正常的人类应该具有的人格性义务。它既包含着对他者的痛苦状态的感受，还包含着帮助他者走出困境的意向，也包含着分享他者情感状态的意识和能力。

　　同情作为一种天然的情感反应，它是不自由的，因为它是受外在对象的触发而生成，这种基于天然情感而生的、来自他者或面向他者的传达性或传染性的情感反应，它是以自然的方式在比邻而居的人们中间蔓延的②。这种天然的同情在某种程度上被称为同感。然而，当同情作为一种基于时间、空间和关系的临近性而生成的社会情感，它又是自由的，因为它是行为者自行支配和选择的产物，这种基于社会情感而生的对他者情感状态的反应，被视为与天然情感不同的、真正意义上的同情。前者不是对他者的兴趣的真实关注，因为"当他人遭受苦难，尽管我不能帮助他，我也（借助想象力）让自己受到他的痛苦的感染，这样就是我们两个人在受苦"③，这种同情会使不幸或苦难增加，由此它不是一种道德品质，也不利于人特有的功能实践的展开。个体道德的生成与公共伦理的产生是要以他者幸福的推进为着眼点的。后者才是对他者的兴趣的真实关照，是人特有的功能实践的真实显现。杜威正是从社会情感的层面关注对他者的兴趣，帮助自我与他者获得一种趋向于德性

---

　　① 同甘与共苦是根据英文本翻译而来的，在德文版中，用的是（sympathia moralis），李秋零教授将其译为道德上的同情。见康德：《康德著作全集（第6卷）》，李秋零主编，中国人民大学出版社2007年版，第467页。Mary J. Gregor, *Practical philosophy/ Immanuel Kant*, Cambridge University Press, 1996, p. 574.

　　② 李秋零教授将自由的同情解释为自由的感觉共联性（communio sentiendi liberalis），将不自由的同感或传达性解释为不自由的、奴性的感觉共联性（communio sentiendi illiberalis, servilis）。见康德：《康德著作全集（第6卷）》，李秋零主编，中国人民大学出版社2007年版，第468页。

　　③ Mary J. Gregor, *Practical philosophy/ Immanuel Kant*, Cambridge University Press, 1996, p. 575.

完善的力量，以走向人特有的功能实践的完美展现。

其次，从对他者的兴趣展开功能实践，进而促进道德的生成，还应秉承义务观念。然而，杜威语境中的义务观念不再是出于纯粹理性或先验假设，而是源于人的社会情感与自然情感的相互交融，或者说是从自然情感步入社会情感的意识。一种出于自然情感对他者的兴趣的关注，更多的是基于本性而为之，这种情感不具有严格的道德意义，尽管它存在利己或利他倾向。从其所彰显的形式而言，它仅仅是康德语境中的同感，还不是一种代表着间接性义务的同情。杜威对他者的兴趣的理解，更多的是休谟意义上的出于利益或有用性的考量。在休谟那里，"同情（sympathy）一词由 sym（with）和 pathy（passion）两部分组成，意即与……有同感"①，休谟在其《人性论》一书中，使用同情来描述道德的起源以及道德的判断标准，在《道德原则研究》一书中，他又借同情来描述道德生成何以可能。当然，由于休谟对正义感的解释存在着义务论的倾向，所以，可以说，在休谟这里，对同情的解说也糅合了天然情感和社会义务的成分。借此，杜威对他者的兴趣的关注也是从自然情感走向了社会情感，如其所言，"对他者的兴趣的一般形式是同情，他通过个人作为其成员的各种形式的社会组织而得以具体化"②。

就对他者的兴趣的关注而言，杜威在人天然的同情之外，又赋予其社会元素，指出那种超越自然本能的社会性同情，既包含着对他人的义务成分，也包含着对个体身处其中的共同体、社群乃至社会的道德义务。对此，杜威指出"对所能共享的对象产生的敏锐、真诚、持久的兴趣……无论怎样的外部障碍也不能破坏来自于对他人以及对促进他们发展的特定环境与对象的充满活力且不断更新的兴趣所产生的幸福"③。杜威在其思想发展的后期阶段，又指出对他者的兴趣的关注"是同情的倾向与自我所有的其他冲动及习惯性品质的混合。当对政权的兴趣渗透着充

---

① [英] 休谟：《人性伦》，关文运译，商务印书馆1980年版，第650—661页。

② John Dewey, *Outlines of a Critical Theory of Ethics*, In the Early Works of John Dewey (1882—1898), Vol. 3, Carbondale and Edwardsville: Southern Illinois University Press, 1969, p. 307.

③ John Dewey, *Ethics*, In the Latter Works of John Dewey (1899—1924), Vol. 7, Carbondale and Edwardsville: Southern Illinois University Press, 1985, p. 302.

满深情的冲动时，就会防止出现独裁与暴政的倾向；它变成一种与公共善相关的有效性的兴趣。当一种对艺术或科学对象的兴趣同样是混合的时，它就会丢掉作为专家标志的冷漠且冷淡的客观品性，而转变成一种对公共生活状况的恰当审美和理智研发。同情不仅把这些倾向与另一些联结起来，它还使得这个成为其他目的的手段。它如此密切渗入它们以便把它们转变为一个新鲜且道德的兴趣"[1]。当且仅当人在发挥其特有的功能实践时，对他者秉承义务原则，才是对他者的兴趣的真实显现。

再次，杜威对他者的兴趣的关注，融合了自然满足与道义之善的成分。对于那些基于自我的自然满足而发出的同情，杜威将其视为一种自然本能，而非一种具有社会性的道德品质。对于那些基于社会的道义之善而发出的同情，杜威将其视为一种社会义务，但是当这种社会义务脱离了对自我兴趣的关注，抑或脱离了自我的真实情感的显露，杜威认为这是对"人是目的"的背离，不再是一种趋向于完善自我与他者的道德品质。相比而言，只有那些拥有目的，并在实现自我目的的过程中，将他者作为目的的功能实践才是真正的道德性实践，才有利于自我道德的生成与社会伦理的实现。在此过程中，就实现了自我与他者、个体善与公共善的有机统一。

这种基于同情而将自然满足与道义之善相融合，且以此为基础所诠释的对他者的兴趣，既是一种自然情感、天然兴趣的显现，更是一种社会情感、理智情趣的表达；既是对他者的整体状态的关照，也是在尽自然满足所不能完成的道义之善，它是自我与他者交互共存、相互实现的纽带。如杜威所言，"正是同情，携带着思想超出了自我的藩篱，将思想的疆域无限拓展，直到达至整个宇宙为止。正是同情，通过让我们设身处地地考虑他人的利益和兴趣，并驱使我们给予它们以同样的重视，就像我们重视那些关系到我们的荣誉、钱包和权利的东西一样，使得我们关于后果的考虑，免予堕落为纯粹的算计。把我们自己放在别人的位置上，从他们的目标和价值观的角度看待事物，相反地，降低我们自己的虚荣和要求，直到在一个不偏不倚的、具有同情心的观察者的眼中达

---

[1] John Dewey, *Ethics*, In the Middle Works of John Dewey (1899—1924), Vol. 5, Carbondale and Edwardsville: Southern Illinois University Press, 1978, p. 272.

到了所声称的水平，才是最为稳妥的获得道德知识之客观性的方式"①。

最后，基于同情对他者的兴趣的关注，在满足出于义务且合于义务的同时，还要满足对自我的兴趣的关照。虽然杜威汲取了康德的"人是目的"理念，但是在他看来，康德所表达的出于义务且合乎义务的行为，如果脱离了行为者对自我兴趣的关照，这种义务感或义务行为会演变为禁欲主义或权威主义的产物。从道德哲学的角度，这并非是一种道德情感的真实表达。当且仅当人特有的功能实践是出于自身的兴趣，同时又满足了对他者的兴趣，才能在促进自我满足的同时，推进他者乃至群体、社会的认同与满意。这就满足了道德的生成应该是利己的，同时也是利他的价值定位，"它们是利己的，只是因为它们是利益（interests）——它们意味着在一种被实现的目的中的满足。如果人真是一种由其和他人的关系所构成的社会存在物，那么，他的社会性行为一定会不可避免地实现他自己。而在这个意义上，这种社会行为是利己的。另一方面，如果个人对自身的兴趣是对作为一个社会成员的自身的兴趣，那么，这种兴趣也完全是利他的"②。

杜威对同情的理解与康德主义者的观点存在着较大的差异，前者将同情视为一种对他者兴趣的关注，尤其主张基于社会情感的同情具有重要的道德成分；后者则认为，同情的行为"之所以被做出是因为它们服务于行为者的自身利益的合义务行为，或者该行为正好是行为者所想要去做的合义务行为——行为者对这些行为具有一种'直接的爱好'或利益关切"③，在康德语境中，当行为者出于自身利益或爱好而为时，这种基于同情而对他者的兴趣是不道德的。但是，值得注意的是对于这种出于自私自利而为的同情，杜威也认为这不是对他者的兴趣的真实合理的关注。

---

① John Dewey, James H. Tufts, *Ethics*, In the Latter Works of John Dewey (1925—1953), Vol. 7, Carbondale and Edwardsville: Southern Illinois University Press, 1985, pp. 252, 270, 300.

② John Dewey, *Outlines of a Critical Theory of Ethics*, In the Early Works of John Dewey (1882—1898), Vol. 3, Carbondale and Edwardsville: Southern Illinois University Press, 1969, p. 308.

③ [德] 芭芭拉·赫尔曼：《道德判断的实践》，陈虎平译，东方出版社 2006 年版，第 7 页。

概言之，在杜威语境中，对他者的兴趣与对自我的兴趣是不可分离的，对自我的兴趣构成了对他者的兴趣的基本前提，对他者的兴趣也构成了对自我的兴趣的最大化实现。如其所言，"通过特别关注我们自己狭隘的快乐所带来的幸福，仅仅是一种卑微的幸福。通过对我们自己以及世界上的其他人持有渊博的思想和深厚的情感，我们才能获得诸如伟人般的最高的幸福"①。在对他者的兴趣之关注中，除了出于同情对他者的帮助，还要使这种帮助转化为个体实现其自由的基础，"通过保证他人的自由，而使他们将来不需要其他人的'利他行为'就能顺利生活，这样的行善要好得多"②。如果一项"助人行为"既是出于责任的、也是合乎责任的，同时是出于同情动机的，但是如果这样的"助人行为"不能给受助者带来持久生活的改善，促使其获得独立生存与发展的能力，进而使其获得充分的自由，那么，这类对他者的兴趣的关注也是不可取的，需要进一步改善和完善。

三 对科学和艺术的兴趣

人特有的功能实践不仅涉及自我与他者，还涉及实践对象与实践环节等相关要素。每个人对理想的生活都有所向往，都"期望自己和他人过一种可能是最完满的生活，而最完满的生活大体意味着认知和创造——创造美和功用——能力的全面而自由的发展"③。对科学和艺术的兴趣，恰恰表达了人类对美和功用的诉求，基于此对认知和创造能力的渴望也是人特有功能实践的显现。对科学的兴趣在道德上常常表现为对真的追求与践行，它基于功用性的工具理性而展开，但是不仅仅停留于功用性的层面，而是走向对真理的诉求。在求真的过程中，理智性的

---

① John Dewey, James H. Tufts, *Ethics*, In the Latter Works of John Dewey (1925—1953), Vol. 7, Carbondale and Edwardsville: Southern Illinois University Press, 1985, p. 199.

② John Dewey, *Outlines of a Critical Theory of Ethics*, In the Early Works of John Dewey (1882—1898), Vol. 3, Carbondale and Edwardsville: Southern Illinois University Press, 1969, p. 308.

③ John Dewey, *Outlines of a Critical Theory of Ethics*, In the Early Works of John Dewey (1882—1898), Vol. 3, Carbondale and Edwardsville: Southern Illinois University Press, 1969, p. 318.

信念、理想性的信仰与道德性的实践杂糅在一起，它们共同促进了对科学的真兴趣。如果没有道德性的实践，再好的信念或信仰也只能停留于抽象的想象，就只能像大脑中的雕塑构想或思维中的模式预设，仅仅具备理论上假设的可行性，只能是静态的静思，无法与现实的生活实践产生汇集。这样的话，对科学的兴趣就难以实现真的现实诉求。

首先，对科学与艺术的兴趣，构成了"个体性完善的要素，是其天性不断发展而不僵化、是从一个人到另外一个人普遍拥有而非独占的要素"①。当且仅当对科学和艺术的追求秉承求真、求美意识，走出纯功用性、实用性的工具性考量，才能避免科学、艺术被工具化、私有化，才能走出实践主体的主观臆想或实践对象的客观规定，才能使自我与他者乐于分享科学之真、艺术之美。基于对科学与艺术的兴趣，人们可以发现杜威所言的"生活本身就是至高无上的技艺。它需要良好的感知，熟练和全面的技能，在反思性分析之外对环境的敏锐反应和微妙反应，对行为与行为、人与人之间的适当和谐的本能性感知"②。在杜威这里，虽然他对科学与艺术的理解做了区分，前者表现为实践者的理想观念能否转化为现实存在的主动性尝试，后者表现为实践者将既往观念在现实实践中的运用。但是，二者又不是分离的，它们共同构成了生活世界的核心元素。

其次，对科学和艺术的兴趣是对物的层面产生道德动机的重要前提。在传统思想中，人们倾向于把"动机视为某种作用于个人并诱使他做什么事情的外在的东西"③。这种观念导致的结果是自我成为一种消极的、被动的存在，自我的实践与行为需要外物的推动。然而，事实上，由于自我是有兴趣、情感和欲求的存在体，自我更多的是一种积

---

① John Dewey, *Outlines of a Critical Theory of Ethics*, In the Early Works of John Dewey (1882—1898), Vol. 3, Carbondale and Edwardsville: Southern Illinois University Press, 1969, p. 319.

② John Dewey, *Outlines of a Critical Theory of Ethics*, In the Early Works of John Dewey (1882—1898), Vol. 3, Carbondale and Edwardsville: Southern Illinois University Press, 1969, p. 316.

③ [美]杜威：《伦理学（杜威全集·晚期著作·第七卷）》，魏洪钟等译，华东师范大学出版社2015年版，第227页。

极、主动的存在者。当自我对某物有了真实的兴趣，不需要外在的推动或奖惩就能产生实践与行为。基于此，可以说，对科学的真实兴趣是求真的基础，对艺术的真实兴趣是求美的基础。与此相应，如果缺失了对科学和艺术的真实兴趣，走向科学或艺术的活动就会成为一种依赖于外部推动或奖惩而实施的被动性活动，这样科学或艺术就会成为一种工具化的存在。当某个对象完全被工具化时，就失去了其存在的持久性价值，因为作为工具性的手段是不断地被他物所更替的。由此，彰显对科学与艺术的真实兴趣，才能展现人特有的功能实践的道德性，也才有助于个体道德与社会伦理的生成。

最后，对科学和艺术的兴趣改变了传统的道德动机论。在杜威看来，传统道德哲学对"动机"的解释是模糊不清的。如果仅仅将动机定义为某种诱因，这就混淆了动机与刺激。我们承认"来自环境的刺激，在行为中是非常重要的因素；但是，它们没有产生行为的原因重要"[1]，或者说它们不能直接诱发行为。譬如，某人伸手触摸某物，会因对象物的炙热而缩回手，这时，炙热的刺激会改变行为的倾向和路线，却不是引发行为的原因。由此，兴趣才是诱发道德行为的动机之源。因为，兴趣构成了自我存在的意义感、自我行为的始因与归宿，它通过行为将自我与对象、动机与目的紧密关联。当然，兴趣并不是完全主观的，而是客观的，因为"每一个兴趣都迫切要求一个它所依附的目标，它积极关心的是这个目标的状态和发展……兴趣是注意、关心、牵挂某个对象；如果它不是表示在行为中，那就是不真实的"[2]。

概言之，杜威对科学与艺术兴趣的重新解读，改变了传统哲学将物仅仅视为手段善，其自身不具有目的善的观念。在杜威语境中，物自身既可以被视为手段善，也具有目的善。譬如，在为了批量生产而使用画具、为了利润而出售手工制品之前，那些画具或手工制品其自身就是艺术，它们自身在美感上就可以促使人们通过欣赏而获得满足感和愉悦

---

[1] ［美］杜威：《伦理学（杜威全集·晚期著作·第七卷）》，魏洪钟等译，华东师范大学出版社2015年版，第227页。

[2] ［美］杜威：《伦理学（杜威全集·晚期著作·第七卷）》，魏洪钟等译，华东师范大学出版社2015年版，第228页。

感。如果把科学与艺术仅仅视为手段,这就意味着将对象完全工具化,"当我们把对象看成完全外在于自我组成的东西时,就会产生错误,从而把他人的自我排除出去"①,把他物的存在剥离出真实世界,这必然会阻碍人特有的功能实践的展现。故而,秉承对科学与艺术的真实兴趣,既是将他者、他物内化于自我世界的基础,也是促进人之道德生成,进而使其成为人伦之域存在的保障。

---

① [美]杜威:《伦理学(杜威全集·晚期著作·第七卷)》,魏洪钟等译,华东师范大学出版社2015年版,第229页。

第六章

实用主义伦理学新解：
价值与局限

管窥杜威对传统伦理学的改造与发展，本书对实用主义伦理学做出新解，其当代价值表现为，在伦理学理论方面，提出了一种整合性的伦理学理论范式，推动了道德哲学的科学化，有助于重新理解科学与人文、自然与价值、功能与意义的关系。就其时代局限而言，杜威从反本质主义走向相对主义，其自然主义功能论的泛化带来了某些领域的伦理危机，过于强调价值判断的工具性，对人类的道德观念与心灵精神成长带来了负面影响。

第一节　重勘实用主义伦理学的当代价值

伴随着现代科学的革新式发展，人们的生活方式与行为观念发生了颠覆性的变化，这就要求伦理学家关注新时代新问题，杜威的伦理学正是顺应社会生活与实践探索需求的产物。基于对"人类如何实践才是道德的"抑或"实践的道德性如何得到验证"的思考，杜威指出了道德命题与科学命题、事实与价值的互依互存关系。在杜威看来，传统道德哲学过度纠缠于"何谓善""何谓应该"的争论，最大的问题是将二者相分离甚至对立。杜威从科学与人文、自然与价值、功能与意义相融合的视角，推进了道德哲学的科学化，这扭转了实践的人文性与科学性、善与正当、目的善与手段善的二元分离。

杜威重视道德哲学的科学化，其原因在于：首先，缺乏科学化的实验与实证，道德检验与审查无从着力；其次，当且仅当在现实情境中，道德原则或道德假设才能获得可行性的验证；再次，当且仅当在具体的道德事件中，道德意义的真实性才能得以体现；最后，如果道德理论不能被用于指导现实的实践活动，就会变成虚无的、凌空的虚幻存在。由于传统的道德哲学未充分关注这几个重要因素，致使许多有经验文化修养的人对那些形式主义的道德理论充满了反感，而哲学与科学的融合则转变了既往的僵化状态，"从哲学与科学的对立，到哲学与科学的一致。从而使哲学观念成为科学结论和社会以及个人行动方式之间的联络，筹划和努力实现一切可以达到的可能性"①。

在《经验与自然》一书中，杜威开篇就提出，要把"从科学的复杂问题到日常生活中琐屑的或紧要的实际问题都能发生效果的那种思想，应用到比较广泛的哲学领域中来"②。然而，当杜威试图用科学的方法来处理实践伦理难题时，就陷入了诸种困境。因为科学理性秉承的是工具理性的思维模式，而道德的对象及其相关题材具有特殊性，它难以像科学的对象及其题材那样具有精准的确定性。因此，杜威企图用科学的方法来解决道德的问题，这种做法具有两面性。如前所述，从积极的角度看，他推进了道德哲学的科学化，从消极的角度看，他弱化了道德哲学的独特性。

一 科学与人文

杜威基于科学与人文的融合，探究道德或伦理的可能性，使得道德成为生长性的、可检验的，而非不变的、不可公度的。科学的层面表现为对活动对象的客观性状的把握，它强调对实践活动的科学性的关注；人文的层面表现为对活动主体的内在品格的关注，它强调对实践活动的道德性的关注。杜威采用科学的方法对既往道德观念进行改造，意味着对实验性、实证性、怀疑论的接受，对道德检验与审查的重视，不再依赖于道德概念的先验假设或超验预设，而是在行为与实践中考察道德的

---

① 邹铁军：《实用主义大师杜威》，吉林教育出版社1990年版，第162页。
② [美]杜威：《经验与自然》，傅统先译，江苏教育出版社2005年版，第1页。

生成、检验道德观念的有效性。

首先，杜威的功能实践学说强调科学与人文的统一，是要用科学的方法解决实践的人文之困。在他看来，科学研究取得了较好的成就，而它之所以获得这些较好的结果乃是因为它运用了一种控制这些对象并加强对生活本身之控制的方法，运用了减少偶然事故，化偶然为有用之物，解放思维和其他活动形式的方法。然而，传统道德哲学家却没有充分利用科学的方法来处理实践伦理问题。他们把不变之物进行理想化诠释，进而将其奉为神灵；把确定之物进行抽象化，进而将其剥离出经验之外，分派到纯粹的彼岸世界。科学中的物质被视为自然的存在，顺应自然之变而变。但是，在杜威的影响下，我们应该意识到科学与人文的不可分离性，在科学家专注于研究人类理性思维可以被复制、机器的计算能力远超于人的时代，道德哲学家应该从机器无法自主复制人类自生情感的角度，整合伦理学的各主要流派的核心议题，来研究人类应该如何进行精神与灵魂的自我救赎，彰显科学与人文的联姻是实践探索获得可持续发展的纽带。

科学与人文的融合，有助于打破传统哲学基于秩序对数学与科学的确定性理解，转而关注多变性、不确定性可能含有的科学的、确定的成分。按照杜威的理解，早期希腊哲学曾主张只有数学结构才是独立自在地真实的，由它们所引起的经验上的印象和暗示则是柏拉图所说的现象领域的副本。柏拉图对秩序的这种理解直接影响到他对道德哲学的理解。然而，对秩序、数学、科学的确定性理解对变化世界的实践之善没有根本性帮助。于是，杜威基于人与环境的交互作用将实践活动的确定性与多变性、科学性与人文性紧密关联，使实践活动在科学上的有效性与在伦理上的合德性以一种同人类自身息息相关的方式凸显出来。

依杜威之见，在自然发展规律方面，人们已经习惯于把科学当作出发点与研究方法，甚至将其视为揭露、探究、验证自然与实践的可靠方法。然而，道德哲学领域中的科学化并未获得普遍重视，这就阻碍我们认清科学的方法在哲学中的力量。人类历史经验已经证明，道德哲学的科学化可以促使相关的实践活动呈现出更加美好的、道德的特性。杜威对科学与人文的解说，在舍勒那里也得到了相似的肯定，即"技术无助于人们精神的生成，只有用教养知识统摄效能知识，用人的精神控制技术,才能实现真正的人类拯救,实现精神技术与物质技术的平衡发展"①。杜威对道德哲学的科学化的倡导,在后世哲学家那里也得到了同样的肯定,如威尔逊(Wilson)指出,"尽管有人认为科学方法是道德的敌人,但是无法否认科学发现为道德的存在和力量提供了有力的支持"②。

其次,科学与人文的融合意味着对实验性、实证性、怀疑论的接受以及对道德检验与审查的重视。在杜威看来,传统的道德哲学追求确定的、绝对的、至善的、至高的单一道德原则,这就意味着最高的至善原则不需要通过实践的检验,怀疑论也没有存在的空间。然而,在现实的生活与实践中,科学技术的发展已经表明了万物皆变的规律,当下道德情境中的善/好在未来的道德情境中就可以能成为次好或非善。譬如,当代以多里斯(John Doris)和哈曼(Gilbert Harman)为代表的伦理学家,借用社会心理学领域的科学实验,如米尔格拉姆服从实验、未成年人诚实行为调查等,就证明了传统美德伦理学将道德的基础诉诸"稳健品格"会带来现实伦理难题。于是,实验性与怀疑论应该在伦理学领域受到更多的关注,对此,普特南曾说:"一般而言的实用主义(不仅仅是杜威的实用主义)以同时既是可错论又是反怀疑论为其特征,而传统的经验主义在实用主义者看来,则是在有时过分的怀疑论和另一时段不充分的可错论之间徘徊不定。"③ 杜威伦理学恰恰注意到在现实的行为与实践中,存在着大量的不适当行为,如果忽视了实验与探究,就难以为行为的逐步趋善找到更佳的发展空间。

由此可见,科学与人文的联姻可推进道德哲学的科学化。如果像传统哲学家那样,继续把科学当作真理,并将其视为一种完全确定的认识对象,这会使我们自己负担一个不必要的和不能解决的问题,即如何应对不确定的风险性事件。如果科学知识就是占有或掌握,那么,对于两种两类不相容的知识,即感觉的与理性的,我们该如何处理又成为难题。如果我们说感觉的知识是真实的,那么我们就势必陷于一种相当混

---

① 王飞:《舍勒的技术价值论》,《科学技术与辩证法》2005 年第 3 期。
② Wilson, J. Q, *The Moral Sence*, New York: Free Press, 1993, p. xii.
③ Hilary Putnam, *Ethics without Ontology*, Harvard University Press, 2004, p. 99.

乱的感觉主义、现象主义之中。如果我们说理性的知识是真知，真正的实在就变成了逻辑实在论或客观唯心主义实在论。然而，科学与人文的联姻可以消解上述困境。科学与人文是人之实践活动的两面，二者属性不同，但彼此不可分离。尽管人们更倾向于从主体性的角度理解人文道德，从客体性的角度理解科学，但是，主体与客观更是不可分离的，这就像对一个实践活动的两种不同的评价，即科学的层面与道德的层面。然而，无论是科学的层面，还是道德的层面，都是相对于人自身的存在而论的，没有人的存在，就无所谓科学或道德。于是，科学性与道德性在人特有的功能实践中相互交融、合为一体。杜威从人特有功能的视角对实践的科学性与道德性交互共融的解读，既推进了实践活动的道德性，也推进了实践活动的科学性，促进了道德哲学的科学化。

最后，科学与人文的联姻还表现为，不依赖于道德概念的先验假设或超验预设，而是在行为与实践中考察道德的生成、检验道德观念的有效性。在早期希腊时期，道德知识与观念的获得被视为对某"实在"之物的理解，旨在于"对实在所具有的最后的、自足的形式的掌握"[①]。然而，杜威则认为，传统道德哲学将知识之对象和实在之物完全等同起来，这种把所获得的知识对象与"实在"相等同的预设，将实践者视为道德知识的旁观者，这种对道德观念的先验或超验假设，致使道德知识与道德行为的分离，忽视了道德知识是特殊情境的产物，导致了知行不一现象的出现。由此，杜威将道德知识与观念界说为科学工具，并主张其价值凸显于对实践的指导。人特有的功能实践的生长性与持续性，而不是某些先在道德观念，确定了道德观念的价值性和真实性。在道德知识和道德观念被验证的过程中，"怀疑—探究—发现"这个科学式的探究过程是重复发生着的，在实践中的偶然事件被赋予核心关注点。依杜威之见，要解决实践探索产生的难题和困境，应该像对待科学一样，将道德事件视为一系列关系的一种体系，它不"只是揭示了直接的和最后的性质发生时所必须依赖的那种状态或条理"[②]。即使像心灵与物质孰应归为现象或是实在，也只是把握外观的与非外显的一种关系的

---

① [美]杜威：《经验与自然》，傅统先译，江苏教育出版社2005年版，第137页。
② [美]杜威：《经验与自然》，傅统先译，江苏教育出版社2005年版，第137页。

手段。

杜威反对基于形而上学或先天理性假设对道德何以可能的诠释。在杜威看来，理性或理智的道德判断是人的自然能力与社会能力的统合，人们可以借用科学、经验的方法发现并发展它，而不是依赖于先验道德假设。虽然杜威看到了自然的动力之流转和静止的理想形式的永恒性之间在发生上的继续性，但他重复了旧传统，又造成了一种尖锐的区分，如果说理性的最后状态被认为是观赏自然而把它当作是一个完整的机构，而这个机构又是产生和支持着对这个机构的观赏，这种说法也许是一个讽刺。杜威提出道德哲学的科学化，正是要打破传统哲学基于秩序对数学与科学的确定性理解，转而从探究、实验、矫正等流变性、不确定性中寻找确定的成分。

对于科学与人文的融合之必要，杜威提出了明确的警示，即"科学正在通过它的物质的技术成果分别地和一组一组地决定人与人之间的关系。如果不能够发展决定这些关系的道德上的技术，那么现代文化的分裂就会变得如此深刻，以至不仅民主，乃至一切文明的价值都会毁灭"①。杜威强调道德哲学的科学性，原因还在于他认为道德的生成与思考蕴含着科学探究的成分。如果人们只是使用"火"，不去思考"火"的来源，抑或仅仅依赖于传统习俗的解说，将"火"视为上帝所赐时，就不具有实践选择与实践探究的科学成分。然而，如果人们开始思考"火"的来源，致力于探究"火"的生成，并且想有规律的控制和引导"火"发展时，人们就从对"火"的使用转向对"火"的探究，当如何生产、定位、控制"火"以服务于人类发展时，该活动的道德性与科学性就相互交融为一体。

由于杜威对科学与人文互通的重视，以詹姆士·坎贝尔为代表的哲学家指出杜威的伦理学是一种"作为道德科学的伦理学"，这种"道德科学要求发展一种'更合理的关于人性的科学'和'一种科学的社会心理学'，以帮助我们理解诸如'信仰习俗的形成、欲望和判断'等有

---

① [美]杜威：《自由与文化》，傅统先译，商务印书馆2013年版，第131页。

关人性的方方面面"①。尽管科学的对象及其处理的题材是数学、机械学相关的事物（现代科学成果已证明此观点），但科学的对象和艺术的对象一样，它们是产生直接的占有和存在的工具。善果，即具有满足的性质的对象，乃是当终结和一个顺序的条理之间的联系已被决定时发现和使用手段的自然结果。在科学探索和日常事务中，我们能够保持这样一种价值理念，即所选择的材料乃是为了某一个目的而被选择出来的，对于被舍弃掉的东西并无否认之意，因为被删除的东西仅仅是与手头的特殊问题和目的无关而已。但是，在道德哲学中，我们常常会忽视这个重要的价值理念，忘记了被选择的对象是为了某一目的而被选中，被舍弃的东西在某些特殊阶段同样真实、重要。现代科学与实验心理学对伦理学的挑战成为不可忽视的存在②，由此，我们不仅要将把科学的方法运用于自然科学的探索领域，也要将其引入到哲学伦理学等人文领域。

概言之，实用主义伦理学新解，有助于强化现代科学与高技术背景下人的科学理性与道德理性，消解新兴科学技术可能产生的不道德现象。技术性实践以道德的方式进行，才能创造一种蕴含德性之美的实践成果。否则，它只能通过技能训练获得精巧的技术能力、发挥更为高深的效用。但是，如果为获取技术效益的最大化过度推崇技术性实践，就会引起高技术不道德现象的蔓延。当前，物欲的膨胀致使实践进一步扩张，进而促使功利性思想和技术性考量成为大众生活的主要信条。在这种实践的手段性、工具性、当下有用性处于显要地位，实践的道德性、伦理性、人文持存性成为空洞形式的时代，本书的研究正是要表明基于功能实践的伦理理论强调人类作为实践的开拓者应以道德、人文的方式获取科学技术、工具效益的最大化，实现科学技术的可持续发展。

---

① ［美］詹姆士·坎贝尔：《理解杜威：自然与协作的智慧》，杨柳新译，北京大学出版社2010年版，第106页。

② 蔡蓁：《品格与行动——实验心理学对美德伦理学的挑战》，《思想与文化》2013年第1期。

二 自然与价值

杜威对自然与价值关系的重新诠释，有助于我们重新理解实用主义伦理学的理论指向。如果说道德哲学的主要任务是帮助人们解放禁锢的价值观，澄清实践探索的价值和意义，包括在科学上已经证实和未被确证的意义。那么，道德哲学如果宣称它是自然或价值方面的真理的提供者，并且认为它可以取代科学的地位，这就会在限制科学发展的同时使自身裹足不前。

首先，杜威将自然与价值相融合，原因在于，传统道德哲学把自然事实与经验价值相分离，影响到实践者对某人、某物或某事的价值做出有效合理判断。真正有效的价值判断需要把自然事实或评价对象所具有的性质与主观经验或评价者所具有的价值观念结合起来。如果仅仅依赖于主观经验对某一对象进行价值判断，会使价值判断的结果失去客观性和有效性。价值可以被理解为事情在它们所完成的结果方面所具有的内在性质。人们对价值的讨论，通常是以事实为参照点的，如果说事实界是指自然存在的所有客观世界，那么"一切由于人为的隔绝而被排斥于自然存在之外的宝贵事物"① 都被归属于价值界。如何控制事情的发展过程，以求在终结时获得稳定的并倾向于创造其他价值的对象，这就关涉到价值判断和评价的合理性与有效性。

自然与价值作为两个不同的学术术语，二者既有相关性，又具有不同的属性。就其关联性而言，二者都是人类活动不可或缺的组成部分。价值既与人作为一种自然的存在体紧密相关，又不仅仅只关涉客观属性。就像人类自我意识的形成和发展，离不开与他者及相关环境的交互作用。价值观念的形成也发生于除自然世界之外的社会事件或事务中。对于自然科学家强调自然事实对于主观价值的优先性，人文学者主张艺术诗歌、伦理道德等是相关于价值，而非相关于真理的观点，杜威都对其持反对态度，而是主张生活与实践是自然与价值融合的产物，人类既生存于一种自然存在的领域，也生存于和真假有关的价值和意义领域。

其次，自然与价值的互依互存预示着"是"与"应该"、"善"与

---

① [美] 杜威：《经验与自然》，傅统先译，江苏教育出版社2005年版，第250页。

"应当"的交互共生。传统伦理学家认为，正确的陈述某个事件，并不蕴含陈述者喜欢某个事件。而在杜威看来，虽然道德上的"正确""正当"或"善"所蕴含的"应该"、"好"隐含着"是"所不具备的赞同态度，但实践者所赞同的"是"仍然为"应当"或"应该"提供了关于"善"的正确性材料，这样的话，我们就有理由认为从"是"推演出"应该"具有可能性。由此，人们可以从表达赞同"是"的心理倾向中，推演出有关"正确"或"善"的判断，由不赞同的"否"推演出"错误"或"恶"的判断。在传统哲学中，经验论者和理性论者把自然与经验、可能与现实、偶然与必然相分裂，直接导致了自然、事实与价值的分离，由此，"什么样的实践是有价值""如何实践才具有价值"成为当代哲学家应该思考的新问题。对此，杜威提出的自然与价值的最佳统合，有助于应对上述困境。

人类自身的特性及其特殊存在决定了价值与自然的密切相关性。如果我们认可"人是在自然之内，而不是在自然之外"这种观点，那么，人类只是自然之内具有能量的一种类存在，这种类存在与其他物种的存在是不可分离、密切相关的。以此类推，在人类社会中，每一个体的存在与其他人的存在也是互依互存的。由此，基于人际间的交互共存而生成的自然与价值的不可分离观成为人类发展的重叠共识。当然，由于人类只是宇宙万物的一种类存在，这就决定了人类自身的有限性，那么基于此而生成的价值观念既具有偏狭性、不完善性，同时又具有变动性、不稳定性。即使存在所谓的普遍性与客观性也是限于相对的意义上。人类的实践探索与植物的生长和地球的运行具有相似性，又具有差异性，其相似性在于它们都是顺应自然的发展规律，其差异性在于人类不只是被动的顺应自然，而是主动地改造自然。这样，人类就需要为自己的主动选择承担"善恶之果"。

再次，杜威对自然与价值的重新诠释，转变了传统道德哲学家对二者的分离式解释。在杜威看来，对于"直接价值本身，即关于实际所发生的、为我们所具有和所享受的价值……它们只是发生着、被享受着、被占有着，仅此而已"[①]。然而，当我们对这些价值进行对比、归类、

[①] [美]杜威：《经验与自然》，傅统先译，江苏教育出版社2005年版，第256页。

并对其加以界说、概括或评价的时候，我们就会超越价值对象本身，采用自然论以及社会因果关系，探究该事物的客观价值以及主观所需价值，在对其予以赞美的评价时，并对其未来可能产生的价值做出预期。由于人们对好生活的理解已经多元化，那么，对于价值的理解自然也需多元化。自然与价值既是存在物自身所具有的，也是人类所赋予的，那么，要改变对生活与实践的价值定位，既需要认清自然存在的规律，也需要改变人类自身的价值观。

在日常话语中，人们通常认为，价值是个人主观的产物。然而，如果我们对价值的生成进行溯源，会发现对价值进行主观化、私人化理解是片面的。价值的生成需要依赖客观的、物理的自然事物以及政治、社会的事务。譬如，我们具有评价一艘船的价值需要，然而这种价值的形成离不开造船的各种材料及人类的需求等多种因素。由此，价值既蕴含客观的、物理的自然特征，在描述这些特征时无须涉及某一个体或自我，正如一艘船由金属和木材等造成，有多个船舱等等。同时，价值也蕴含主观的、精神的社会特性，譬如这艘船能够给哪些人带来什么价值、我们应该如何利用这艘船的价值等。由此，我们说，价值评价应该走出传统道德哲学的二分化理解，既不能将其绝对主观化，也不能绝对客观化，而应该在事物的特性及其相关的社会因素中，以一种生成发展的眼光来对待它。

最后，自然与价值的融合，意味着共相和殊相、形式与质料、类存在与殊个体的交互共存。类存在是体现在殊个体之中的，它使得殊个体变成一个内在地统一起来的、被标明出来的类，于是，人类社会作为一个类存在，就具有了普遍性和统一性的特征。在传统哲学家那里，主观性代表着殊相，意味着变动、片面、不完善。于是，在传统社会，个体的主观性被视为从属于客观实有的。虽然亚里士多德意识到脱离了殊相的共相是不存在的。但是，他依然认为存在着一个作为类的真实实体。这种作为形而上学式的存在之存在，或者说，作为一种形式的类存在，它包含着一切的殊相并表彰着它们的全部特征。然而，在杜威看来，主观性与客观性的区分只是相对的，没有主观，就没有所谓的客观概念，没有客观，也没有所谓的主观概念。如果说"主观的"意味着是与自然的存在物相孤立的，那它就只能是一种不可解释的内生之物。但是，当我们说欲望、信仰、梦想是主观的时候，这些又不是天然内生的。因为，欲望一般是由对象物所引发，信仰和梦想也是有外在指向的。如果所谓主观的是自然以外、脱离于外在事物的，那么，我们就不会将自身视为自然的一部分，这就致使对自然的无限破坏。事实上，就像画家所使用的物质设备及其所依赖的自然环境，构成了其自身之所以是画家的理由一样，人类任何的主观创作都是无法脱离客观世界的。

概言之，如果实践者要把新兴的实践活动当作有价值的东西来研究，那么他就必须充分认识到自然与价值的不可分离性。因为，现有的自然与价值具有不同属性的分离性观念，会忽略实践活动的多重影响因素。自然与价值的融合会使得新情况可能出现的可错性被加以考虑，假使对可错性的关注可以减少可能发生的意外，那么，可错性就不再是导向实践活动逐步渐善的屏障，它能深入实践的深处，扩大对实践活动的多种可能的理解。实践使得自然界万物成为可接近、可获得的。对于实践研究的可错性的承认与尊重促使人们接受善的非先验性或非超验性，不管可错性在时间和空间上所占的地位是否有限，无法否认它会影响到实践活动的可持续性乃至对相关道德观念的理解。

三　功能与意义

现代科学帮我们获得了某种程度的预见能力和控制力量，现代技术及其相伴随的工具、机械帮我们把这个世界改变的更适合于我们的需要。面对危险四伏的世界，我们的实践探索能力不断增强，历经实践检验，我们积累了一定的财富、获得了安适生活的手段以及更为安全的居所。然而，如果我们透过现象看本质，会发现世界的多变性、偶然性、险恶性和不确定性并没有发生根本性的改变，更没有消失殆尽。因此，我们仍然面临功能与意义的思考。

在传统哲学中，实践的意义与功能是被分离对待的，而在杜威的哲学语境中，"意义是通过物在使共享的合作得以可能，并在使之完成的过程中发挥作用而达到的对意义的获得"[1]，他看到了意义的获得与实

---

[1] John Dewey, *Substance, Power and Quality in Locke*, LW, Vol. 2, Carbondale and Edwardsville: Southern Illinois University Press, 1980, p. 142.

现是基于物、通过物而产生的相互关系的合作中，注意到功能性与意义性的不分离对人类活动有更广泛的影响。而且，杜威还认为，"认识的意义、理智的意义的概念本身就是说：事物在它们的直接状况当中乃是从属于它们所预示着的和指正着的东西"①。杜威对功能性与意义性之诠释的贡献主要表现为以下几方面。

首先，功能性与意义性的交融消解了目的善与手段善的对立。譬如，对某个人而言，智能机器人缓解了他的腰酸背疼。当下的结果或者说他的腰酸背疼的状态停止了是值得追求与向往的状态或价值指向。根据这个人所经历的事实，他会发觉智能机器人及其制造或其他足以满足这一点的手段也都是有价值的。因此，手段和目的其各自价值的实现是相互依赖的，相互转化的，他们是一组不可分割的整体。这就像人类去探索自然为其所用以满足自己所需，同时又保护自然为它考虑以顺应自然规律。如果没有社会，也无所谓个人。如果没有人类，也无所谓的自然。人类命运共同体这一价值理念的提出，实际上是将人类与自然一体化，实现二者的可持续存在与发展。目的的实现与满足与实现的状态相关，也与所使用的手段相关。

虽然我们不会因为手段本身而追求手段，而是因为手段的功能或者手段可以帮我们获得目的善而追求它。但是，没有手段的功能，也无所谓目的意义的实现。功能上的"有"与意义上的"善"是不可分离的。这就排除了传统哲学将事实的"有"之存在与价值的"善"之存在二元分离。当然，如果仅仅从存在论的角度看，"有"意味着存在，我们或许可以说存在是真，但很难说不存在就是假。此外，如果从价值论的角度看，我们对"有"即"存在"有两种不同的理解，即真假之解与善恶之解。在此意义上，"有"与"真"、"善"（bonum）是无法分离的。而且，从与"无"相对比的意义上来理解"有"，并且把"有"理解为无空缺、无缺乏、存在的完善的话，那么，衡量这种完善程度的标准就离不开"真"和"善"的判断。例如，你有饭吃，我没有饭吃。如果追溯其根源和可能产生的后果，这既是关于"有或无""真或假"的事实判断，也是关于"善"或"恶"的价值判断。

---

① [美]杜威：《经验与自然》，傅统先译，江苏教育出版社2005年版，第130页。

其次，实践者所感知、所经历的道德事件，不仅仅是基于意义的考虑，也蕴含着功能的考量，它不只是事物作为存在自身的一种客观形式，不只是实践者所遐想的可能意义，还存在系列可能的功能与意义。按照古典道德哲学家的理解，对意义的知觉所把握的是形式而不是功能。基于此，实践活动的道德性就完全被视为一种意义性的存在，一种基于形式而对确定意义的追求与把握，忽视了对质料的多样化与多元化的关注与探究。如果实践者将道德事件中的功能性考量与意义性的考虑相分离，道德哲学要么演变为一种抽象的形式，成为一种空中楼阁式的存在，要么演变为一种纯粹的手段，成为一种工具式的存在。杜威对功能与意义以及由此而延伸的自我与对象不可分离的观点，在马克思那里，也被给予相似的表述，即对象因我而存在，我因对象而存在，"我的对象只能是我的一种本质力量的确证"①。

实践、功能、意义不可分离、相互生成。在杜威看来，传统哲学将目的与手段相分离，致使对功能与意义的理解也发生分离。对此，安德鲁·芬伯格也指出，"有效制度层面把物品的功能问题与它们在社会语境中的更广泛的意义分离开来，无论是在概念上还是在实践中，目的和手段都不再是统一的"②。但是，按照杜威的理解，当实践者对实践活动做出有目的的调整时，对当前在"真实的"空间上所发生之事的感受会形成新的知觉、意识乃至生成意义，对当前存在事物或事件的知觉和意识蕴涵着多种可能的意义与功能。譬如，在正常情况下，由于时间、空间及关系的临近性，人们在进行实践活动的探索时，更倾向于考虑自己父母和亲人的利益，人们对自己父母和亲人的义务感也强于对陌生人的义务感。然而，当人们意识到陌生人对自己的存在是有所助益的时候，就会对实践活动做出有目的的调整，那么，新的道德知觉、道德意识、道德功能与意义都会相应发生改变。

再次，实践者与实践环境的具象关系，乃是属于存在物的而且是有

---

① 《马克思恩格斯全集》第1卷，中共中央马克思恩格斯列宁斯大林著作编译局编译，人民出版社2009年版，第191页。

② [加]安德鲁·芬伯格：《功能和意义：技术的双重面相》，计海庆译，《哲学分析》2011年第1期。

关于存在物的，但是存在物的组成因素却不只是这些，同一个存在的事情可以有无数的功能与意义，就像"技术的创新行动展现了从功能化中重新找回意义的可能"①。譬如，"纸"作为一个存在物，在某些情境下，其最突出的功能就是因其是被"用来在上面写字的东西"被指称为"纸"。但是，由于人们认知在它所参与的各种各样的交相作用联系中所具有的各种重要功能，它就被赋予了多种可能的意义。伴随着功能的无限开发，其意义的可能性也无限扩大。而且，如果它们所具有的多种功能在不同场合是可能的，那么，它的潜在意义也随之无限拓展。由此，功能性与意义性也被纳入道德判断与评价的考量之内。杜威对实践进行了重释，其贡献在于他将实践视为人所特有的功能的显现、道德意义的生成之源。在日常生活与实践中，一个人展现出什么样的行为举止，通常会被视为该人具备什么样的道德品质，表达一种什么样的道德意义，同样，一个人具备什么样的道德品质就会展示出相应的道德行为。

最后，杜威对功能与意义之互存的阐释，推动了道德哲学的科学化。早在亚里士多德那里，对于功能与意义的理解就出现了差异，但是二者并没有分离且保留着密切关联。他基于实践与制作所处理题材与对象的不同，指出了目的善与手段的异同，但同时也彰显了功能与意义的内在关联。就像工匠的制作活动和诗文、绘画的创作活动都被视为运用技艺的活动。这些技艺被视为一种能力的向善式运用，它不是自然形成的，而是基于功能与意义的融合，通过实践学习和经验积累获得的。杜威正是继承了亚里士多德关于功能与意义都是作为一种品质，使存在世界得以在人类实践中展现的理念。可见，杜威对功能与意义在人特有的功能实践中交互性共存性阐释有着更为深远的历史。

综上所述，面对传统伦理学家从道德语言或单一道德原则的角度，强调人的实践对先前既定规则的符合，忽视生活与实践的多元性、情境性、生成性及多变性，杜威提出对传统道德伦理观念进行改造，基于道德中三种不同的道德元素探寻科学与人文、自然与价值、功能与意义的

---

① ［加］安德鲁·芬伯格：《功能和意义：技术的双重面相》，计海庆译，《哲学分析》2011年第1期。

关系，以使道德观念适应于经验科学、心理学乃至人特有的功能实践的发展。杜威拒绝以一种先验的、思辨的方法研究伦理学，推崇以实验的、科学的方法研究道德观念的可行性，他认为，人们可以借助于理论假设或逻辑论证阐释对象物的价值，但是价值的有效性需要经实践、经验及其对行动产生的科学后果来验证。在杜威看来，环境的改变要求我们根据新的情况，重新审视我们最初的评估并修正它们[①]。现代科学的发展也表明传统伦理学的独断论是僵化的、单一的，即使是那些已经得到最佳确证的道德观念也是暂时性的，一旦情境发生改变，道德观念就需要重新被改造或修正，于是重新理解科学与人文、自然与价值、功能与意义的关系就变得愈加重要。

第二节　理解实用主义伦理学的时代局限

当代社会，人们对实践的关注与研究已不再局限于实践本身，而是着眼于实践对社会和文化的意义与影响。杜威意识到实践活动的性质决定了一个人的道德品质与行为举止。但是，杜威实用主义伦理学的时代局限在于：其一，从基础主义走向相对主义，对于一个人如何把握实践的善这种根基性的问题，杜威并未给予充分讨论。其二，如果因践行自然主义功能论，而否认道德的普遍性基础，那么，如何在不同的道德因素中进行择优选择又成为一个新的实践难题。其三，价值判断的工具性关注到作为手段之物的价值，忽视了作为目的之物的价值；考虑到个体欲望或爱好的满足及其所需要的手段与方法，忽视了对欲望或爱好之合理性的目的性的考察。对于道德是使得一个人变好，并使其实践活动完成得好所展现的良好品质，学界是可以达成普遍共识的。但是如何使得一个人具有道德，应该依赖于什么原则或标准来促进道德的生成，杜威没有给出建议，以至于后世学者认为杜威提供的仅仅是一种伦理学方

---

① John Dewey, *Reconstruction in Philosophy*, In the Middle Works of John Dewey (1899—1924), Vol. 12, Carbondale and Edwardsville: Southern Illinois University Press, 1982, p. 238.

法，而不是某个具体的指导原则，如果这样的话，那就需要进一步追问，当几种不同的道德原则在同一情境中发生冲突时，这种伦理学方法的可操作性如何，这是有待深入考察与验证的。

一 从本质主义走向相对主义

杜威从本质主义走向相对主义，主要原因是他反对传统的本体论和知性化取向。传统道德哲学家认为，他们已经在理论上为道德寻找到普遍必然的基础，其结果是人们认为存在着普遍的道德规范来指导其具体的生活与实践，甚至在具体情境中，"善"的行为标准是唯一的，抑或说，按照已设定的道德规范而行为的就是"善"的，否则就是"恶"的。然而，在杜威看来，对"善"的这种极端化理解，所带来的结果就是一切"善"的事物都是预设好的，人类的具体行为就是参照"善"的标准而行为。这就意味着每一个人的行为，乃至每一个人应该做什么、应该如何做都被预先规定好了。现在与未来的自我就是对那个预设的自我的填补。自我所潜存的自发性、创新性、差异性全部被消解。鉴于此，杜威便将自我视为实践的、发展的、生长的、道德的自我，基于此而证成"善"是"多"而非"一"。

在杜威看来，传统哲学在确定与变化、目的与手段之间进行了理论与知性上的二元分离，认为只要是确定的、恒定的、至高的，皆具有好的、善的、值得追求的倾向。反之，那些偶然的、变化的、次好的，皆具有不良、非善的、不值得追求的倾向。这种哲学本体论上的思维方式实则是人的理性批判与反思能力的退化、实践探索与拓展能力的弱化、道德进步与生长发展的阻碍。杜威反对本体论及由此而来的基础主义，原因还在于本体论的二元思维模式会带来道德宿命论。传统道德哲学赋予原子式的单一原则以至高、权威地位，诉诸行为者品格、动机抑或后果等某单一原则，这会致使道德止步不前。正如今天的自我不是对昨天的完全模仿，过去的自我不能完全限定当下和未来的自我。道德哲学或伦理学理论源于人类的生活与实践，也应该在生活世界接受检验，伴随着人类生存与发展的可持续需求，结合实践对其不断修正、补充、发展，以对待科学发展的方式来改造它，这样才能使科学实践者以道德伦理的方式发挥其应对危机与风险的意识与能力。

杜威实用主义伦理学不再局限于对伦理学元概念的解析，也不再局限于对事实、价值及行为的分离式讨论，而是从实践的相对善的角度，探究如何使人成为伦理之域的存在，建构有效的人伦秩序。然而，杜威从基础主义走向相对主义，在道德哲学上也会引发诸种理论困境：其一，难以从道德认识论的角度，解释道德的本原之知、存在之理，无力从道德本原层面把握善与正当等元概念的重要性；其二，难以从道德价值论的角度，解释道德的规则之知、价值之知，无力从价值之维层面推论人可以合理地意愿什么；其三，难以从道德行为学的角度，解释道德的行动之知、应然之则，无力从如何行善、社会制度应该如何改良等方面提供系统方案。在具体的生活与实践中，这些理论困境所带来的主要问题表现为以下几方面。

首先，对道德基础主义的批判致使杜威对善、正当及其相互关系的解释处于模棱两可的状态。对于目的论伦理学基于善以及义务论伦理学基于正当来谈论道德的基础，杜威持强烈的批判态度，他反对传统伦理学将善与正当相分离的做法。杜威关于正当与善的关系可以概括为，善与正当是相互转化的，在此时，善或许优先于正当，在彼时，正当又优先于善。杜威关于善与正当的解释带来的问题是如果坚持每个人都拥有一种基于正义的不可侵犯的权利，那么，当个体权利的正当性需求与公共善发生冲突的时候，该如何平衡正当与善的关系、怎样调和个体权利、个体福利、个体"所欲的"与社会整体利益、共同体福利、普遍"可欲的"之间的关系就成了杜威伦理学面临的主要困境。人们在现实生活中需要承担的道德义务大多是从最基础的道德原则推演而来，但是，如何在不同的道德原则之间进行排序，这种排序所依赖的标准或基础又是什么，如果摒弃了对最高目的善的考量，面对具体情境人们该如何行为，多数人又会陷入正当与善何者优先的迷茫之中。

其次，对道德基础主义的批判会导致道德选择的多原则困惑。从杜威对传统伦理学的批判中，我们可以看出，杜威批评的实际上是传统的道德基础主义。然而，杜威对传统道德基础主义的批判又带来了新的问题。这就涉及道德基础主义的重要性的考察，对此，菲利普·斯特拉顿·莱克（Philip Stratton-Lake）曾指出，"义务论和后果论的各种形式都是基础主义的理论。它们都是基础主义，因为，对于'最基础的道德原则是什么',它们都提出了不同的观点,并且它们主张,我们所有的道德义务都是源于这些原则。在这里,这些原则在相关意义上是道德的,因为它们规定了我们首先要面对的或实际的责任或义务"①。如果按照杜威的思路,彻底摒弃道德基础主义,那么就失去了道德选择所依赖的基础。尽管杜威的反基础主义不是反对一切基础,而是反对唯一的基础倡导多元的基础。但是当他把各种原则都纳入道德基础的考虑时,就等于基础变成了原则。当道德原则都成为相对的、多样化的时候,人们会面临道德选择的多原则困惑,在现实生活中的各种情境下如何行为,人们的道德义务、道德选择最终该源于什么,这一系列问题就失去了最基本的参照基础。这种道德相对主义,有其原则的相对灵活性运用的优势,但是同样的问题是当其看似适用于一切情境的时候,又对一切情境都不适用。最终导致的结果仍然是要在不同的情境下,依赖于不同的道德基础理论如德性论、义务论、功利论、情感论等。

再次,对道德基础主义的批判会导致道德判断的多原则困惑。在杜威生活的时代,由于人们的道德观念发生了多元化的转变,他便批判传统的伦理学理论将道德判断的基础奠基于独一的善的局限性。这种批判集中于其《哲学的改造》第七章关于道德观念的改造方面。他指出,无论是美德论伦理学、义务论伦理学、还是功利主义伦理学,这些学派都同意这一假设,即"存在一个独一无二的、最终的、固定的善,只不过,有些人到自我实现中,有些人到神圣中,有些人到幸福中,有些人到最大可能的快乐总量中,去寻找这种善"②,杜威看到了唯一的、绝对化的道德判断标准忽视了具体情境、具体事件的复杂性。但是,杜威为了批判善的绝对性和确定性,提出善和恶是可以相互转化的,也是有问题的。因为,善与恶不仅是相对的,还具有不同的性质。杜威并没有清晰的论证不同性质的事物如何并且依赖于什么相互转化。而且,善恶相对论不仅会引起道德相对主义,还使人们在对具体情境进行道德判断时无所适从。尽管杜威提出面对具体情境,需探究、校验、判断性的运

---

① Philip Stratton-Lake, "Recalcitrant Pluralism", *Ratio*, 2011, 24 (4), p.364.
② [美] 杜威:《哲学的改造(杜威全集·中期著作·第十二卷)》,刘华初等译,华东师范大学出版社 2012 年版,第 135—139 页。

用善理论，但是，探究与判断的道德标准是什么，有多少人具备这些能力，又会成为道德实践者面对的另一新困境。

最后，杜威基于相对论来讨论道德观念的相对性，其价值在于注意到道德是实践性的，一个人具备道德的知识不一定做出合道德的行为。然而，当他完全诉诸情境与实践的相对性，对实践者及其行为进行道德评价时，对于恶的动机所导致的善的结果以及善的动机所导致的恶的结果如何做出判断，杜威的理论并未给予关注，这也是杜威对基础主义进行批判所带来的一个现实的伦理难题。实践的动机之源是意愿，但是对于出于意愿和违反意愿的行为如何进行道德评价，杜威也没有做出详细阐释。实践结果的实现程度取决于手段的选择，而对于应秉承何种方法来选择手段，又是一实践难题。在这方面，或许亚里士多德的学说依然有参考价值，即在亚里士多德看来，"行动的始点是行动要达到的目的，但一个由于沉溺于快乐、畏惧痛苦而败坏了的人，完全不能够分辨始点，不能看到他应当选择和实践的作为达到这一目的的手段"①。一个实践者及其行为的善/恶、好/坏是由其自身的道德德性与理智德性决定的。前者决定了行为者的实践动机与目的的善，后者决定了实现该良好行为所选择的实践手段的正确性。

杜威与传统道德哲学家一样都注意到实践目的与动机的意愿、实践过程与手段的选择都需要体现对实践活动的道德性考量。当实践者重复性的出于合理的意愿、正确的选择而行为时，积久而成的习惯会生成新的良好品质。但是，在生命的早期，面对缺乏自主实践能力的婴幼儿，成年人应该秉承何种原则来帮助儿童获得道德的成长，这是另一实践难题。杜威只是强调应该从冲动、习惯的角度帮助孩子塑造良好的道德行为力，但是对于成年人如何引导孩子的冲动，在引导中应该秉承什么样的原则，杜威并没有做出阶梯式说明。杜威对规范伦理学发展的贡献是提供了一种整合性的伦理学理论范式，但是他过于强调方法、手段与结果的可验证性与有效性，导致对目的和动机善的考察的轻视。

---

① ［古希腊］亚里士多德：《尼各马可伦理学》，廖申白译注，商务印书馆 2003 年版，第 173 页（1140b11 – 20）。

概言之，从基础主义走向相对主义，还意味着对亚里士多德意义上的"目的就是始点，……始点不是由逻各斯述说，而是由正常的、通过习惯养成的德性帮助我们找到的"① 批判性承继，杜威吸收了亚里士多德将习惯视为德性养成之基，却反对目的与始点的唯一性。在杜威看来，一切皆变、万物皆流，目的与始点都是相对于具体情境、具体实践而言，不具有绝对性或唯一性。但是，当实践行为的道德选择与判断所依赖的最基本的德性基础都成为多变的、多元的时候，人们如何从始点的善瞄准目的的善就成为一种实践难题。如果采用杜威的观点，将目的善与手段善视为相互转化的、浑然一体的事物，那么亚里士多德语境上的"德性使得我们的目的正确，明智则使我们采取实现那个目的的正确的手段"②、"德性是一种适度，因为它以选取中间为目的"③ 也失去意义。然而，当德性与明智抑或说德商与才商混为一谈时，对于实践行为的道德性的评价就会因人因事而确定。当道德评价完全限于相对性而失去普遍性时，该评价也失去了客观性，一种非客观性的道德评价是否还是道德的，又会成为备受质疑的对象。

当然，尽管杜威抛弃了对普遍善原则的恒定性考虑，这致使其对善的理解秉承一种相对的、流变的方式。但杜威也意识到无论社会发生何种转变，关于善的整体性、普遍性的理解仍然无法彻底摆脱历史、文化及传统精神的影响。因为，一方面，传统构成了习俗道德或常识道德的基础，"常识道德是随着交往方式和伦理学思想与理论的演变而积淀在人们的日常意识中的伦理学信念、观念、判断、意见的综合体，它不是一个内在一致的思想体系，而是包含着不同理论观点的片段的杂合的、

---

① ［古希腊］亚里士多德：《尼各马可伦理学》，廖申白译注，商务印书馆2003年版，第212页（1151a18）。

② ［古希腊］亚里士多德：《尼各马可伦理学》，廖申白译注，商务印书馆2003年版，第187页（1144a8）。

③ 亚里士多德将德性视为一种适度，是因为德性是同感情和实践相关的品质，在感情和实践中出现的过度与不及都是被谴责的，适度才是被称赞的。由于德性是以求取适度为目的，它试图把握感情与实践中的那个适度，并选择介于过度与不及，或介于两恶之间的那个正确。［古希腊］亚里士多德：《尼各马可伦理学》，廖申白译注，商务印书馆出版2003年版，第187页（1106b26）。

存在相互矛盾的观念和意见系统"①。另一方面，传统为当下及未来人类道德水准的发展提供了"源头活水"，如马克思曾指出，"人们自己创造自己的历史，但是他们并不是随心所欲地创造，并不是在他们自己选定的条件下创造，而是在直接碰到的、既定的、从过去承继下来的条件下创造"②。黑格尔也使用了形象的比喻，以表达人类难以拒斥普遍的善原则，他认为一个人无法超出自己所处的传统善观念与伦理精神，就如同一个人无法超出自己的皮肤一样③。伽达默尔也主张，"与传统相联系的意义，亦即在我们的历史的——诠释学的行为中的传统因素，是通过共有基本的主要的前见而得以实现的"④。

二 自然主义功能论之泛化的伦理危机

科学的发展已经证明，人类作为生物有机体链条中的一个重要群体，人类与其他生命物具有多种共性，然而，人与动物的属性存在着根本性的差异，当杜威在达尔文物种进化论影响下，按照自然主义功能化的方式来解释人类行为时也陷入了困境。对此，内格尔（Nagel）和帕特里克·萨普斯（Patrick Suppes）也做过类似评述，如其所言，"进化中的自然选择是偶然的选择，而不是有意识的行为者的选择。尽管许多生物学家和更多的神学家长期以来都渴望证明自然选择是可信的，但是，在任何意义上试图以达尔文式的选择为行为导向都是错误的"⑤。自然主义进化论对于生物学的解释具有重要的参鉴价值，但是如果将自然中的偶然选择与有意识的人类所做出的道德选择相混淆，在引起自然主义功能论之泛化的同时又难以促进道德实践的生成。

首先，自然主义功能论之泛化，影响人们对事物不同属性的准确认

---

① 廖申白：《伦理学概论》，北京师范大学出版社1997年版，第202页。
② 《马克思恩格斯选集（第一卷）》，人民出版社2012年版，第669页。
③ ［德］黑格尔：《哲学史讲演录》，贺麟、王太庆译，商务印书馆1978年版，第57页。
④ ［德］伽达默尔：《真理与方法（上卷）》，洪汉鼎译，上海译文出版社2004年版，第381页。
⑤ Patrick Suppes, Reflections on Ernest Nagel's 1977 Dewey Lectures "Teleology Revisited", The Journal of Philosophy, Vol. 109, No. 8/9, Special Issue: Aspects of Explanation, Theory, and Uncertainty: Essays In Honor of Ernest Nagel (August/September 2012), pp. 503 – 515.

识，人之为人的根本特征除了其所特有的功能实践外，人类还具备为其自身规划和设计未来的能力。尽管我们不能回到亚里士多德去寻求那个终极的至善，尽管我们无法为自己预设未来实践发展的终极目的，但是我们生命中还应该有最基本的实践伦理底线。如果按照杜威所言，一切理论都是服务于人之特定的功能实践，但是人之特定的功能实践的终极追求又是什么，这是杜威学说没有涉及的，其这方面的局限性是后期研究应该关注的。

此外，按照杜威的理解，善事物无论如何总是善的，它们还被称为美、真、正义。如果在创造新的善事物和保持旧的善事物的时候，它们对于判断起着坚定、激发和扩张的作用，那么从反省方面看来，也就证明了它们是善事物。如果一切能够促进善事物生成的事物都是善的，那么，从自然主义角度所理解的善功能就被彻底泛化了。就像对于我们所相信的事物，我们必然会觉得它是好的，有价值的，这或许可以被视为一种事实。但是，这个事实不足以成为我们做出真实正确乃至客观评价的全部理由。在普遍流行的观点看来，凡是个体所欣赏和采纳的事物，就是其认为具有存在价值的事物，就会成为其追求的对象。然而，对于人们所追求的事物，是不是真正值得追求的事物，也就是说，所欲的是否等于可欲的，这是有待讨论的重要问题。我们不能否认，杜威所认为的"我们相信的相信本身"就是有价值的，因为相信意味着接受、欣赏和采纳，也意味着有选择、同化和维护的倾向。但是，有时这既会成为反省和革新旧有自我、旧有传统的障碍，也会带来对价值与善的理解的过度泛化。

其次，自然主义功能论的泛化所产生的伦理危机，还表现为科学理性与工具理性对道德理性的替代，致使道德判断的工具性考虑加重。在杜威看来，理性或理智的道德判断是人的能力的显现，人们可以借用科学、经验的方法发现并发展它，而不是依赖于先验道德假设。为了采用自然科学的方法探究伦理道德的可能性，杜威基于经验与自然的连续性，对传统伦理学方法进行批判，并将自然满足与道德之善相融合，以消解自然善与道德善的分离；他不寻求对传统的伦理学理论问题的解答，而是主张伦理学要解决实践伦理难题。罗蒂认为，杜威对哲学的姿态使实用主义更有益于哲学研究，现代社会的发展，使我们更倾向于使用杜威思考问题的方式，诸如用"我们应该享有哪些团体的愿望？我们将乐于成为哪一类人？"去代替康德的问题，诸如"我该做些什么？我能希望什么？人是什么？"①当杜威提出哲学必须应用科学方法来处理"人的问题"时，这种哲学就放弃了它所继承的谜并转向社会批判。然而，如何使用科学的方法澄清人类关于自身生活中出现的社会冲突与道德冲突，如何避免道德判断的过度工具化便成了有待研究的话题。

传统道德哲学将道德问题集中于"善是什么"的追问，其目的是要探寻什么事物是值得欲求的或可欲的。杜威则认为对于善的本体论追问抛弃了善所发生和生成的境遇，哲学家应该关注的是在具体的境遇中"如何实现善"，抑或说帮助人们实现可欲的善。杜威对传统道德观念进行改造的价值在于强调了行为、实践在道德品格及善生活中的重要性。但是，对于所欲的实践与行为的有效性、境遇性的过度强调，又会致使其学说成为一种相对的存在，忽视对某物是所欲抑或可欲的本原追问。人类历史的发展已经证明，所欲的不等同可欲的。譬如，现实生活中大多数人对于穿貂皮大衣、带象牙装饰都有一种欲求，然而他们所欲的这种事物并不是可欲的，因为这会伤害到地球生命链条中濒临灭绝的物种，进而影响到人类命运共同体的可持续存在与发展。虽然杜威看到了科学与人文的不可分离性，但是对于"善是什么"的本原性、普遍性追问仍然持反对态度，这就促使其从功能性的角度过于关注"如何实现善"，其导致的结果就是科学性被高度重视，人文性成为附庸。

再次，自然主义功能论之泛化忽视了人文化的实践难以用科学性方法和工具性思维做出精确的善恶判断。杜威的初衷是基于自然主义功能论的角度强调科学与人文的统一，而不是通过二元论的方式保护传统伦理道德免受科学的挑战。但是，当他努力将科学的方法运用到当代文化所凸显的道德与社会问题中时，实践者及其行为的道德善恶判断难以得到清晰断定。实践领域的无限扩张会引起自然环境的恶化，如果人类的实践完全是无目的性的，也会带来无限扩张的可怕后果，因为无目的，也就意味着无边界。如果完全依照生物学的进化来解释人的行为动机及

---

① [美]萨特康普：《罗蒂和实用主义》，张国清译，商务印书馆2002年版，第4页（序）。

其后果，人类也会推卸其应该承担的道德责任。因为，尽管我们无法对进化中的自然选择进行伦理约束或道德谴责，但是我们却可以对有意识的人类行为者的选择进行伦理约束或道德批判。

最后，在达尔文物种进化思想的影响下，自然主义功能论之泛化促使杜威对传统的本体论持反叛态度，他旨在从传统的本体论走向实践生成论，这里面所内含的深刻哲学意蕴就是对巴门尼德以来，从柏拉图到康德直至皮尔士所继承的被理解为"一"的最高权威的批判，同时又是对赫拉克利特以来到亚里士多德对实践生成的多元善观念的强调。然而，杜威又不同于亚里士多德，尽管亚里士多德批判了柏拉图的所倡导的终极、至善的善理念，但是，通过亚里士多德对沉思的带有神性生活与属人的可实践的现实生活的区别，可以看出亚里士多德并没有彻底否认基础主义的存在。于是，杜威指出传统的道德基础主义的局限性，并对每个学派进行了一一批判。然而，杜威却没有提出一个系统的伦理理论来论证反基础主义的合理替代方案，仅仅从探究性、实验性方法的角度指出了道德选择与判断的多原则之可能。当杜威指出没有最善，只有相对的更善时，就会使人们在道德动机与行为的选择、道德评价与判断方面具有相对主义倾向。最为可怕的是，一旦道德判断与评价的标准没有了最基础的道德原则作为参照点，这种判断与评价就很容易随着情境的改变而改变，在规则转变成原则，原则演变成方法的时候，道德就被演变成一种手段或方法，进而会被作为一种工具被人们所使用。

概言之，自然主义功能论之泛化的潜在影响，表现为忽视道德事件所蕴含的非外显的、潜在的道德隐喻。道德事件的外显结果或对象包含着潜在的隐喻，尽管实践者尽其所能地将其呈现，但不是所有的后果都能被预见或成为反省与决断中的一个明显的或已知的部分。在这些经验事实的面前，如果认为道德事件本身全部是属于同一个类型的，都是清晰的、外显的和可验证的，未考虑到任何隐蔽的因素、新奇或矛盾的成分，这样的道德判断将是片面的、不整全的。尽管杜威看到了传统道德哲学的缺陷是忽视道德哲学的科学化，然而，他却走向了另一极端，他把所有道德知识和道德概念视为必须由经验、实践进行检验、验证的对象和题材，由此，道德概念被等同于科学本身精炼的对象所呈现出来的、具有普遍精确特征的东西。传统道德哲学的理性假设与杜威的科学假设在某种程度上都和人类所经验到的道德事件背道而驰,因为,道德事件是为人们所对待、使用、作用、运用、享受或保持的对象,它们多于将被认知的事物,且很多相关的道德因素相互交融、难以用理性或科学等单一元素充分验证。在它们是被认知的事物之前,它们便以各种隐性或显性的方式存在着,我们不能因某些道德因素无法被验证而否认其价值。

三 价值判断的工具性之局限

人之为人的根本特征不再仅限于使用和制造"工具",生产方式与生活方式的转变带来了新的革命。在此情境下,如果继续秉承价值判断的工具性考量,将使判断失去人文性与伦理性。价值判断的工具性考虑到欲望或爱好的满足及其所需要的手段与方法,忽视了对欲望或爱好之合理性的目的性的考察,忽视了作为目的的价值判断可以为人类行为提出目的性指导,过于诉诸探究、实验等可验证的技术人工物,忽视了道德情境与道德事件所蕴含的非外显的、隐喻的意义与影响。价值判断的工具性之局限还表现为因移情关怀的缺失而带来的政治或共同体生活的伦理冲突。

首先,价值判断的工具性考量难以对美德的最高境界做出解释。如果说"美德是出于正确的理由,以正确的方式,做正确的事情的倾向"①。那么,理由、方式与倾向是否都能接受工具性考量是备受质疑的。而且,从行为者的内在感受看,当其做正确事情的时候可能夹杂着不同的情感状态,既存在自我行为与感受的内在冲突,也存在二者之间的平衡。根据亚里士多德的说法,美德在于做正确的事情时没有相反的抵触情感。一个人在节制的时候以此为快乐,他才是真正节制的人,反之则不是。康德的观点恰好相反,他对美德的理解是通过克服私人情感来做正确的事情。无论哪种观点,都表明美德包含了行为者的感受与情感状态。而这种感受与情感状态如何工具化考量是一困境。

价值判断的工具性会削弱人的境界意识、求善的意愿与选择。境界意识是个体精神成长与发展的最高阶段,也是民族与社会文化发展的最

---

① Julia Annas, *Virtue Ethics and Social Psychology*, A Priori, 2003 (2), pp. 20-34.

高程度。价值的最高境界或许是"帮助人达到道德境界和天地境界,特别是天地境界,是真正意义上的哲学境界"①。如果将价值判断完全工具化,就缺失了境界意识,会致使社会文化价值观成为沙漠式、空心化存在。正如张世英教授所言,"如果说境界一词是指个人的精神境界,那么,文化则是指一种社会、一个民族的精神境界。一种社会、一个民族的文化是由它所属的成员的个人境界构成的,离开了个人的精神境界,所谓社会文化,民族文化是空无内容的"②。

价值判断的工具性考量会提醒实践者做正确的事情,但是难以使其出于善良的理由而实践。事实上,只有理解了何为正确与善良,并按此行动的行为,才是有价值的行为。有德之人就在于他具有理解正确事物的能力且可以按此行动。这种能力的生成就需要良好的道德教育及其带给人以启示与反思的动力。我们最初从他人那里接受道德教育,习知是非道德判断,将他人视为榜样。好的道德教育是要使学生自己思考他们所接受的道德观点,然后对日常习得的道德知识进行反思,最后找到道德判断的标准并能对其进行解释和辩护。由此,道德专家(有德之人)是擅长实践推理和道德反思的人③。此外,美德还包括良好的内在状态与稳定品格,"解释一个人行为的是其作为整体的(而不是与动机分离的)品格,这种品格在某种程度上是连贯的、整体的动机,它包括这个人的欲望、关于世界的信念以及终极目标与价值"④。这是杜威的价值判断的工具性考量难以兼顾的。

此外,人的存在与发展受两种关系的制约,"一方面是自然关系,另一方面是社会关系"⑤。在这两种关系中,合理的意愿与正确的选择对于实践者道德动机的选择及道德结果的判断有着重要的影响,而在杜威的道德哲学中,意愿与选择却没有得到应有的重视。"人的现实世界不是给予的世界,而是经人自己的活动参与创造的世界……在这种活动

---

① 冯友兰:《境界》,中信出版社2012年版,第8—10页。

② 张世英:《境界与文化》,《学术月刊》2007年第3期,第15页。

③ Julia Annas, Virtue Ethics and Social Psychology, *A Priori*, 2003 (2), pp. 20 – 34.

④ Rachana Kamtekar, Situationism and Virtue Ethics on the Content of Our Character, *Ethics*, 2004 (114): pp. 458 – 491.

⑤ 《马克思恩格斯文集(第1卷)》,人民出版社2009年版,第532—533页。

中，人以物的方式从事活动，换来的则是物以人的方式的存在。实践活动不仅创造了人和人的活动，也创造了人的生活世界和对象世界"①。在实践者的欲求、渴望和意愿无法进行工具化判断的情况下，如何引导其拥有恰当的欲望和意愿，减少恶的欲求或欲念，秉承价值判断的工具化是难以对此做出诠释的。

其次，价值判断的工具性关注到作为手段之事物的价值，忽视了作为目的之物的价值及其不可被工具化考量的重要性。如果将人自身视为一种物化的存在，那么每个人都可以成为他人实现其目标的手段或工具，这种将人工具化的做法，正是对人自身的异化。在杜威语境中，一切判断都是价值判断和实践判断，且这些判断既是工具性的判断也是目的性的判断，此时的手段可能成为彼时的目的，彼时的目的又会成为此时的手段。然而，以 Anderson, Elizabeth 为代表的学者则"反对杜威价值判断的工具性理论是因为其理论只关注作为手段之事物的价值，而不是作为目的之事物的价值。它未能确定什么是最终重要的事物：内在价值或最后目的。某些实践之外的终极目的必须被假设为既定的，并作为判断（如判断作为手段的行为价值）标准，以免我们陷入无限的回归"②。为了避免回到义务论、后果论之间的无休止的争论中，既要吸收杜威对道德观念改造的合理因素，看到手段和目的的性质和价值是相互决定的，也要看到在杜威那里，最终的、最好的价值转变为相对性之物的潜在风险。否则，当一切事物都变成相对物的时候，一切价值判断或道德判断也都变成相对的，这就意味着手段善和目的善也都是相对的，彼此都是作为一种工具性的存在。当善被视为工具时，善的属性和功能就失去了其本真的存在价值。当人被视为工具时，人自身也就产生了异化。

价值判断的工具性忽视了作为目的的价值判断可以为人类行为提出目的性指导。杜威受达尔文进化论思想的影响，在对其道德观念的改造

---

① 高青海：《高青海哲学文存（第 1 卷）》，吉林人民出版社 1997 年版，第 136—137 页。
② Anderson, Elizabeth, Dewey's Moral Philosophy, The Stanford Encyclopedia of Philosophy (Fall 2018 Edition), Edward N. Zalta (ed.), URL = https：//plato.stanford.edu/archives/fall2018/entries/dewey-moral/.

中，他时刻秉承世界万物的运行有其自身的规律，人类作为万物的一员，尽管其特有的功能实践使其不同于其他生命物，但是，万物运动的基本点是相同的，即人类的理性是有限的，无法预测到所有的目的，更无法做出所有的理论假设。因此，他批评传统先验的、恒定的、固化的道德法则，倡导一种可实验、可验证、渐善的道德原则。所以，他说"除了达到目的所需要的手段以及目的作为手段的价值（事物有其自身的结果），对于目的的价值判断不能为理性行为提供基础"①。然而，目的的存在价值并不取决于目的作为手段的价值，就像康德所言的人是目的就意味着人永远是目的，而不是他者或社会实现经济发展的手段。如果像杜威所言目的的存在价值取决于目的作为手段的价值，那么人就成为一种手段性的存在，当人类自身也被视为手段时，人与人之间的相互残杀、互为工具的情况就会逐渐加重，最终将致使人类的毁灭。价值判断的目的性而非仅限于工具性的考虑，旨在促使人类以道德的方式探索并揭露自然，使实践的拓展更加人性化。同时，实践的人性化及其神奇力量又促使人类道德观念不断更新和发展。

　　杜威关于价值判断的工具性考量既包括"精神性的"又包括"物质性的"，还把"社会的和政治的共同体作为技术产品来对待"。这样带来的问题是对德性之价值进行工具化考量会致使对德性理解的单薄化。"德"作为人际间的交互活动而生成的优秀品质，使得自我的生成与存在得以可能，"一个人只有在其他自我之中才是自我。在不参照他周围的那些人的情况下，自我是无法得到描述的"②。由此，自我与他者是"处于'相依'（being-for）的状态之中"③。这里既包含着对他人的欣赏，也包含着对自己的辩护，"为自己的生活作辩护包含着这种信念：一个人的行为与他选择作为理想的生活模式的形象是和谐一致的，

---

　　① Anderson, Elizabeth, Dewey's Moral Philosophy, The Stanford Encyclopedia of Philosophy (Fall 2018 Edition), Edward N. Zalta (ed.), URL = https://plato.stanford.edu/archives/fall2018/entries/dewey-moral/.

　　② ［加］查尔斯·泰勒：《自我的根源：现代认同的形成》，韩震译，译林出版社2001年版，第49页。

　　③ ［英］齐格蒙·鲍曼：《生活在碎片之中——论后现代道德》，郁建兴等译，学林出版社2002年版，第1页。

而他可以羡慕这种生活，并把这种生活本身视为一种肯定的价值"①，所有这一切作为人类生活的基本要素，都难以完全按照价值判断的工具化来考量。

此外，"德"作为人的存在之本，意味着无德性者的存在是非人性化的存在。如《孟子·公孙丑上》有言："无恻隐之心，非人也；无羞恶之心，非人也；无辞让之心，非人也。无是非之心，非人也。"由此可见，无德性者是无敞亮的未来的。"德性同存在的事实性密切相关……作为德性基础的事实，来源于人们相互之间的密切合作，来源于人们在愿望、信仰、满足和不满的生活中相互关联的活动结果"②。"德"根植于内心、渗透于生活、显现于实践，虽然在某种程度上，"伦理道德没有自己特殊的领域，但他们出现于任何领域"③，那么，各领域基于"德"而论及的价值判断也难以进行工具化考量。

再次，价值判断的工具性考虑到个体欲望或爱好的满足及其所需要的手段与方法，却忽视了对欲望或爱好之合理性的目的性的充分考察。对目的的探究并不意味着"我们要么需要某种最高善的观念，排除实践推理，证明行为必须趋向最高善的目标；要么把杜威的理论归结为一种休谟式的工具主义，在这种工具主义中，目的是由我们的欲望或当前爱好所决定的，唯一的问题是如何满足它们"④。实践者欲望或爱好之目的的正确，需要从道德层面选择正确的方向，实践者欲望或爱好之手段的正确，需要从效用层面选择正确的方法。为获取方法选择方面的效用的最大化，实验推理与科学验证被杜威引入道德哲学中，然而，人类的想象力和行为力是有限的，在很多情况下，当代人难以预测到未来可能发生的事件，由此杜威从反基础主义、反本质主义的角度取消道德的普

---

① ［美］黑泽尔·E·巴恩斯：《冷却的太阳——一种存在主义伦理学》，万俊人、苏贤贵、朱国钧等译，中央编译出版社1999年版，第9页。

② ［美］杜威：《新旧个人主义——杜威文选》，孙有中等译，上海社会科学出版社1997年版，第105页。

③ ［匈］阿格妮丝·赫勒：《日常生活》，衣俊卿译，重庆出版社1990年版，第94页。

④ Anderson, Elizabeth, Dewey's Moral Philosophy, The Stanford Encyclopedia of Philosophy (Fall 2018 Edition), Edward N. Zalta (ed.), URL = https://plato.stanford.edu/archives/fall2018/entries/dewey-moral/.

遍性与目的性。然而,秉承道德的特殊性与相对性也难以有效应对新兴实践伦理难题。因为,经过情境和实践检验之后才能确定的善一定是相对的善,这种基于特定情境或事件所生成的相对善如何指导新兴的、不同类型的情境与事件又会形成新的实践难题。

而且,如果价值判断的工具性过于诉诸探究、实验等可验证的技术人工物,就会忽视道德情境与道德事件所蕴含的非外显的、隐喻的意义与影响。如果没有隐喻,道德的概念会变得枯燥空洞,试想如果爱的概念不包含呵护、亲密、关爱等,爱就会成为空洞的概念。爱作为道德的核心概念是如此,那么关于普遍的道德话题的讨论更需要关注隐喻。而且,如果没有道德隐喻,道德的概念就变成抽象的形式,试想象一个道德感的概念,既没有设身处地的移情、换位思考的同情,也没有同甘共苦的怜悯、关怀,如果取消了所有这些以隐喻方式对道德感的概念化,那么道德感所剩下的也只是文字躯壳。由此,对于大众而言,道德感只是权威者所提倡的一种概念化的抽象形式。尽管杜威赋予道德想象以重要地位,但是,其道德想象仍然偏重于对结果的关注,而非对道德隐喻所蕴含的动机善的重视。为了促进道德水平的提升,理解道德隐喻的能力也需要提升。当下的后果容易被判断,未来的、甚至是未知的潜在后果是难以被判断的。因此,完全根据当下情境与实践后果进行价值判断是有局限性的。

最后,价值判断的工具性考量难以消解当前人类生活面临的重要伦理冲突。随着全球化对人类交往与生活方式的影响,各类政治共同体加速形成。在政治生活中,人们之间存在着领导与被领导、支配与被支配的关系,由此带来了政治社会成员间的对立与冲突。为了消解这些政治矛盾,伦理理性主义者致力于寻找某种普遍必然的法则(如责任伦理、效用原则、美德品格等)来化解和引导人们的政治观念和行为冲突。然而,对于政治生活中最需要的正义、尊重等基本原则如何才能有效地发挥最佳作用,传统的伦理理性主义未能做出得到普遍公认的解释。杜威伦理学对价值判断的工具性考量依然面临伦理理性主义所遭遇的难题。

但是,如果走出价值判断的工具性考量,借用情感主义者斯洛特的观点,将移情引入政治生活领域,就可以消解政治生活中的伦理冲突。以尊重原则为例,如果说"尊重是对自主性的尊重(或,对自主能力的尊重)"①，同时，"自主性被视为做出自己的决定并据此而行动的能力，最低程度的不尊重表现为不让该人行使那种能力"②。如果说对他人自主性的尊重，意味着在思想或决策上接受他人的观点，基于移情而接受别人的建议与因受强迫而接受某人或组织施加的命令是截然不同的，前者表现为自己"自主思考并自己决定自己事情"的能力受到充分的尊重，后者表现为自己"自主行驶思考和决定自己事情"的能力没有受到尊重。

如果说政治生活中的冲突源自对他人观点缺乏移情而致使的互不尊重，那么，行为者（领导者或管理者）表现出对他人（职员或员工）的充分移情，建立在移情基础上的尊重就会展示出对他人的自主行动的尊重。与之相对，康德提出的基于对道德法则的尊重之道德义务，就会演变成一种主观构筑的道德应该，它对种族、文化等现实政治冲突所引起的不尊重是无能为力的。功利主义伦理学虽然也考虑到把最大多数人的最大幸福视为政治制度与政治决策的基本参照原则，却较少关注每个独立个体所需的被尊重的权利。杜威基于价值判断的工具性考量能否消解个体权利与政治义务的冲突有待商榷。当个体的权利没有得到充分尊重的时候，就会引起社会冲突和分歧。

由此，基于移情关怀的价值判断较之工具性考量，更能解释和应对个体与社会以及现代政治生活中出现的对立与冲突现象，能够进行政治和解乃至处理社会正义相关问题。这就是斯洛特所言的"情感主义政治哲学必然要把有效的权利以及人类可接受的正义理解为建立在（必须建立在）对他人的移情敏感性以及关心的基础之上"③。就像在政治事务的谈判中，如果某个代表对其谈判对象的观点、目标和情感倾向产生了移情，他就很难对谈判对象表现出不宽容的态度或者因为对方的信念或宗教信仰而迫害对方。基于对既往政治生活的观察，我们也会发现如果某人对其他人的生活方式或价值观念报以傲慢的蔑视，就会相应的对其言语或行为方式显示出不宽容的态度。一方面，这种不宽容会带来某种

---

① Michael Slote, *Moral Sentimentalism*, New York, Oxford University Press, 2010, p. 108.
② Michael Slote, *Moral Sentimentalism*, New York, Oxford University Press, 2010, p. 100.
③ Michael Slote, *Moral Sentimentalism*, New York, Oxford University Press, 2010, p. 124.

愤怒或憎恨心理，愤怒和憎恨会驱逐移情而带来冲突。另一方面，这种看似不宽容乃至不尊重的态度实则是源于行为者移情意识或移情能力的缺乏。反之亦然，"只有当且仅当一个人在对待另一个人的时候对该人表现了恰当的移情关怀，才能显示出对该人的尊重"①，也就是说，一个具有充分移情能力的人，才能够对他人予以充分的尊重。

概言之，从现实可见的角度看，过于强调价值判断的工具性，会引发工具理性思维的盛行，道德理性思维被轻视，致使道德哲学也演变为一种工具性的存在，不再具备普遍性与客观性。而且，道德在当下情境中的展现乃是从属于其所预示着和指正着的隐喻的东西。如果我们反思每一个道德事件，会发现当下情境中所显现的道德只是其行为者及其行为所展现出的所有特征的冰山一角，还有更多的道德要素是以隐喻的形式内涵于行为者自身之内。为了反对传统道德哲学家对永恒至善的执着追求及其带来的手段善与目的善的分离，杜威提出以科学的方法验证道德的有效性具有重要价值，但是，这样带来的后果是忽视了不可计算、难以验证的道德隐喻的影响力。我们之所以说道德隐喻是存在的且重要的，原因在于就其构成联系或整体事件而言，它们是把未显现的、潜在的一些影响因素，编织成一个连续的、完整的、内涵丰富的道德语境。

---

① Michael Slote, *Moral Sentimentalism*, New York, Oxford University Press, 2010, p.111.

结　语

伦理学研究的未来走向

随着实践探索的扩张与深化，关于实践伦理的研究在国内外学术界更加处于"显学"状态。伦理学研究的未来走向应该在中西伦理文化及当代实践发展需求的融合与碰撞中，深化人特有的功能实践对构建人类命运共同体的影响。从"家—国—天下"的宇宙情怀中，怀揣"人类命运共同体"的价值理念，从"我在—他在—我们在"的伦理共识中，应对实践探索面临的新机遇和新挑战。无论是宇宙情怀，还是伦理共识，都是以"人"为载体，以"实践"为纽带。由此，怀揣人类命运共同体的价值理念，明晰每个人都能够合理地意愿什么，对自然和他者负有何种义务，进而走向"三位一体"式的实践观，或许是实践探索与研究的未来走向，也可成为伦理学研究的可能走向。

一　怀揣人类命运共同体的价值理念

人类命运共同体是一种如何实现人类生存与发展可持续性的价值观念的体现，它不仅仅是一种应用于政治商谈、外交合作或安全共识等领域的政治术语，而且是一种应用于实践开拓、人际交往或生命持存等领域的价值指导理念。怀揣人类命运共同体的价值理念，对于每个人可合理地意愿的事物就会有着更为恰当的理解，不会片面坚持自由主义至上，过于强调个体权利、个体自由、个体善的优先性；不会片面坚持社群主义至上，过于强调国家权力、社会权威、集体利益的优先性；也不会片面地将道德的基础奠基于理性契约或自然情感；而是打破自由主义与社群主义、道德理性主义与道德情感主义的对峙，实现成己、成人、成世的统一。成己实现人的自由发展，成人实现社会的和谐共处，成世达成人类命运共同的实现。这就消解了西方伦理学界对行为者与行为的善与正当之争。西方规范伦理更为强调成事，美德伦理更为强调成人；而中国传统伦理学则是以修身、修心、修德的统一以及天人合一的理念来促进成人的实现。从成己、成人走向成世，维护人类命运共同体，以实现人类的共生、共存与共发展。

基于上述论点，"每个人都能够合理地意愿什么"成为当下乃至未来人类实践探索与拓展需要思考的前提性问题。如帕菲特继康德的四大问题之后，他对人类未来实践的可能走向做出的整合式探索①，这个命题之问的提出不再局限于康德对"'人是什么'、'我可以知道什么'、'我可以期望什么'、'我应当做什么'"②的分离式诠释，而是以人类社会与自然界的发展演化为背景，基于可能与现实、动荡与确定、偶然与规律的相互转化、交互共存，来探寻人类能够合理意愿之事以及合理实践之式。在人类社会的早期，实践者所意愿的事实就被视为对其有价值的事物，在最初阶段价值界与事实界并没有被视为相互对立、相互脱离的。人类与自然的关系就像有机体与环境的关系一样，二者之间没有严格的对立，而是在分离与融合、区别与共生的交互作用、相互交织中不断地相互改变、相互塑造。正是自然的不确定性，人类便赋予了秩序、安全与确定性以价值，为此，实践探索及其相伴随的技术成为寻求安全与秩序的手段，同样被赋予了价值。这就打破了传统哲学家所主张的：秩序与确定性是超自然之物所具有的性质，变化与不确定性是自然之物所具有的性质；秩序和确定性是被追求的善，变化与不确定性是不被追求的。

首先，每个人都能够合理地意愿的是那些可以被确定化的可欲之物。这就走出了后果论伦理学的理论困境，因为，像密尔为代表的功利论者仅仅指出了人们所意愿的确定之物，但是对于该物是否值得意愿，所欲的确定之物是否为可欲之物等，并未做清晰说明。密尔只是提出"目的问题就是关于什么东西值得欲求的问题，快乐是值得欲求的目的，

---

① ［英］帕菲特：《论重要之事》，阮航、葛四友译，北京时代华文书局2015年版，第381页。

② Kant, *Logic*, Dover Publications, Inc., 1988, p.29.

而且是唯一值得欲求的目的"①，他仅仅指出了每个人都意愿快乐，却无法证明所欲的快乐就是唯一值得意愿的目的。尽管边沁提出，快乐作为功利"原理是不易直接证明的，因为被用来证明其他每个事物的，其本身无法被证明；证据之链必定有其始端"②。密尔也认为，"能够给出一个对象是可以看见的唯一证据，是人们实际上看见了它；……与此类似，我认为，要证明任何东西是值得欲求的，唯一可能的证据是人们实际上欲求它"③。但是，这种基于日常经验或直觉主义方法而得出的结论，难以为可欲的秩序化、确定化之物提供合理性解释。

  人类的价值观念及其对待自然的方式决定了其未来的命运。在传统哲学中，价值被视为超自然之物。超自然之物与自然之物被视为存在的两种不同样式。比如，柏拉图对自然之物理元素与超自然之理念模型的区分；亚里士多德对自然之现象与超自然之本体的区分；康德对作为现象的自然之物与作为本质的物自体的区分；近现代唯心主义者对本体和现象的区分，等等，这些对超自然之物的理解构成了理解价值的基础。现代实践探索的发展已经证明，人类命运共同体意识始于对自然之物、超自然之物及其各自价值的重新理解，秩序化、确定化的事物被视为每个人都能够合理地意愿的，变化与不确定性在过去、现在乃至未来也是具有重要价值的。

  在传统哲学中，由于最具秩序化、确定化的事物被视为超自然之物，并且被视为一种理念性的存在，那么，要重释秩序化就需要重新审视对超自然之物的理解。最早对超自然之物进行诠释的是柏拉图，他提出善理念（Idea）这一术语，并用其来表达超自然之物最高的、最佳的存在形式。柏拉图的"理念论"是源于德谟克利特（Democritus），虽然他们二者对"理念"的勾勒在结构上具有很大差异，但二者均把"理念"视为一种完美的、完善的、稳定的、不动荡的实在。然而，现代实践探索的发展已经表明，尽管柏拉图与德谟克利特都追求一种超自

---

  ① 密尔原文用的是幸福，此处出于一致性的考虑，将幸福改为快乐，因为密尔对幸福的定义最终仍诉诸快乐。［英］约翰·穆勒：《功利主义》，徐大建译，上海人民出版社2008年版，第35页。
  ② ［英］边沁：《道德与立法原理导论》，时殷弘译，商务印书馆2000年版，第59页。
  ③ ［英］约翰·穆勒：《功利主义》，徐大建译，上海人民出版社2008年版，第49页。

然的确定性与完善性，即使柏拉图的理念型式与德谟克利特的实体不可分割的原子、柏拉图的理念论与近代关于数学结构的理论，都有助于对秩序化、确定化之事物的理解，但是，柏拉图所言的现象流变与德谟克利特所言的流俗或普通经验之物的多变在现代社会中更具有研究价值，对于不确定之物的实践探索才更加有利于未来实践的发展。

自然世界的运行规律看似与人的选择和意愿无关，但是，自然的价值是人所赋予的，自然的存在是相对于人类而言的。自然的可持续存在与人的选择和意愿紧密相关。由于选择以及选择中所包含的反省具有主观性，自然事件的发生具有偶然性。那么，对于动荡不安的拒斥成为哲学家主流的思维方式，他们致力于对形而上学、真理、科学的探究，就是要形成智慧以避免主观性和偶然性带来的不确定的风险，结果却把既往的道德观念或智慧变成了道德的形而上学。宇宙论变成了关于自然的形而上学，道德论变成了关于道德的形而上学，二者属性不同却具有相关性。前者提供自然规律的运行模式，实践者借助此规律实现对不安定和未完成事物的把握。后者提供人类社会的生存范式，实践者借助此规律实现对主观性和偶然性之事件的把握。

每个人都不意愿却必须面对的是那些紊乱、偶然、不确定的事物。人类命运共同体的构建不仅要使已有的秩序、确定性保有可持续存在和发展，还要对变化、不确定性进行探索与研究，认识到其作为自然之物的价值，而不是对其进行简单的排斥与否定。赫拉克利特和柏格森为代表的学者早就提出"变"是存在世界的本质，基于"变"而展开的哲学既显示出对确切、稳固之物的渴望，也会从变易中寻找相对普遍的、有规则的、有秩序的、确定的东西。在黑格尔那里，变化被视为一个理性过程，它暗含着一种逻辑，虽然这可能是一种新颖奇怪的逻辑。虽然对于变化的、不确定的、充满风险或危险的事物是每个人都不愿意面对的，但是由于它们就真实的存在于生活世界，对人类的实践与行为产生着重要的影响，人们还不得不去面对那些变化、不确定的事物，并且要秉承一种探究、实验的态度，而非把既往确定的和已完善的事物抬高为普遍的真理式的"存在"，对偶然性和多变性的忽视，只能导致实践者无力应对未知世界。

其次，每个人都能够合理地意愿的是那些恒定的、完善的事物。我们处于一个偶然多变的世界,渴望有恒定完善的东西。然而,需要注意的是真正使得完善这个概念具有意义的,正是那些偶然多变所引发的产生渴望的事情,离开了这些事情,一个"完善的"世界就会意味着一个不变的、固化的纯物理存在。值得庆幸的是近现代哲学已经重视含有不确定成分的那些东西,如需要、欲望和满意的问题。如果我们运用亚里士多德的术语,它们乃是自然存在之偶然性和缺陷的现实化。对于身体和精神生命的满足而言,在其得到满足之前存在着一种缺失,当满足之后就产生了快乐、愉悦或满足感。这种满足感和快乐感是人的实践与行为活动完成的好所产生的伴随状态,它标志着实践者主观意愿的满足,这种主观意愿的实现伴随着客观条件的改善。由此,每个人能够合理地意愿的事物,并不都是主观的、自私的或个人的,它还受客观条件的有限性或缺陷所制约,并且由客观情境的改善或完善而逐渐成为真实的。

通过对人类实践史的管窥,可以发现即使对某些恒定的、完善事物的探索抑或对既往道德观念的考察需要回归或借鉴传统哲学的诠释,也要像杜威所言的"如果我们再回到这些希腊概念,这样的回复必然是具有差别的。它必须废弃把自然的终结跟善和完善等同起来的这个观点"①。现代科学的发展也已经证明,终结仅表示该活动的当下的完成或结束,它并不代表完善。这就意味着人们应该走出传统哲学将目的善视为完善的、价值至上的观点。即便有可能存在着最高的目的善,也不是要选择将其作为终极目的。因为,这种善只是展现了一个运动着的有机体当前所需的最佳状态,它又会成为下一步循环的开始。因此,目的善并不具有比具体手段善更高贵的价值。

一项来自加拿大和新西兰的"美德计划"(Virtues Project)项目,就从每个人都能合理地意愿之物的分析,彰显对人类命运共同体价值理念的践行。本项目于 1991 年由 Linda Kavelin-Popov, Dr. Dan Popov 和 John Kavelin 在加拿大创立,这个全球性组织团体,主要致力于推动美德实践,以帮助人们过一种合乎道德、有意义的生活,帮助家庭、学校和社会组织共同培养出一批批具有关怀意识、伦理精神的社会人士。这

---

① [美] 杜威:《经验与自然》,傅统先译,江苏教育出版社 2005 年版,第 250 页。

个项目在全球 100 多个国家得到推广，在道德教育和跨文化伦理精神的培育方面做出了重大贡献。这个项目的倡导者开启了走向善良与正义的教育伦理革命，推动了人类命运共同体价值理念的真正落实。该项目正是运用美德伦理的话语和方法，来解决道德教育和社会冲突问题，似乎目前美德伦理是最为有效的促进人类命运共同体实现的伦理话语①，它比后果主义的伦理话语更有利于解决社会冲突和跨文化问题。

最后，每个人都能够合理地意愿的事物是那些能够达成重叠共识、经普遍同意的事物，无人有正当理由反对或不赞同的事物。如果我们认可新康德主义者斯坎伦的观点，即"某一行动是不当的，当且仅当或恰好当这样的行动为某些原则所不容"②，那么，也可以说，一种行为是正确的，当且仅当这种行为是被某些原则所允许的（这些原则是没有人能够有理由拒绝的）。譬如，诚实守信、尊重他人等作为基本规范原则，既是普遍同意的，也没有人能够提出正当理由来对此表示反对或不赞同。伽达默尔也曾指出："人类的未来要求我们不只是去做我们能做的一切事情，而且要求我们对我们应该做的事情做出理性的判断。在这个意义上，我同意基于胡塞尔的新型生活世界实践这一观念的道德冲动，但是，我宁愿把它与一种真正的实践政治的常识的冲动结合起来。"③由此，每个人能够合理地意愿的事物是经理性判断应该践行的事物，这既是新型生活世界所需的实践伦理观，也是创造实践政治的合理性与合法性之基础。

面对世界的多元化发展，当代人关于"何谓好生活""何谓幸福"的价值观念已经失去共同的观念基础，例如，人们在不同年龄阶段、不同情境下会把健康、知识、智慧、友爱、合作、自由、和平、安全、荣誉和尊严④等视为实践探索的目的。当每个事物都有可能成为人生追求的目的或实践探索的理由时，关于"何谓善""何谓好生活""何谓幸

---

① Julia Annas, "Being Virtuous and Doing the Right Thing", *Proceedings and Addresses of the American Philosophical Association*, Vol. 78, No. 2, Nov. 2004, pp. 61–75.

② ［英］德里克·帕菲特：《论重要之事》，阮航，葛四支译，北京时代华文书局 2015 年版，第 329 页。

③ ［德］伽达默尔：《伽达默尔选集》，邓安庆等译，远东出版社 1997 年版，第 388 页。

④ ［美］弗兰克纳：《伦理学》，关键译，三联书店 1987 年版，第 172—184 页。

福"的观念就会向多元化、碎片化演变。面对传统的价值观念无法再统领人类未来的实践探索与发展，人类命运共同体的理念被倡导并基于此寻求人类面临的实践难题的解决方案，这或许是因为人类命运共同体是每个人都无正当理由反对的。从道德哲学的层面看，道德价值判断虽依赖于个体的态度和倾向，但它的实现离不开自然世界、客观事物。人类享用的商品既是得益于自然界的馈赠，也是人类实践努力的结晶。每个群体所共同持有的价值观是一个组织起来的价值体系，这种普遍共享的价值观把每一个体的想法综合成一个整体。在每一个体中呈现出具有普遍性的价值形式能使价值成为可知的东西。观念是所有构成价值的一切特性组成的一个有条理的体系，虽然会因不同的人群或个体而有所不同，但也存在普遍适用性的价值观念。

概言之，人类命运共同体作为一种价值理念被提出，正是迎合了当今时代人类实践探索的发展需求，为每个人所能合理地意愿的对象提供普遍认同之可能。如果我们相信，我们来自宇宙而非宇宙来自我们，我们就必然要承认，当我们面对自然世界的时候，在某种程度上我们是无知的，有限的。那么，我们依据自己的经验和理念对外在事物赋予的价值也是有限的。因此，我们应尊重自然界的发展规律。当然，同时我们仍然需要进行实践的探索，只是我们应该把实践的探索视为自然界与人类命运共同体交互共存的一部分。由此，尽管每一个人单独的力量是有限的、微弱的，我们仍然需要培植自己的合理意愿和理想，以至于我们能够按照自然所允许的方式和方法对其进行修正和改造。

人类实践探索及未来生活的方向和总体目标是帮助人类走出当下的实践困境，引导人们对总体的好生活进行思考，而不仅仅是将其中的某个构成要素（如财富的积累、荣誉的增加）视为实践活动的终极目的。因为，相应于人类命运共同体的可持续存在与发展，当下实践活动所产生的外在善（如经济的增长、科技的发展）只具有此在或短暂的时代意义，它们只在特定时代、特定国度、特定情境中成为人类总体好生活的构成要素。当然，基于人类命运共同体的价值理念来指导人类当下及未来的实践探索，并不是要坚持人类中心主义。因为，人类中心主义者会认为，自然应该服务于人类，而非人类服务于自然。这样就会导致把自然存在之物视为人类获得幸福生活的手段。自然作为手段的善就被视为理应从属于人类幸福生活获得的目的善。而且，人类中心主义还存在自相矛盾之处，那就是如果你认为某件事的结果或状态具有直接价值，而获得它的手段是没有价值的，这显然是存在前后逻辑悖论的。

人类命运共同体的价值观念受到了世界各国的普遍认可和高度赞同，各国管理层已经意识到实践的有效性和道德性、科学性和人文性是人类实践拓展不可或缺的组成部分。本书的研究从学理上证成了杜威所主张的缺乏人文的实践探索是危险的，缺乏科学的实践探索是低效的，实践探索的人文缺失将会带来生存性灾难，实践探索的科学缺失将会带来自然性困境。未来实践的探索与研究只有秉承科学与人文的融合，才能防止实践的有效性与实践的道德性之分离或对立，这对于推进人类命运共同体的可持续发展具有重要意义。当然，中西传统伦理文化为怀揣人类命运共同体的价值理念提供了奠基之源，中国传统儒家对每一个独立的"人"，乃至作为类的群体性存在的"人类"的理解，都是基于做人做事而成"仁"而展开；西方古代希腊对人的理解基于实践智慧而成"人"，杜威对自我与他人之关系的诠释近似于儒家所谈的做人方式，对物的沉思与生产的诠释近似于儒家所谈的做事方式，当代美德伦理对人的理解指向于"全人"，这些都是以人类命运共同体的可持续存在与发展为出发点和归宿。

二 践行对自然和他者应负有的义务

从万物有灵论和存在的即是合理的角度看，万物之存在有其自身的价值和规律。人类作为有机体链条中的一种类存在，无权干涉或毁灭他物的存在。从这个意义上说，人类具有尊重自然万物之存在的义务，而且，自然为人类提供了赖以生存的环境，由此爱护环境、保护自然是人类对自然应负有的义务。从道德哲学的角度看，在人类社会中，每个人都需要遵守相应的社会规范、履行相关的道德义务。他者为人类的共存提供了可能，每个人都应该懂得相互协助、团结协作。然而，令人遗憾的是多年后的当下仍然有人肆意的破坏自然环境、无故伤害他人。传统的规范伦理学如美德论、义务论、功利论以及情感论等单一伦理流派对以似乎也难以做出有效解释，不同伦理原则之间的交叉与融合或许能够做出更佳的回应。

首先，对自然和他者负有义务是人之本真情感的呈现。从道德情感主义的角度看，由于时间、空间、因果关系的临近性，我们更容易对自己熟知的人和物产生感情，基于此，我们对身边的自然环境，尤其是我们自己家乡的自然环境负有更多的道德义务。因为，这些环境是我们自己所经历的儿时或生命历史的一部分。每当我们回到儿时的家乡，即使是人去楼空，我们同样会产生深深的怀念、思念之情。这种乡情促使我们发起保护环境的意识和行动。克里普克、马丁和多伊切也曾言："我们的指称因果理论和记忆因果理论告诉我们，我们在某个时间所指称或记忆的东西，更多地依赖于某种假定的指称或记忆的因果来源或起源，而非我们正在做的一切所表现出来的现象或表面意向。"①

对"义务"最早做出系统且明确阐释的是义务论的代表者康德②，在他看来，每个人都应该负有的义务是"依照能使自己同时成为普遍法则的那种准则而行动"③。对此，情感主义者斯洛特提出了明确的质疑，他指出"那种认为人们熟悉并接受的道德准则和命令对身处不同环境和情况中的人都有效的观点是错误的"④。譬如，当我们的父母遭遇困境的时候，我们对其的移情关怀远远超于其他人。我们对自己父母的义务也要强于对他人父母的义务。根据移情发生的因果机制，我和父母之间基于自然主义的情感需求而发生因果移情，这种移情是由于我和父母所处的时空的临近性和相似性、情感的接受性（Receptivity）和目的规导（Directed Purpose）而发挥作用。由此，我们发现，哪里的移情更强，哪里的义务就更强，我对我自己父母的义务要比我对你父母的义务更强。因此，每个人都更多的关心自己的家庭。这种因天然的自然情感需求而产生的义务是康德的伦理理性主义以及功利主义无法解释的。我们

---

① 关于指称因果理论，重点参考索尔·克里普克《命名与必然性》（牛津：布莱克威尔，1980）。关于记忆因果理论，参考 C. B. 马丁和马克斯·多伊切的《记忆》，《哲学评论》1966 年第 75 期，第 161—196 页。

② 当代的斯坎伦（Scanlon）和帕菲特（Parfit）分别就"义务理论"做出了详细论证，但由于篇幅原因，此处暂不讨论。

③ ［德］康德：《道德形而上学的奠基》，李秋零译注，中国人民大学出版社 2013 年版，第 59 页。

④ Michael Slote, *Moral Sentimentalism*, New York, Oxford University Press, 2010, p. 86.

也能发现，移情能够解释我们为什么对他人负有义务，而不是为义务而义务。如果一个人对其身边的亲人丧失了最基本的同情心、移情关怀或关心，即使他心中具有如何行为的道德准则的知识或意识，这种脱离人自身情感质料、源于实践理性的准则对行为者是否能够主动承担道德义务的影响会显得软弱无力。

按照斯洛特的理解，如果将情感（移情）作为道德的基础，还可以解释为什么我们对别人负有道德义务，而对自己却不负有道德义务。如果我伤害了你，那就错了（是不道德的）。如果我伤害了自己，那就没错（不被谴责为"不道德"）。对此，我们可以从两个层面来理解，一方面，我们作为社会共同体的一员，我们对别人应负有道德义务，尤其是对自己的亲人或熟人。如果当我对亲朋好友应该做 X 的时候，我没有做 X，那么我就是没有履行这种道德义务。我没有履行这种道德义务的根本原因在于我对其缺乏应有的移情关怀或关心，这在道义上是不应该或错误的。另一方面，由于移情发生于行为者与对象之间，自我很难成为自我移情的对象，在此意义上，如果我伤害了自己，就不存在道德意义上的错误与否的判断。

其次，自然与他者是自我存在与发展所依赖的对象。人类命运共同体的提出要求每个人对自然和他者都负有道德责任，这种观念并非源于任何一个特别的冲动或个别的欲念，而是源于当下及未来人类发展的真实需要。它要求当下及未来人类的实践探索，应该符合自然的规律，以服务于人类命运共同体可持续存在的需要。人类的实践探索既需要尊重自然的特性，理解在自然界内部，性质和关系、偶然性和必然性都是不可分割地联结在一起的。那么，相应的在人类世界的实践活动中，也一定是偶然性与必然性、个别性与普遍性并存的。人类的实践探索既为自然所支持，也会为其所挫败，这种互相混杂的情况，既构成了人类实践的经验，也彰显其局限。因此，我们的实践探索在考虑服务于人类命运共同体持存的同时，也要考虑对大自然保有敬畏之心。

对自我存在与发展的关注并不意味着像功利主义者那样奉行普遍原则，即最大多数人的最大幸福总量的增加。这种观点反应在社会生活中，就会折射出为了最大多数人最大福利净余额的实现，而不惜以破坏环境或伤害他者为代价。这种观点的隐患存在显性和隐性两种可能，显性的是直接造成了环境的恶化,隐形的是间接造成了环境的恶化,抑或未来可能会带来环境的恶化。显然,如果按照功利主义的观念,即我们保护自然是由于自然给我们提供了赖以生存的环境。那么,当企业当下显见的生存困境与未来还未预见的环境破坏产生冲突的时候,企业自然会选择为了当前更好的存活而牺牲未来的自然环境。

最后,对自然乃至他者负有道德责任是个人与国家共存的基础。譬如,政府作为国家权力机关的执行单位,它有责任推进个体需求的最大实现,也有责任促进社会发展的最佳完善。它既有义务满足公民的利益诉求,也有权利对公民进行责任分工。当且仅当国家的每一个公民都有意识的承担应有的义务,而不是仅仅将社会发展的义务推给某个群体或组织机构时,才能找到社会问题的最佳解决方案。譬如,在一个偏僻的小村庄,生活着 50 个居民。这些居民中 25 个人有丰富的食物,25 个人生活在贫困边缘。25 个富裕者中有 2 位能力更强的人被赋予领导者的职位。在这种情况下,解决这个小村庄贫困问题的最佳方案就是富有的 25 个人每人都拿出一部分食物给 25 个贫困的人。任何人作为领导者既不应该把解决贫困问题的责任全部推给两位领导者,也不应该推给某个人或某几个人。由此推之,我们每个人都是国家发展的参与者,人类命运共同体的构建者,而不是旁观者。我们不能只享受某些人的努力奉献而带来的国家安宁和自由生活,我们更需要承担相应的推动国家发展与进步的责任。

那么,在自然与社会发展过程中出现的道德沦丧或滑坡现象,不是某一个人的责任,而是生活于这个社会、这个国家的所有相关者的责任。人类命运共同体的构建就是强调每个人都要承担对他者和自然的道德义务,如果某些人不履行道德义务,所有相关者都不能完全逃脱监督或监管等连带责任。即使我们在相关义务中承担了应有的责任,但是当我们这个团体得到了差评,我也会因此而受到影响。所以,即使我尽了我的义务去行善,并因此在某一方面问心无愧,我们也无法逃脱整个团队未履行义务而带来的道德谴责。由此,我也会被视为引发道德沦丧这一现象的一员。在某种组织、集体或共同体受到道德谴责的情况下,每一个成员即使是努力奉献的成员也会受到连累。如果我们所在的团体未能履行义务,我们每个人都有责任帮助组织或共同体履行相应的义务。

就像富裕国家通过购买血汗工厂生产的商品、不公平的或剥削性的条约、限制性的药品许可协议等，以各种方式带来了全世界的环境污染、生态恶化等等，每个人都会以直接或间接方式受此影响。

对自然乃至他者负有道德责任是生命体有机循环的必要条件。保护自然就是保护自身赖以生存的母体。自然既是一种客观如是的存在，也是一种主观赋予的存在。譬如，"当人们满意于享受和遭受火的发生时，火就正是一种客观如是的存在。人们曾把它当作神灵来崇拜和供奉，这就足以证明它'是什么'就是它的全部存在"①。这里所谓的"是什么"，看似是一种客观的事实描述，实则是一种由人所赋予的、附着主观意蕴的概念诠释。尤其是当人们开始取火、用火、研究火的时候，一方面，火作为一种客观如是的存在，它是自然现象中的一种类存在，它暗含着自然变化的规律。另一方面，它不再仅仅是自然现象的一种存在物，而是一个人类社会历史进程中的"物之是"、"物之思"、"物之用"的综合存在体。人们在使用火、研究火、分析火的变化时，就会通过观察、实验等方式归纳出火的功能，找到最佳利用火的工作程序的方法，这种对"物之所是"的、有关的"物之思"与"物之用"，彰显了我们需要认识到在领悟的方法和控制的可能性之间的结合。这就要求我们掌握自然的运行规律，减少或控制自然的偶然性对人类带来的自然灾难，同时顺应自然规律，肩负起对自然乃至他者的道德责任。

概言之，如果我们承认国家不是自然存在的，而是由于许多个体为了满足自己的需要，主动愿意组建的有秩序的国家。由于一个公平、良好的国家是个人之间达成重叠共识及一致同意后存在的，在这种通过志愿的协议而产生的国度中，每个人清楚地知道他们所需要的东西以及他们的需要能够得到满足的条件，因此，每个人都应该彼此遵守诺言和履行义务。当然，每个人就天性而论是非社会的、不受民法的普遍性制约的。当他们受到人为制定的法律制约，而服从于纪律或规范时，他们就变成了具有社会性的个体。公正的政治秩序与合法的权威是个人间志愿结合的结果。经过时间和历史的沉淀，有些人忘记了自己理应交出一部分权利，有些人忘记了保护自己理应被尊重的权利，以至于当下有人排

---

① [美]杜威：《经验与自然》，傅统先译，江苏教育出版社2005年版，第151页。

斥或违反本应遵守的基本社会规范与法律规范。当然，这种对传统规范的排斥具有两面性，从积极的方面而言，它能促使我们反思现有规范的时代局限性和滞后性，从消极的方面而言，它会为某些规则的违反者提供反叛的理由。总体而言，对自然与他者的义务意识需要从混乱秩序中解放出来，走向人文化的从善之路。

三　走向"三位一体"式实践观

本书旨在从现实层面论证人特有的功能实践的发展不是完全依赖于对客观对象或外部环境的实践扩张，人非因外物而实践，也非为他者而实践，而是在"人是目的"的基础上使个体自身成为"实践开拓者""实践立法者"和"实践道德人"。人类自身作为"实践开拓者"，如果有意识地进行"自我立法"，主动成为"实践立法者"，也自然会成为"实践道德人"。因为，人为自己立法的最佳优势就是自己成为自己的主人、自己成为自我观念的制定者与践行者。在此基础上进行的实践探索，才能推进人类有机体与环境的交互共存与和谐可持续发展。这样对实践的理解，才能走出"如何实践才是有效的""人仅仅是实践的开拓者"等单向度、偏狭性的观念，转而从天、地、人共存的角度，消解"人之实践"的无根性，无德性，集实践开拓者、实践立法者、实践道德人于一身，走向"三位一体"式的实践观。

首先，实践开拓者应该意识到发展与困境、成就与风险的并存。每一种为人所获得和所占有的事物都是由于他的活动而得到的，活动既可以使他得到所需要和乐愿的那些结果，也可以使他陷于其他可怕的后果。这些事实在人类早期是如此，在今天还是如此。尽管，随着人类实践活动的拓展和深化，应对、调节和保障实践风险的方式已经有所改善，但是，面对实践所带来的各种不确定性，实践开拓者不能否认或忽视风险的存在，而应该意识到所意欲的成就与不愿遇的风险是辩证存在的。一方面，实践拓展逐渐深化，亲眼所见、亲耳所闻、亲身所触的实践成果与成就已经彰显；另一方面，实践探索的潜在风险也逐步显现。看似显现与未显介于变与不变之间，然而变与不变也是不确定的，就像抽象之物如数理公式演绎而出的时空定理不一定没有可变性。由此，实践开拓者应该意识到变与不变、实践成就与实践风险的并存。

实践开拓者面临诸种实践难题，其实质原因是传统实践伦理观的失效及新型伦理观的未完成。20世纪之始，为消解实践拓展与深化所带来的伦理困境，伦理学界在美德伦理学与情境伦理学之间引发了一场争论。这些理论吸取经验科学与心理学的最新成果，并用其来阐释实践开拓者行为的道德性，对实践探索与研究的未来发展具有重要参鉴。譬如，当代著名的情境主义伦理学家代表者多里斯（John Doris）和哈曼（Gilbert Harman），致力于使用社会心理学实验，如米尔格拉姆服从实验、电话亭实验、未成年人诚实行为调查等，基于对实验过程与结果的调查、甄别与管窥，指出传统实践伦理观面临新兴实践活动时会出现失效现象，就连学界普遍认为的"稳健品格"对实践者道德行为的影响都显示出不可靠性。因为，作为实践开拓者的实践主体，会因情境、环境等多种因素的影响而临时改变自己的观念与行为。由此，哈曼提出"品格只是一种幻象"[1]，多里斯也指出"人们在一般意义上缺乏（稳健的）品格"[2]。

当然，为了证明实践品格对实践活动合乎道德性的影响，安娜斯（Julia Annas）和凯姆特卡（Rachana Kamtekar）等学者对情境主义伦理学的批判做出了积极回应。他们从亚里士多德的实践品格是真实存在的，且对行为道德性有重要影响的角度，指出多里斯对美德伦理的批判是没有说服力的，因为"情境主义误解了他们所针对的传统德性伦理或者亚里士多德德性伦理的美德概念，因此他们攻击了一个错误的靶子"[3]。在美德论者看来，品格与德性并不是一种未经思考、出于自然的行为倾向；而是一种基于经验与实践而生成的认知倾向与行为倾向的综合体。从实践发展史的角度看，情境论与美德论都在生活与实践中发挥着不同的影响，二者相关的因素都需要纳入考虑的范畴。

对于如何消解美德论与情境论的争论，使实践开拓者能够真诚的秉承道德性，还可以从立法者与道德人两个层面来说明。就立法者角度而

---

[1] Harman, G., Moral Philosophy Meets Social Psychology: Virtue Ethics and the Fundamental Attribution Error, *Aristotelian Society*, 1999, 99 (3), pp. 315–331.

[2] Doris J. M., *Lack of Character: Personality and Moral Behavior*, UK: Cambridge University Press, 2002, p.2.

[3] Julia Annas, "Virtue Ethics and Social Psychology", *A Priori*, 2003 (2), pp. 20–34.

言，可以借用康德的人为"自己立法"①，来论证感性的、表象的实践，难以秉承人是目的这一道德律，只有实践开拓者成为实践的立法者与道德人，才能将感性的、现象的实践被遮蔽的真实价值提炼出来，也才能实现自然事实世界与道德价值世界的二界合一。在通常情况下，自然规律是一种他律，即自然世界强加于人，作为感性的人必然如此的规律；自由规律则是一种自律，即理性的人自己给自己颁定的规律。如果实践开拓者能够成为实践立法者，他就能展开真正自由的实践，也能兼顾遵守自然与自由的规律，成为一名真正的实践道德人。如果像康德所言，"每个有理性东西的意志的观念都是普遍立法意志的观念。按照这项原则，一切和意志自身普遍立法不一致的准则都要被抛弃"②。实践开拓者如果不能秉承实践立法者的意向，同时成为实践道德人，那么，这种实践开拓将难以获得可持续的发展。

其次，实践立法者赋予实践开拓者以权利和义务。虽然权利和义务意味着不同的方向和内涵。但是，就像一条议决的法令公布之后，它既意味着每个人让渡了部分权力，也意味着人们享有相应的权利，承担相应的义务。人们有权利要求分享实践活动所带来的善，也有义务承担实践在将来可能产生的恶果。对于每个人为何能够成为立法者，我们可以借助康德的观点来理解，即"道德法则仿佛是作为一个我们先天地意识到而又必定确实的纯粹理性的事实被给予的，即使我们承认，人们不能够在经验中找到任何完全遵守道德法则的实例"③。对于有实践理性的存在者而言，他们作为价值世界的一员，其对自由的向往使其全部行动愿意和意志的自律相符合。这样，由道德法则而衍生的道德上的应该，对实践立法者的意愿就成为有理性之人的必然意愿，即充分认识到"要只按照你同时能够意愿它成为一个普遍法则的那个准则去行动"④，并

---

① ［德］康德：《道德形而上学的奠基》，李秋零译，中国人民大学出版社 2013 年版，第 52 页。
② ［德］康德：《道德形而上学原理》，苗力田译，上海人民出版社 2002 年版，第 51 页。
③ ［德］康德：《实践理性批判》，韩水法译，商务印书馆 1999 年版，第 50 页。
④ ［德］康德：《道德形而上学的奠基》，李秋零译，中国人民大学出版社 2013 年版，第 40 页。

将其作为实践开拓者应秉承的实践原则。这里的实践立法者是指实践主体能够对实践相关因素进行鉴别、判断，在做出审慎评价的基础上，能够根据相关题材对其价值判断保有真和善的统一；而不是依赖于当下的占有或享受而进行行为合理性的立法。实践立法者需要秉持道德上的良知、技术上的真实、价值上的信念。

实践立法者秉承"人是目的"的实践原则，借康德之语，即"你要如此行动，即无论是你的人格中的人性，还是其他任何一个人的人格中的人性，你在任何时候都同时当作目的，绝不仅仅当作手段来使用"①。如果每个实践开拓者都怀有人是目的而非手段的实践原则，不管每个人的目的是什么，"人是目的"其自身就应当作为实践的基本道德原则，它构成各种主观目的的最高限制条件。每个人生而平等，如果把他人作为实践开拓的手段，就意味着把他人作为自己追求利益的工具或手段，这既会损害他者，也会阻碍自身的可持续发展。如果将"人是目的"作为实践的道德原则，这也把人类的活动与动植物乃至人工智能机器人的活动彻底区别开来。我们把一般的物体作为手段，使物体、能量、物质服从于我们的特殊目的。而如果我们把一个人当作我们行为或实现目的的手段，我们就把人降低到纯粹物体或牲畜的地位。由于所有的人都生而平等，对所有的行为也都有平等的要求，那么，实践立法者秉承人是目的，"依照能使自己同时成为普遍法则的那种准则而行动"②，这一理念将推进实践开拓者活动的深化与发展。

再次，实践道德人所倡导的是实践开拓者秉承人是目的的实践原则，同时对其给予充分尊重，借用康德之语，"他人作为理性存在者，在任何时候都应当同时作为目的，亦即仅仅作为也在自身必然包含着这同一个行为的目的的存在者而受到尊重"③。基于这种尊重而产生的实践行为是每个实践道德人所负责任的显现，"只有出于责任的行为才具

---

① ［德］康德：《道德形而上学的奠基》，李秋零译，中国人民大学出版社2013年版，第50页。
② ［德］康德：《道德形而上学的奠基》，李秋零译，中国人民大学出版社2013年版，第59页。
③ ［德］康德：《道德形而上学的奠基》，李秋零译，中国人民大学出版社2013年版，第51页。

有道德价值"①。因为，出于责任而实践，该行为者的动机是出于纯粹的道德责任或者是对实践道德人原则的奉行，而合于责任的行为及其行为者主要是基于结果的判定，其行为动机无法做出明确的归属与判定。某些行为的外在结果尽管是合于责任的，但是行为者的动机并非是出于责任而为。对于某个没有责任意识的未成年人，其行为动机仅仅受自然情感或偏好的驱使，其行为结果也可能是合于责任的。因此，从实践道德人的角度，出于责任将自我之外的他人视为目的而非手段，实践探索与拓展的可持续性才得以可能。

实践道德人成为实践探索与研究所要秉承的可普遍化的参照点。普遍性的存在之所以成为可能，那是因为一致性的彰显，正如威尔逊所言，"真理如果存在的话，它存在于细节之中……我不是试图去发现那些能证明价值的事实；我是在努力揭示我们的道德习惯和道德感的进化、发展和文化根源。但在发现这些起源的过程中，我怀疑我们会遇到一致性的情况；通过揭示一致性，我认为我们可以更好地理解人性的普遍性、非武断性和情感上的不可抗拒性"②。现代神经科学的发展也证明了普遍化、一致性原则的存在，而且不可否认"神经科学的客观事实能够而且应该影响许多伦理问题"③。

对于实践道德人之必要，古典政治经济学之父亚当·斯密早在《国富论》的经济视野中，就以人性自私为逻辑起点，阐述了"经济人"行为的利己性。为了约束人性自身的贪婪，他在《道德情操论》的人文视野中，又以人性的同情为逻辑起点，强调了"道德人"行为的利他性，以使人类在自我与利他之间实现平衡。那么，当今，无论是人类实践探索的深化与拓展发展到何种程度，无论是人工智能的发展水平达到何种程度，人类仍然需要思考人类作为生命有机体链条中的一员，要秉承实践道德人之理念来处理人与类人的关系，进而实现人类命运共同体的可持续存在与发展。

---

① [德] 康德：《道德形而上学原理》，苗力田译，上海人民出版社 2002 年版，第 16 页。
② Wilson, J. Q, *The Moral Sence*, New York: Free Press, 1993, p. 26.
③ Michael S. Gazzaniga, *The Ethical Brain*, New York: Dana Press, 2005, p. xv.

实践道德人更为关注实践者自身品格的善,而不仅限于行为的正当与否。实践道德人所应秉承的道德原则,不只是吸纳了西方伦理学语境中的行动者相对主义或评价者相对主义,还吸收了中国伦理文化所生发的"接受者道德相对主义"(Patient Moral Relativism)。如果我们借用里昂(Lyons)对道德原则和道德相对主义的理解,西方语境中的道德评价原则主要可分为行动者相对主义(agent relativism)和评价者相对主义(appraiser relativism)①,而中国学者黄勇则认为,中国道家文化中所彰显的接受者道德相对主义将行为的道德判断标准立基于该行为的接受者,这比既往的道德相对主义更具有优越性②。根据对道家经典的梳理,可以发现在中国传统伦理文化中,一位真正的实践道德人是善良的、言行一致的、令人钦佩的人。道家的伦理思想可以为实践道德人的生成提供新的视阈,因为其倡导实践者既要帮助事物成其自然,还要在帮助事物成其自然时,成就自己的自然,使实践主体的天性与实践对象的天性相匹配,这或许是"天人合一"的本义,也是实践探索与研究的未来可能走向。

最后,实践道德人不是一个冷漠无情的实践开拓者,而是怀着同情、怜悯、移情关怀而实践。当今社会,道德冷漠现象成为备受关注的热点话题。如果说"冷漠是被理解为移情的不赞同所拥有的真实(冷酷)态度"③,冷漠行为就是指主体在应该对他人进行移情关怀或关心的时候,没有表达出积极性、支持性和理解性的情感或行为反应,而是展示出一种冷漠或冷酷的态度。在现实生活中,我们将某人或某些行为评价为道德冷漠,主要原因是某人因缺乏移情或移情关怀,而使其言语或行为方式在某种情况下缺乏应有的道义感或道义举止。

---

① David Lyons., "Ethical Relativism and the Problem of Incoherence," *Ethics* 86, No. 2 Jan 1976: pp. 107–121.

② Yong Huang., "Patient Moral Relativism in the Zhuangzi", *Philosophia*, Mar 2018 46 (4): pp. 877–894 和 Yong Huang., "Toward a Benign Moral Relativism: From the Agent/Appraiser-Centered to the Patient-Centered", *Moral Relativism and Chinese Philosophy: David Wong and His Critics*, edited by Yang Xiao & Yong Huang, Albany: State University of New York Press, 2014, pp. 149–180.

③ Michael Slote, *Moral Sentimentalism*, New York, Oxford University Press, 2010, p. 38 (footnote).

如果像义务论者所主张的那样，道德行为主体的行为反应与倾向是源于远离自然情感或心理感觉的先天道德概念或假说，我们能够在一种纯粹理性的和非移情的基础上成为具有良心的人。这种将出于理性的先验责任视为道德基础的伦理理性主义就无法解释常识道德现象，即为什么具有道德知识的人做出道德冷漠行为，而不具有道德知识和判断标准的人却能够做出道德的行为。譬如，未受过道德教育的人或孩子能够在没有任何道德概念或知识的情况下，基于自身的移情倾向或对周围环境的经验做出道德的行为。当然，以康德为代表的伦理理性主义者或许会把此类行为称为合于道德的行为，并非是出于道德的行为。如果我们真的坚信这种合乎道德而非出于道德考虑的行为不具有道德价值，那么，就等于将我们日常的常识道德全部剥离出人类的真实生活之外。这样的话，人类社会就会产生越来越多的理性上具有道德知识而行为上却显示出道德冷漠的现象。

对于上述的道德冷漠现象抑或那些具有道德知识、掌握道德原则的人仍然做出不道德的行为，"三位一体"式的实践观可以对此做出某种回应，即道德知识与道德行为的脱节，主要是理性主义者的片面主张所致，如他们认为道德应该是为义务而义务，并不要求出于真实情感，去真正地关心他人。但是，如果道德是建立在移情的基础上，我们就能明白为什么道德要求我们关心他人，而不是对他人显示出冷漠的态度。对此，关怀伦理学家也指责伦理理性主义过于重视对权利和理性自主性的考量，而忽视了"我们应该关怀谁""我们应对谁负有责任"的考察。当然，虽然"关怀伦理学强调把关怀、同情与仁爱作为道德上的善或得体行为的基础，而关怀、同情与仁爱似乎都需要移情"①，这就意味着移情才是对他人产生关爱的基础，也会使道德冷漠现象的消解成为可能。

概言之，"三位一体"式实践观的构想，汲取了中西伦理文化的精华，可以摆脱义务论、功利论、逻辑实证主义等对人类实践及其意义理论的单一化诠释。在西方哲学语境中，曾经以维特根斯坦、石里克、艾

---

① [美]迈克尔·斯洛特：《阴阳的哲学》，王江伟、牛纪凤译，商务印书馆2018年版，第59页。

耶尔等为代表的哲学家从人的主观情感的角度来诠释人类的实践,影响了对实践探索的整全理解。当然,为了使哲学伦理学的发展具有近似于科学的确定性,以胡塞尔为代表的现象学家、以伽达默尔为代表的诠释学家从人类的主体意识的角度理解人类的实践,造成了实践的主体与客体的二分。虽然,以舍勒为代表的情感现象学和以梅洛—庞蒂为代表的身体现象学,把对实践主体的情感意向以及实践开拓者的身体感觉的诠释纳入人类的认知范畴,但是从人类实践发展的客观规律上看,这些学说对人类实践活动的单一化理解就会使人类实践陷入新的困境。而何艾克(Eric Hutton)提出,孔子、孟子和荀子的理论中彰显着实践者的优秀品格与德性,这些"稳健品格"是实践道德人是否可能的最佳证明[1]。对于实践道德人之可能,汉学家摩尔(Deborah Mower)基于"礼"论证了道德人其"德"之生成,亦即先对"礼"所规定的外部形式进行学习、模仿;基于此反思并管窥"礼"所蕴含的伦理精神;最后通过与外部情境的融合提升道德人的德之修养[2]。从森舸澜(Edward Slingerland)基于德性伦理对美德培养模式的阐释,也会发现实践道德人的生成具有悠久的理论与现实的可行性[3]。

未来的实践探索与拓展不能再以"原子"式的个体化模式而展开,实践伦理也不再以单向度的自我约束为基础,而是以相互有效性的伦理要求出场。正如情感主义者斯洛特所言那样,基于理性商议而通过的制度当且仅当不缺乏对每个人的移情或移情关怀时,它才是道德的、正义的[4]。这有助于人们走出传统的实践观,即把实践主体视为"原子"式的个人,实践活动要么被视为实践主体实现所欲目的的手段或工具,要么被视为单一化的经济组织,经济价值之外的人文伦理需求被忽视,

---

[1] Hutton E., "Character, Situationism, and Early Confucian Thought", *Philos Study*, 2006, Vol. 127, pp. 37 – 58.

[2] Mower, D., "Situationism and Confucian Virtue Ethics", *Ethical Theory and Moral Practice*, 2013, Vol. 16, pp. 113 – 137.

[3] Slingerland E., "The Situationist Critique and Early Confucian Virtue Ethics", *Ethics*, 2011, Vol. 121, pp. 390 – 419.

[4] [美]迈克尔·斯洛特:《阴阳的哲学》,王江伟、牛纪凤译,商务印书馆2018年版,第17页。

实践伦理在此语境中成为掩盖实践扩张的遮羞布。"三位一体"式的实践观指出政治、经济、文化、环境的全球化互通与发展,将人类命运置于一个同发展、共存亡的共同体中。

综上所述,伦理学研究的未来走向,乃至实践探索与研究的未来走向,如果能将实践开拓者、实践立法者与实践道德人聚集于一体,在某种程度上会消解实践的私人性、偶然性、不道德性。如果每个人都是实践立法者,也就意味着每个人都是实践道德人。因为,那些为自己立法的人会成为自己所立之法的践行者。虽然立法者与道德人之间的差异,有时类似于"假设"与"现实"之间的区别,但是,一个被"假设"的理想世界也可能是一个即将存在的现实世界,一个出于自我"立法"的实践立法者也将是一个实践道德人。"三位一体"式的实践观是对传统实践观的批判性发展,它不再纠结于"是什么""为什么"的议题,而是强调从现实的层面来回应既往与传统。正如彼得·辛格曾指出的:"任何一个对困难的伦理决定做过深思的人都知道,被告知我们的社会认为我们应该做什么,并不能平息我们的窘困。我们不得不做出自己的决定。我们成长于其中的信念和习俗的确会对我们施加影响,可一旦开始反思这些信念和习俗,我们就需要决定是遵从还是反对它们"①。人类与他物是不可分离的统一体,从人类行为的道德性角度看,实践开拓者常常需要在事实与价值之间做出决策,尤其是需要在当下所需的善、所欲之物与总体合理的善、可欲之物之间做出选择。

人类的发展就是一部实践史的展现,要实现人类实践与宇宙运行的交互性共存,走向"三位一体"式的实践观尤为重要。在实践发展史上,实践能力、实践质料与实践环境的有机结合是实践探索的必要构成要素。在最初的自然经济条件下,这种实践观念或实践模式主要依赖于实践主体与实践客体的相互作用而展开。当人类社会发展到商品经济为主导的时代,大工业生产使得人作为实践主体的地位获得了更大的自主性和独立性,实践主体对物的依赖逐渐减弱。这种看似对物的依赖和对人的依赖已经削弱的实践模式,到了现代大数据和人工智能为主导的社会,实践主体再次演变为对物的依赖物。科学与人文的融合则转变了既

---

① [澳大利亚]彼得·辛格:《实践伦理学》,刘莘译,东方出版社2005年版,第3页。

往的模式，实践主体被置于客体世界之中，客体渗透于实践主体的生活和生命中，至此，人与世界万物形成了一个实践联合体。但是，由于人类实践探索的领域在未来仍然充满偶然性、未知性和不确定性，人类的实践活动在依赖科学与人文融合的同时，还应该以人类命运共同体的持存为基础，坚持"出于人""为了人""以人为本""尊重他者""顺应自然"，在此理念之下，推动人特有的功能实践的展开。无论是新型人工智能实践探索，还是伦理学研究的未来走向，都应该在服务于人类发展的基础上，实现人类命运共同体的可持续存在与发展。

参考文献

一 杜威全集及本书相关文献

1. 杜威全集

[1] Dewey, J., 1967, *The Early Works*, 1882—1898, J. A. Boydston (ed.), Carbondale: Southern Illinois University Press.

[2] Dewey, J., 1976, *The Middle Works*, 1899—1924, J. A. Boydston (ed.), Carbondale: Southern Illinois University Press.

[3] Dewey, J., 1981, *The Later Works*, 1925—1953, J. A. Boydston (ed.), Carbondale: Southern Illinois University Press.

[4] Dewey, J., 1994, *The Moral Writings of John Dewey*, J. Gouinlock (ed.), Buffalo, N. Y.: Prometheus Books.

[5] Dewey, J., 1998, *The Essential Dewey*, L. Hickman and T. M. Alexander (ed.), Bloomington: Indiana University Press.

2. 杜威原著中涉及道德哲学的文献

说明：

杜威作为美国精神的代表，古典实用主义的集大成者，在其几十年（1882年—1953年）的写作生涯中，关于道德哲学方面的著述涉及大量文献，散见于英文版杜威全集的各卷之中，为确保引证的规范性、精准性，本书作者结合本部著作的撰写，整理出这份杜威道德哲学研究文献，兹列示于下，供有关研究者参考。文献篇目以英文版全集顺序编排，以［1］……序号排列。其中，在序号后标有＊号的，是作者在本书的写作过程引用与参考的。

整理者：郦平 李源芳

John Dewey, *Collected Works of John Dewey*, ed. by Southern Illinois University Press, Carbondale: Southern Illinois University Press, 1969—1990.

Early works, Vol. 1 – 5, 1969—1972; Middle works, Vol. 1 – 15, 1976—1983; Later works, Vol. 1 – 17, 1981—1990.

[1] EW1. "Ethics and Physical Science"
[2] EW1. "The Ethics of Democracy"
[3] EW2. *Psychology*——*part two*: *Feeling*——16. *Personal Feeling*
[4] EW2. *Psychology*——*part three*: *The will*——21. *Moral control*
[5] EW3. "Ethics in the University of Michigan"
[6] EW3. * "Moral Theory and Practice"
[7] EW3. * "Green's Theory of the Moral Motive"
[8] EW3. * *Outlines of a Critical Theory of Ethics*
[9] EW4. * *The Study of Ethics*
[10] EW4. * "Self-Realization as the Moral Ideal"
[11] EW4. "Teaching Ethics in the High School"
[12] EW4. "The Chaos in Moral Training"
[13] EW4. * " Moral Philosophy"
[14] EW5. * "The Metaphysical Method in Ethics"
[15] EW5. * "Evolution and Ethics"
[16] EW5. "Ethical Principles Underlying Education"
[17] EW5. * *Educational Ethics*
[18] EW5. "Social and Ethical Interpretations in Mental Development" by James Mark Baldwin
[19] MW1. "Psychology and Social Practice"
[20] MW2. "The Evolutionary Method as Applied to Morality"
[21] MW3. "Logical Conditions of a Scientific Treatment of Morality"
[22] MW3. * "Ethics"
[23] MW3. "Psychological Method in Ethics"
[24] MW3. "World Views and their Ethical Implications"
[25] MW4. * "The Influence of Darwinism Philosophy"
[26] MW4. "Nature and Its Good"
[27] MW4. * "Intelligence and Morals"

[28] MW4. ∗ "What Pragmatism Means by Practical"
[29] MW4. "Pure Experience and Reality"
[30] MW4. "Does Reality Possess Practical Character?"
[31] MW4. ∗ "The Moral Significance of the Common School Studies"
[32] MW4. *Moral Principles in Education*
[33] MW5. ∗ *Ethics*
[34] MW6. *How We Think*
[35] MW7. Contributions to a Cyclopedia of Education——Morality and Moral Sense.
[36] MW8. "The Logic of Judgments of Practice"
[37] MW8. German Philosophy and Politics——Part2: German Moral and Political Philosophy
[38] MW9. "Theories of Morals"
[39] MW9. *Democracy and Education*
[40] MW10" Conscience and Compulsion"
[41] MW11. "The Objects of Valuation"
[42] MW11. ∗ "Morals and the Conduct of States"
[43] MW12. ∗ *Reconstruction in philosophy*——*Part7: Reconstruction in Moral Conceptions*
[44] MW13. "Valuation and Experimental Knowledge"
[45] MW14. ∗ *Human Nature and Conduct*
[46] MW15. "Tradition, Metaphysics, and Morals"
[47] MW15. ∗ "Values, Liking, and Thought"
[48] MW15. " Ethics and International Relations"
[49] MW15. "Social Institutions and the Study of Morals"
[50] *Lectures on Ethics*, 1900—1901, Ed. D. Koch, Carbondale: Southern Illinois University Press (1991)
[51] LW1. ∗ *Experience and Nature*
[52] LW2. ∗ "The Development of American Pragmatism"
[53] LW2. "Individuality and Experience"
[54] LW2. ∗ "The Meaning of Value"

[55] LW2. "Value, Objective Reference and Criticism"
[56] LW2. "The Ethics of Animal Experimentation"
[57] LW2. * "The 'Socratic Dialogues' of Plato"
[58] LW2. *The Public and Its Problems*
[59] LW3. * "Anthropology and Ethics"
[60] LW3. "Body and Mind"
[61] LW4. * *The Quest for Certainty: A Study of the Relation of Knowledge and Action*
[62] LW5. * "From Absolutism to Experimentalism"
[63] LW5. * "Conduct and Experience"
[64] LW5. * "Three Independent Factors in Morals"
[65] LW6. * *Human Nature*
[66] LW7. * *Ethics*
[67] LW8. * *How We Think*
[68] LW8. "Religion versus the Religious"
[69] LW10. "Art and Civilization"
[70] LW11. * "An Empirical Survey of Empiricisms"
[71] LW13. * *Theory of Valuation*
[72] LW13. * "Does Human Nature Change?"
[73] LW13. * "Means and Ends"
[74] LW14. * "Experience, Knowledge and Value"
[75] LW14. "Creative Democracy: The Task before Us"
[76] LW14. "Nature in Experience"
[77] LW14. * "Contrary to Human Nature"
[78] LW15. "William James' Morals and Julien Banda's"
[79] LW15. * "The Ambiguity of 'Intrinsic Good'"
[80] LW15. * "Valuation Judgments and Immediate Quality"
[81] LW15. "Further as to Valuation as Judgment"
[82] LW15. * "Some Questions about Value"
[83] LW15. "Ethical Subject-Matter and Language"
[84] LW15. " Introduction to Problems of Men"

[85] LW15. "Religion and Morality in a Free Society"

[86] LW16. * "The Field of 'Value'"

[87] LW16. "Has Philosophy a Future?"

[88] LW16. "Philosophy's Future in Our Scientific Age"

[89] LW16. "Experience and Existence: A Comment"

[90] LW17. "Doctor Martineau's Theory of Morals"

[91] LW17. * The Meaning and Progress of Morality

[92] Unpublished writings:

① The Historical Method in Ethics

② Knowledge and Existence

③ The Meaning and Progress of Morality

④ Problems of Contemporary Philosophy: The Problem of Experience

⑤ Comment on Recent Criticisms of Some Points in Moral and Logical Theory

3. 杜威原著中涉及功能的文献

说明：

由于杜威对功能的阐释在学术界未被发掘与重视，而该概念是连接杜威与亚里士多德对人类活动特殊性之诠释的纽带，所以，结合本项目著作的撰写，基于对杜威 37 卷英文版全集的全面梳理，整理出这份杜威对功能诠释的研究文献，兹列示于下，供有关研究者参考。文献篇目以英文版全集顺序编排，以［1］……序号排列。其中，在序号后标有 * 号的，是作者在本书写作过程引用与参考过的。

整理者：郦平　冯梓航

[1] EW5. "Interest in Relation to Training of the Will"

[2] MW9. "Education as a Social Function"

[3] MW14. "Habits as Social Functions"

[4] MW15. Syllabus: Social Institutions and the Study of Morals——C. Nature of Criterion

[5] LW9. "The Human Abode of the Religious Function"

[6] LW11. "The Educational Function of a Museum of Decorative Arts"

[7] LW12. "The Function of Propositions of Quantity in Judgment"

[8] LW12. "Formal Functions and Canons"

[9] LW14. "Nature in Experience"

[10] LW15. "Ethical Subject-Matter and Language"

[11] LW16. "Appendix: Dewey's Reply to Albert G. A. Balz"

[12] LW16. "How, What, and What For in Social Inquiry"

4. 杜威原著中涉及实践的文献

说明：

杜威对实践的阐释在学术界已受到关注，但是，关于此概念的系统文献整理仍然不够整全，于是，结合本部著作的撰写，基于对杜威37卷英文版全集的全面梳理，整理出这份杜威对实践诠释的研究文献，兹列示于下，供有关研究者参考。文献篇目以英文版全集顺序编排，以［1］……序号排列。其中，在序号后标有＊号的，是作者在本书的写作过程引用与参考过的。

整理者：郦平　冯梓航

[1] EW3. "Moral Theory and Practice"

[2] EW4. "Self-Realization as the Moral Ideal"

[3] MW1. "Psychology and Social Practice"

[4] MW2. "Analytical Psychology. A Practical Manual by Lightner Witmer"

[5] MW3. "The Relation of Theory to Practice in Education"

[6] MW4. "What Pragmatism Means by Practical"

[7] MW4. "Does Reality Possess Practical Character?"

[8] MW7. Contributions to A Cyclopedia of Education——theory and practice

[9] MW8. "The Logic of Judgments of Practice"

[10] MW9. "Intellectual and Practical Studies"

[11] MW10. "An Added Note as to the 'Practical' in Essays in Experimental Logic"

[12] LW1. "Nature, Means and Knowledge"

[13] LW2. "Practical Democracy"

[14] LW4. "Escape from Peril"

[15] LW5. "The Sources of a Science of Education"

[16] LW12. "Judgments of Practice: Evaluation"
[17] LW17. "Habit"

二 英文文献

[1] Adams, Robert Merrihew, A Theory of Virtue: Response to Critics, *Philosophical Studies*, 2010 (148).

[2] Angle, Stephen and MichaelSlote (eds), *Virtue Ethics and Confucianism*, New York: Routledge, 2013.

[3] Annas, Julia, Ancient Ethics and Modern Morality, *Philosophical Perspectives*, 1992.

[4] Annas, Julia, Applying Virtue to Ethics, *Journal of Applied Philosophy*, 2015 (32).

[5] Athanassoulis, Nafsika, A Response to Harman: Virtue Ethics and Character Traits, *Proceedings of the Aristotelian Society* (New Series), 2000 (100).

[6] Barry Allen, *Vanishing into Things: Knowledge in Chinese Tradition*, Cambridge: Harvard University Press, 2015.

[7] Brady, Michael S., The Value of the Virtues, *Philosophical Studies*, 2005 (125).

[8] Bruce Aune, 1970, *Rationalism, Empiricism, and Pragmatism*, New York: Random House.

[9] Cline, Brendan, Moral Explanations: Thick and Thin, *Journal of Ethics and Social Philosophy*, 2015 (9).

[10] Cochran, M. (ed.), 2010, *The Cambridge Companion to Dewey*, Cambridge and New York: Cambridge University Press.

[11] Copp, David and David Sobel, Morality and Virtue: An Assessment Some Recent Work in Virtue Ethics, *Ethics*, 2004 (114).

[12] Doris, John M., Heated Agreement: Lack of Character as Being for the Good, *Philosophical Studies*, 2010 (148).

[13] Elisa Grimi, *Virtue Ethics: Retrospect and Prospect*, Springer International Publishing, 2019.

[14] Elstein, Daniel Y. and Thomas Hurka, From Thick to Thin: Two Moral Reduction Plans, *Canadian Journal of Philosophy*, 2009 (39).

[15] Fesmire, S., 2003, *John Dewey and Moral Imagination: Pragmatism in Ethics*, Bloomington: Indiana University Press.

[16] Forrest H. Peterson, 1987, *John Dewey's Reconstruction in Philosophy*, New York: philosophical Library.

[17] Garrison, J. W. (ed.), 1995, *The New Scholarship on Dewey*, Dordrecht and Boston: Kluwer Academic.

[18] Gouinlock, J., 1972, *John Dewey's Philosophy of Value*, Atlantic Highlands, N. J.: Humanities Press.

[19] Gouinlock, J., 1986, *Excellence in Public Discourse: John Stuart Mill, John Dewey, and Social Intelligence*, New York: Teachers College Press.

[20] Hickman, L. (ed.), 1998, *Reading Dewey: Interpretations for a Postmodern Generation*, Bloomington: Indiana University Press.

[21] Hilary Putnam, 2004, *Ethics without Ontology*, Cambridge, Massachusetts: Harvard University Press.

[22] James Campbell, 1995, *Understanding John Dewey: Nature and Cooperative Intelligence*, Chicago: Open Court.

[23] James Gouinlock, ed. 1994, *The Moral Writings of John Dewey*, New York: Prometheus Books.

[24] Jennifer Welchman, 1995, *Dewey's Ethical Thought*, Ithaca: Cornell University Press.

[25] J. Blewett, ed. 1960, *John Dewey: His Thought and Influence*, New York: Fordham University Press.

[26] J. J. Chambliss, 1990, *The Influence of Plato and Aristotle on John Dewey's philosophy*, Lewiston: E. Mellen Press.

[27] Kamtekar, Rachana, Situationism and Virtue Ethics on the Content of Our Character, *Ethics*, 2004 (114).

[28] Kevin Gibson, An Introduction to Ethics, Pearson Education, Inc. First Edition, 2014.

[29] Larry Hickman, ed. 1998, *Reading Dewey: Interpretations for a Postmodern Generation*, Bloomington: Indiana University Press.

[30] LeBar, Mark, *The Value of Living Well*, New York: Oxford University Press, 2013.

[31] Mary J. Gregor. 1996, *Practical philosophy/ Immanuel Kant*, Cambridge: Cambridge University Press.

[32] Nichlas Lobkowicz, 1967, *Theory and Practice*, Llondin: University of Notre Press.

[33] Pappas, G., 2009, *John Dewey's Ethics: Democracy as Experience*, Bloomington: Indiana University Press.

[34] Rogers, M., 2008, *The Undiscovered Dewey: Religion, Morality, and the Ethos of Democracy*, New York: Columbia University Press.

[35] Russell, Daniel, "*From Personality to Character to Virtue*", in Current Controversies in Virtue Theory, M. Alfano (ed.), New York: Routledge, 2015.

[36] Ryan, A., 1995, *John Dewey and the High Tide of American Liberalism*, New York: W. W. Norton.

[37] Scheffler, Israel, 1974, *Four pragmatists: a Critical Introduction to Peirce, James, Mead, and Dewey*, New York: Humanities Press.

[38] Steven C. Rockefeller, 1991, *John Dewey Religious Faith and Democratic Humanism*, New York: Columbia University Press.

[39] Steven C. Rockefeller, 1991, "*John Dewey Religious Faith and Democratic Humanism*", New York: Columbia University Press.

[40] Steven Fesmire, 2003, *John Dewey and Moral Imagination: Pragmatism in Ethics*, Bloomington: Indiana University Press.

[41] Tiles, J. (ed.), 1992, *John Dewey: Critical Assessments*, London, New York: Routledge.

[42] Todd Lekan, 2003, *Making Morality: Pragmatist Reconstruction in Ethical Theory*, Nashville, TN: Vanderbilt University Press.

[43] Welchman, J., 1995, *Dewey's Ethical Thought*, Ithaca: Cornell University Press.

[44] Westbrook, R. B., 1991, *John Dewey and American Democracy*, Ithaca: Cornell University Press.

[45] William J. Gavin, 2003, *In Dewey's Wake——Unfinished Work of Pragmatic Restriction*, New York: State University of New York Press.

三 中文文献

1. 杜威原著

[1]［美］杜威:《杜威教育论著选》,赵祥麟、王承绪译,华东师范大学出版社1981年版。

[2]［美］杜威:《杜威论经验、自然与自由》,曾纪元译,商务印书馆1981年版。

[3]［美］杜威:《民主主义与教育》,王承绪译,人民教育出版社1990年版。

[4]［美］杜威:《我们怎样思维》,姜文闵译,人民教育出版社1991年版。

[5]［美］杜威:《哲学的改造》,许崇清译,商务印书馆1997年版。

[6]［美］杜威:《新旧个人主义》,孙有中译,上海社会科学出版社1997年版。

[7]［美］杜威:《哲学的改造》,张颖译,陕西人民出版社2004年版。

[8]［美］杜威:《确定性的寻求》,傅统先译,上海人民出版社2004年版。

[9]［美］杜威:《学校与社会》,赵祥麟等译,人民教育出版社2004年版。

[10]［美］杜威:《经验与自然》,傅统先译,商务印书馆2005年版。

[11]［美］杜威:《杜威五大讲演》,胡适口译,安徽教育出版社2005年版。

[12]［美］杜威:《艺术即经验》,高建平译,商务印书馆2005年版。

[13]［美］杜威等:《实用主义》,杨玉成、崔人元编译,世界知识出版社2007年版。

[14]［美］杜威:《评价理论》,冯平译,上海译文出版社2007年版。

[15]［美］杜威:《自由主义》,杨玉成、崔人元编译,世界知识出版

社 2007 年版。

[16]［美］杜威：《自由与文化》，傅统先译，商务印书馆 2013 年版。

[17]［美］杜威：《人的问题》，傅统先、邱椿译，上海人民出版社 2014 年版。

[18]［美］杜威：《我的教育信条——杜威论教育》，彭正梅译，上海人民出版社 2017 年版。

[19]［美］杜威：《经验的重构：杜威教育学与心理学》，李业富译，华东师范大学出版社 2017 年版。

[20]［美］杜威：《公众及其问题》，魏晓慧译，新华出版社 2017 年版。

[21]［美］杜威：《民主与教育》，俞吾金、孔慧译，华东师范大学出版社 2019 年版。

[22]［美］杜威：《杜威全集》（早期著作）第 1—5 卷，张国清等译，华东师范大学出版社 2015 年版。

[23]［美］杜威：《杜威全集》（中期著作）第 1—15 卷，刘时工等译，华东师范大学出版社 2015 年版。

[24]［美］杜威：《杜威全集》（晚期著作）第 1—17 卷，傅统先等译，华东师范大学出版社 2015 年版。

2. 中文译著

[1]［德］奥特弗里德·赫费：《康德生平、著作与影响》，郑伊倩译，人民出版社 2007 年版。

[2]［德］芭芭拉·赫尔曼：《道德判断的实践》，陈虎平译，东方出版社 2006 年版。

[3]［德］伽达默尔：《赞美理论——伽达默尔选集》，夏镇平译，上海三联书店 1988 年版。

[4]［德］黑格尔：《法哲学原理》，范扬、张企泰译，商务印书馆 1961 年版。

[5]［德］黑格尔：《精神现象学（上下卷）》，贺麟、王玖兴译，商务印书馆 1979 年版。

[6]［德］黑格尔：《历史哲学》，王造时译，上海书店出版社 2006 年版。

[7]［德］黑格尔：《逻辑学（下卷）》，杨一之译，商务印书馆 1976

年版。

[8]［德］黑格尔：《小逻辑》，贺麟译，商务印书馆 1980 年版。

[9]［德］黑格尔：《哲学史讲演录》，贺麟、王太庆译，商务印书馆 1960 年版。

[10]［德］康德：《道德形而上学原理》，苗力田译，上海人民出版社 2002 年版。

[11]［德］康德：《康德著作全集（6）》，李秋零主编，中国人民大学出版社 2007 年版。

[12]［德］康德：《论教育学》，赵鹏、何兆武译，上海人民出版社 2005 年版。

[13]［德］康德：《判断力批判》，邓晓芒译，人民出版社 2002 年版。

[14]［德］康德：《实践理性批判》，韩水法译，商务印书馆 1999 年版。

[15]［法］卢梭：《爱弥尔》，李平沤译，商务印书馆 1996 年版。

[16]［法］卢梭：《论人与人之间不平等的起因和基础》，李平沤译，商务印书馆 2007 年版。

[17]［法］卢梭：《社会契约论》，何兆武译，商务印书馆 1997 年版。

[18]［古希腊］柏拉图：《柏拉图全集（申辩篇）（克里托篇）（美诺篇）（普罗泰戈拉篇）（国家篇）》，王晓朝译，人民出版社 2005 年版。

[19]［古希腊］柏拉图：《理想国》，郭斌和、张竹明译，商务印书馆 1986 年版。

[20]［古希腊］亚里士多德：《大伦理学·后分析篇》，苗力田译，中国人民大学出版社 1994 年版。

[21]［古希腊］亚里士多德：《尼各马可伦理学》，廖申白译注，商务印书馆 2003 年版。

[22]［古希腊］亚里士多德：《形而上学》，李真译，上海人民出版社 2005 年版。

[23]［古希腊］亚里士多德：《形而上学》，苗力田译，中国人民大学出版社 2000 年版。

[24]［古希腊］亚里士多德：《亚里士多德全集·优太谟伦理学》，苗

力田译，中国人民大学出版社 1994 年版。

[25] ［古希腊］亚里士多德：《亚里士多德选集（伦理学卷）》，苗力田译，中国人民大学出版社 1999 年版。

[26] ［古希腊］亚里士多德：《政治学》，吴寿彭译，商务印书馆 2003 年版。

[27] ［古希腊］亚里士多德：《政治学》，颜一、秦典华译，中国人民大学出版社 2003 年版。

[28] ［美］贝恩斯坦选编：《杜威论经验、自然与自由》，曾纪元译，商务印书馆 1981 年版。

[29] ［美］彼得·辛格：《实践伦理学》，刘莘译，东方出版社 2005 年版。

[30] ［美］弗莱彻：《境遇伦理学》，程立显译，中国社会科学出版社 1989 年版。

[31] ［美］海尔曼·J. 萨特康普编：《罗蒂和实用主义——哲学家对批评家的回应》，张国清译，商务印书馆 2003 年版。

[32] ［美］拉里·希克曼：《杜威的实用主义技术》，韩连庆译，北京大学出版社 2010 年版。

[33] ［美］拉里·希克曼主编：《阅读杜威：为后现代做的阐释》，徐陶译，北京大学出版社 2010 年版。

[34] ［美］理查德·罗蒂：《后形而上学希望》，张国清译，上海译文出版社 2003 年版。

[35] ［美］理查德·罗蒂：《后哲学文化》，黄勇编译，上海译文出版社 2004 年版。

[36] ［美］理查德·罗蒂：《实用主义哲学》，林楠译，上海译文出版社 2009 年版。

[37] ［美］理查德·罗蒂：《哲学与自然之镜》，李幼蒸译，商务印书馆 2003 年版。

[38] ［美］理查德·舒斯特曼：《哲学实践——实用主义和哲学生活》，彭锋等译，北京大学出版社 2002 年版。

[39] ［美］罗伯特·塔利斯：《杜威》，彭国华译，中华书局 2002 年版。

[40] ［美］麦金太尔：《伦理学简史》，龚群译，商务印书馆 2003 年版。

[41] ［美］麦金太尔：《三种对立的道德探究观》，万俊人等译，中国社科出版社 1999 年版。

[42] ［美］麦金太尔：《追寻美德》，宋继杰译，译林出版社 2003 年版。

[43] ［美］普特南：《理性、真理与历史》，童世骏等译，上海译文出版社 1997 年版。

[44] ［美］斯蒂文·洛克菲勒：《杜威：宗教信仰与民主人本主义》，赵秀福译，北京大学出版社 2010 年版。

[45] ［美］苏珊·哈克主编：《意义、真理与行动——实用主义经典文选》，陈波、尚新建副主编，东方出版社 2007 年版。

[46] ［美］托德·莱肯：《造就道德：伦理学理论的实用主义重构》，陈秀璇等译，北京大学出版社 2010 年版。

[47] ［美］威廉·詹姆士：《彻底的经验主义》，庞景仁译，上海人民出版社 1965 年版。

[48] ［美］威廉·詹姆士：《实用主义》，陈羽纶、孙瑞禾译，商务印书馆 1996 年版。

[49] ［美］希拉里·普特南：《无本体论的伦理学》，孙小龙译，上海译文出版社 2008 年版。

[50] ［美］休·拉福莱特：《伦理学理论》，龚群主译，中国人民大学出版社 2008 年版。

[51] ［美］詹姆士·坎贝尔：《理解杜威：自然与协作的智慧》，杨柳新译，北京大学出版社 2010 年版。

[52] ［英］C. D. 布劳德：《五种伦理学理论》，田永胜译，中国社会科学出版 2002 年版。

[53] ［英］怀特海：《教育的目的》，徐汝舟译，生活·读书·新知三联书店 2002 年版。

[54] ［英］基托：《希腊人》，徐卫翔等译，上海人民出版社 2006 年版。

[55] ［英］摩尔：《伦理学原理》，长河译，上海世纪出版集团 2005

年版。

［56］［英］西季威克：《伦理学方法》，廖申白译，中国社会科学出版社 1993 年版。

［57］［英］休谟：《道德原则研究》，曾晓平译，商务印书馆 2006 年版。

［58］［英］休谟：《人类理智研究》，吕大吉译，商务印书馆 1999 年版。

［59］［英］休谟：《人性论》，关文运译，商务印书馆 1980 年版。

［60］［英］亚当·斯密：《道德情操论》，蒋自强等译，商务印书馆 1997 年版。

3. 中文专著

［1］陈嘉映：《何为良好生活——行之于途而应于心》，上海文艺出版社 2015 年版。

［2］陈亚军：《实用主义：从皮尔士到普特南》，湖南教育出版社 1999 年版。

［3］陈亚军：《哲学的改造》，中国社会科学出版社 1998 年版。

［4］陈怡：《经验与民主：杜威政治哲学基础研究》，复旦大学出版社 2002 年版。

［5］陈泽环：《道德结构与伦理学：当代实践哲学的思考》，上海人民出版社 2009 年版。

［6］陈真：《当代西方规范伦理学》，南京师范大学出版社 2006 年版。

［7］成中英：《伦理与美学》，中国人民大学出版社 2018 年版。

［8］程炼：《伦理学关键词》，北京师范大学出版社 2007 年版。

［9］崔宜明：《道德哲学引论》，上海人民出版社 2006 年版。

［10］单中惠：《现代教育的探索：杜威与实用主义教育思想》，人民教育出版社 2002 年版。

［11］邓安庆：《启蒙伦理与现代社会的公序良俗》，人民出版社 2014 年版。

［12］邓晓芒：《儒家伦理新批判》，重庆大学出版社 2010 年版。

［13］樊浩：《道德形而上学体系的精神哲学基础》，中国社会科学出版社 2006 年版。

［14］范瑞平：《当代儒家生命伦理学》，北京大学出版社2011年版。
［15］甘绍平：《伦理学的当代建构》，中国发展出版社2015年版。
［16］高兆明：《伦理学理论与方法》，人民出版社2005年版。
［17］龚群、陈真：《当代西方伦理思想研究》，北京大学出版社2013年版。
［18］顾红亮：《实用主义的儒化：现代新儒学与杜威》，社会科学文献出版社2016年版。
［19］顾红亮：《实用主义的误读：杜威哲学对中国现代哲学的影响》，华东师范大学出版社2000年版。
［20］何怀宏：《伦理学是什么》，北京大学出版社2002年版。
［21］黄裕生：《权利的形而上学》，商务印书馆2019年版。
［22］江畅：《西方德性思想史》，人民出版社2016年版。
［23］劳思光：《当代西方思想的困局》，华东师范大学出版社2016年版。
［24］李泽厚：《什么是道德？》，华东师范大学出版社2015年版。
［25］廖申白：《伦理学概论》，北京师范大学出版社2009年版。
［26］刘放桐：《实用主义述评》，天津人民出版社1983年版。
［27］刘华初：《实用主义的基础：杜威经验自然主义研究》，人民出版社2012年版。
［28］卢风：《启蒙之后：近代以来西方人价值追求的得与失》，湖南大学出版社2003年版。
［29］马荣：《真理论层面下的杜威实用主义》，复旦大学出版社2018年版。
［30］田海平：《西方伦理精神：从古希腊到康德时代》，东南大学出版社1998年版。
［31］涂纪亮：《从古典实用主义到新实用主义》，人民出版社2006年版。
［32］涂纪亮：《杜威文选》，社会科学文献出版社2006年版。
［33］万俊人：《现代西方伦理学史》，中国人民大学出版社2011年版。
［34］万俊人、陈亚军编选：《詹姆士集》，上海远东出版社2004年版。
［35］王成兵：《一位真正的美国哲学家》，中国社会科学出版社2007

年版。
- [36] 王彦力：《走向"对话"：杜威与中国教育》，教育科学出版社 2008 年版。
- [37] 王元明：《行动与效果：美国实用主义研究》，中国社会科学出版社 1998 年版。
- [38] 徐陶：《杜威探究型哲学思想研究》，社会科学文献出版社 2016 年版。
- [39] 徐向东：《道德哲学与实践理性》，商务印书馆 2006 年版。
- [40] 杨国荣：《伦理与存在：道德哲学研究》，上海人民出版社 2002 年版。
- [41] 叶秀山：《哲学作为创造性的智慧》，江苏人民出版社 2003 年版。
- [42] 尹树广：《实践伦理学的回归》，黑龙江人民出版社 2006 年版。
- [43] 俞吾金：《从康德到马克思——千年之交的哲学沉思》，广西师范大学出版社 2004 年版。
- [44] 俞吾金：《杜威、实用主义与现代哲学》，人民出版社 2007 年版。
- [45] 张宝贵：《实用主义之我见：杜威在中国》，江西高校出版社 2009 年版。
- [46] 张奇峰：《以"道德自我"概念为核心的杜威道德哲学研究》，上海三联出版社 2017 年版。
- [47] 邹铁军：《实用主义大师杜威》，吉林教育出版社 1990 年版。

4. 学位论文

- [1] 蒋晓东：《马克思实践观与杜威实践观比较研究》，博士学位论文，湖南大学，2011 年。
- [2] 孔祥田：《经验、民主与生活——杜威政治哲学研究》，博士学位论文，中国人民大学，2006 年。
- [3] 李志强：《杜威道德教育思想研究》，博士学位论文，中国人民大学，2006 年。
- [4] 马荣：《情境—探究论视野下的真理论——杜威实用主义新解》，博士学位论文，复旦大学，2013 年。
- [5] 马如俊：《论杜威的自然主义伦理学》，博士学位论文，复旦大学，2006 年。

[6] 田光远：《科学与人的问题——论约翰·杜威的科学观及其意义》，博士学位论文，复旦大学，2005年。

[7] 王彦力：《走向"对话"——杜威与中国教育》，博士学位论文，南京师范大学，2005年。

[8] 余泽娜：《经验、行动与效果的彰显——杜威价值论研究》，博士学位论文，复旦大学，2005年。

[9] 张梅：《杜威的经验概念》，博士学位论文，复旦大学，2008年。

5. 期刊论文

[1] 白奚：《"仁者人也"——"人的发现"与古代东方人道主义》，《哲学动态》2009年第3期。

[2] 蔡春、易凌云：《在"境遇"中"生长"——论杜威的伦理与道德教育思想》，《集美大学学报》2004年第9期。

[3] 陈万球、丁予聆：《人类增强技术：后人类主义批判与实践伦理学》，《伦理学研究》2018年第2期。

[4] 陈亚军：《何为"实用主义"——对诸多误解的澄清》，《南国学术》2021年第11卷第3期。

[5] 傅永军、陈太明：《应用与实践智慧——道德普遍性例外难题及其诠释学解决》，《学术界》2019年第5期。

[6] 蒋晓东：《"改变世界"的两种进路：马克思的哲学变革与杜威的哲学改造》，《广东社会科学》2018年第6期。

[7] 李志：《实践领域的划界与拓展——亚里士多德与马克思》，《哲学研究》2017年第12期。

[8] 理查德·帕瓦特、雷静：《杜威习性与冲动——20世纪初杜威教育思想的转变》，《北京大学教育评论》2004年第4期。

[9] 刘放桐：《杜威哲学的现代意义》，《复旦学报（社会科学版）》2005年第5期。

[10] 刘放桐：《再论重新评价实用主义——兼论杜威哲学与马克思哲学的同一和差异》，《天津社会科学》2014年第2期。

[11] 刘放桐：《重新认识杜威的"实用主义"》，《探索与争鸣》1996年第8期。

[12] 刘华初：《透过胡适对杜威实用主义的解读看中西文化差异》，

《学术研究》2015 年第 10 期。

[13] 马小虎:《海德格尔的实践论》,《世界哲学》2016 年第 1 期。

[14] 邱仁宗:《改变世界的哲学:实践伦理学》,《道德与文明》2019 年第 2 期。

[15] 尚欢:《马克思哲学实践范畴的哲学史透视》,《江苏大学学报》2018 年第 5 期。

[16] 王南湜、谢永康:《论实践作为哲学概念的理论意蕴》,《学术月刊》2005 年第 12 期。

[17] 小威廉·多尔、余洁:《杜威的智慧》,《全球教育展望》2011 年第 1 期。

[18] 郁振华:《沉思传统与实践转向——以〈确定性的追求〉为中心的探索》,《哲学研究》2017 年第 7 期。

[19] 张能为:《伽达默尔的实践哲学与价值伦理学》,《学术界》2012 年第 12 期。

[20] 张彭松:《亚里士多德"实践智慧"的幸福张力》,《烟台大学学报(哲学社会科学版)》2019 年第 4 期。

[21] 张之沧:《从詹姆士到罗蒂的实用主义诠释》,《广西社会科学》2003 年第 2 期。

[22] 郑臣:《从伦理学到政治学——亚里士多德实践哲学探源》,《兰州学刊》2007 年第 3 期。

后 记

《实用主义伦理学新解——基于杜威功能实践学说的发掘》一书是在本人主持的国家社会科学基金项目结项报告的基础上，进一步修改、补充、完善而成。

本书的撰写，从我于2013年5月获批主持国家社科基金项目开始动笔，直至今日收笔，历时八年，期间历经了数次大幅度的修改和补充。八年的时光转瞬而逝，但是，写作本书的过程却给我留下了人生最为深刻的心灵记忆，这段时光也称得上是我所历经的一段极为难忘的岁月。

回首过去的八年时光，我的内心充满感激。首先，感谢我的博士生导师廖申白教授。在每逢节假日返校看望廖老师的过程中，就本书的某些章节内容我不断地与廖老师商议，听取他的意见和建议。在整个写作过程中，廖老师始终以他睿智的思辨、渊博的知识、诲人不倦的耐心为我提供醍醐灌顶式的建议和指导。老师的严谨，让我领会到求学治学应有的态度；老师的博学，让我见识到求学治学应有的境界。作为国内古希腊哲学研究领域的资深学者，廖老师著述、持论平实公允，教学与科研严谨求实，这种教学、治学精神令我敬佩，也被许多后辈学者敬为治学典范。在此，我衷心地感谢廖老师十多年来给予我的点滴指导。最近，老师又在繁忙之际抽出宝贵的时间为此书撰写序言，令我倍加感动。得遇良师，三生有幸！

感谢华东师范大学的孙亮教授、河南大学的符征教授，感谢他们为本书各章节的写作提出了宝贵的建议。尤其感谢博士后导师付长珍教授，感谢她提供了在华东师范大学深造学习的机会，并推荐我到美国迈阿密大学访学交流，这些都使我以更为开阔的视野来思考本书各部分内容的修改与完善。感谢美国迈阿密大学合作导师迈克尔·斯洛特教授，本书结语部分的写作灵感主要来自于斯洛特教授的提点与启发。

　　本书的顺利完稿也得益于复旦大学杜威研究中心的各位专家与同仁给予我的诸多启迪。感谢王成兵教授、江怡教授、陈亚军教授、冯平教授、姬志闯教授、高来源教授、刘华初教授、孙宁教授等各位专家，在历次实用主义年会上对本书内容的写作、修改所提出的宝贵建议。尤其感谢陈亚军教授、冯平教授以其广博的视野为本书的书名修改与内容完善提供的宝贵建议。还要感谢王成兵教授多年前为我提供杜威英文版著作全集文献，并为我提供了赴香港参加实用主义研学班的宝贵机会，及其对我选择研究杜威实用主义伦理学这一论题给予的支持与指导。

　　同样，还要感谢刘孝廷教授、张秀华教授2004年以来，在生活与学业上为我提供的所有指导与帮助。读硕士研究生阶段，正是刘老师的鼓励给予我考博的信心与勇气；如今，在刘老师的指引下，我得以顺利完成本部著作的撰写与修改工作。多年来，无论在为人处事还是求学治学方面，两位老师都用自己的学识、智慧、为人处事的谦和态度深深地教化了我。同时，还要感谢我的硕士导师晏辉教授，从2004年踏入北京师范大学直至今日，他在学业生活上对我的指导，让我一直铭记于心，他在科研上对我的提点，让我感念于心。

　　感谢美国杜威研究中心的Larry A. Hickman教授以及美国夏威夷大学哲学系的Roger T. Ames教授，在"杜威到中国的第二次使命"以及"实用主义与儒家文化的对话"等国际学术讨论会期间，我曾就本书的相关论题向他们请教、同他们进行了讨论，他们为本书的写作思路提出了宝贵的建议。

　　我还要感谢清华大学公管院门丽霞师妹，郑州轻工业大学马院牛纪凤师妹，以及王铭、王宁与李源芳同学，他们在这份书稿即将排印之时，仔细校订文稿，纠正了文稿中的文字错误，提高了文稿的可读性。同时，还必须提到，冯梓航同学对第五章节的撰写提供了很多参考文献。感谢我们伦理学专业的全体研究生们，九年来在与他们一起研读西方伦理学经典名著选读，尤其是杜威的经典名著中，促使我对本书的一些相关问题进行了再思考。

　　在此，我还要诚挚地感谢河南财经政法大学的乔法容教授、赵传海校长、周林霞教授、李涤非副教授等等。感谢他们在我的日常生活与工作中，尤其在本书即将付梓之际，为我提供了各种支持与帮助，使我能够安心思考、修改完善本书的撰写工作。我会在以后的科研与教学工作中以我的勤奋与努力去答谢他们。

中国社会科学出版社责编孙萍博士为本书的校审、出版做了大量精准且重要的提升工作，在此表示衷心的感谢！

最后，感谢我的家人。感谢他们为我提供赴美国迈阿密大学访学深造的机会，尤其是工作之后，又为我提供本部著作思考与撰写的时间。同时，为了使本书能够顺利出版，我牺牲了很多陪伴幼小女儿们的美好时光。对此，我深感愧疚，也发自肺腑的感谢我的大女儿赵若凡、小女儿赵若斐对我的理解与支持。

郦 平
2021 年 6 月